应用型电子商务"十一五"系列规划教材

编审委员会

主　任　施志君

副主任　朱国麟

委　员　（按姓氏笔画排序）

　　　　朱国麟　关　勇　李怀恩　吴俊钿　陈　勋

　　　　周训武　施志君　梁超雄

应用型电子商务
"十一五"系列规划教材

电子商务项目策划与设计

朱国麟 崔展望 编

化学工业出版社

·北 京·

本书使用项目管理的理论和方法，按照电子商务项目策划与设计的操作流程，系统地阐述了电子商务项目策划与设计的方法，包括项目需求分析、项目可行性分析、项目总体规划、项目系统设计、项目实施方案、项目运营管理计划、项目预算及项目评估等内容。

本书采用理论联系实际的编写方法，以芬芳网上鲜花店项目作为案例贯穿本书始终，每个部分首先介绍相关的理论知识和操作方法，然后结合案例说明怎样将这些知识和方法应用到实际工作中，使读者既能掌握有关理论，又能联系实际亲身体验，有利于读者深刻理解和迅速掌握电子商务项目策划与设计的操作方法。

本书既可作为大专院校电子商务专业和其他相关专业毕业实践课程的教材，也可选作电子商务类专业职业技术院校的教材，以及作为各类企事业单位和个人创业者开展电子商务项目的综合性、实用性参考书。

图书在版编目（CIP）数据

电子商务项目策划与设计/朱国麟，崔展望编．—北京：化学工业出版社，2009.1（2021.1重印）
（应用型电子商务"十一五"系列规划教材）
ISBN 978-7-122-04297-2

Ⅰ.电⋯ Ⅱ.①朱⋯②崔⋯ Ⅲ.电子商务-项目管理-应用型院校-教材 Ⅳ.F713.36

中国版本图书馆CIP数据核字（2008）第192118号

责任编辑：宋湘玲　唐旭华　　　　　　文字编辑：张绪瑞
责任校对：王素芹　　　　　　　　　　　装帧设计：尹琳琳

出版发行：化学工业出版社（北京市东城区青年湖南街13号　邮政编码100011）
印　　装：三河市双峰印刷装订有限公司
787mm×1092mm　1/16　印张13¾　字数328千字　2021年1月北京第1版第9次印刷

购书咨询：010-64518888　　　　　　　售后服务：010-64518899
网　　址：http://www.cip.com.cn
凡购买本书，如有缺损质量问题，本社销售中心负责调换。

定　　价：34.00元　　　　　　　　　　　　　　　　版权所有　　违者必究

编写说明

目前，各个行业和领域正在积极开展形式多样的电子商务与电子政务活动，电子商务的快速发展，使整个社会对电子商务专业人才的需求日益迫切，未来10年内，我国电子商务专业人才需求数量为200多万。为了培养社会急需的电子商务专业人才，教育部2001年批准电子商务作为目录外专业在全国高校中开设，可见国家对培养电子商务专业人才的重视。虽然这些年来我国电子商务得到了一定的发展，各个高等院校的毕业生都陆续地走向社会，但却出现了如此"矛盾"的现象：一方面是电子商务的高速发展、人才奇缺；另一方面是专业知识结构不合理、电子商务专业毕业生难在社会上找到工作。解决上述矛盾的关键在于清楚认识市场需要的是应用型的电子商务人才，学校培养电子商务专业人才不能与市场脱节，该系列规划教材就是基于这种市场需求推出的。

应用型电子商务人才的培养离不开适用、好用的教材，目前市场上严重缺乏电子商务专业的应用型或者说是实战型的教材，影响了教师的教学和学生的学习。鉴于这种状况，基于多年的行业或专业经验，广东省多所在电子商务专业有所建树的应用型学校联合组织策划，并邀请企业专家指导、实际参与编写，共同完成了"应用型电子商务'十一五'系列规划教材"的编写工作，期待弥补教材市场的这一空白。

该电子商务系列规划教材共计10本，分两批出版，其中2009年1月出版8本，分别是《计算机实用技术》、《实用联网技术》、《网络营销与实训》、《电子商务网站建设与完整实例》、《电子商务案例分析》、《电子客户关系管理与实训》、《电子商务物流与实务》、《电子商务项目策划与设计》；2009年6月出版2本，分别是《电子商务基础与实训》、《国际商务》。

该应用型电子商务"十一五"系列规划教材的主要特点如下。

(1) 电子商务专业涵盖的知识面非常广泛，并且其更新速度也很快，在编写本套教材的过程中，注重理论分析的准确、清晰、简明、新颖，做到够用就行。立足于应用型，本套教材重点突出专业技能的训练；根据各门课程的讲授特点，每本教材的编写思路和体例也各具特色。

(2) 本套教材把电子商务应用所需要的专业技能进行了分解，每本教材强调不同的专业模块。《电子商务基础与实训》是围绕电子商务开展的几种模式，告诉学生如何进行B2B、B2C、C2C、EG，把涉及的业务知识和技能串起来。《计算机实用技术》是通过配置、购买、维修计算机的实训过程，结合动手DIY，使涉及计算机的相关知识和技能过关。《实用联网技术》是通过实际的网络配置训练，使涉及网络的相关知识和技能过关。《网络营销与实训》介绍各种网络营销手段的应用，特别是近期经过市场检验的新网络营销手段，以大量的互联网实践来掌握网络营销技能。《电子商务网站建设与完整实例》是以一个完整的网站建设为例，训练网站设计及制作、后台数据处理。《电子商务案例分析》通过大量成功案例的分享，旨在激活学生的思路，从中获取开展电子商务应用的创新灵感。《电子客户关系管理与实训》分行业给学生提供角色演练的模拟实训，让学生掌握客户服务的技巧。《电子商务物流与实务》引用国内外先进理论与应用实例，注重电子商务与物流的结合，让学生了解一些实务型的物流操作。《电子商务项目策划与设计》从项目管理角度介绍电子商务项目分析方法，有效解决了电子商务师资格鉴定第二阶段内容，让读者学会电子商务项目设计，了解答辩技巧。《国际商务》主要介绍企业如何做出口贸易、投资等内容，突出应用特色。

（3）各教材以电子商务应用层面的理论知识够用为度，同时引入比较新颖的专业内容、发展动态、创新模式，以满足读者工作岗位的实际需求。

（4）本套教材附有大量的案例、思考、练习、演练、实训、拓展等，还考虑到教学层次的差异，给出了大量链接资源、阅读资料，便于深化学习。

（5）教材同时还考虑到学生参加专业资格鉴定的需要，很多具体的教学内容都与电子商务师的鉴定内容挂钩，便于读者自学和备考。

（6）本套教材均配有立体化电子教案，以期有助于教师教学和学生学习，需要请联系sxl_2004@126.com 或登录化学工业出版社官方网站下载。

总之，本套规划教材着重强调电子商务应用的专业技能，有很多尝试电子商务应用的方法，也有很多实操性的训练，还有很多和社会接轨的实践机会。该套教材既可作为应用型本科学院、高职高专院校电子商务等专业的教材；也可作为中职（中技）学校相关专业的教学用书或培训教材。在当今的电子商务时代，该套教材对现代企业的管理人员、市场营销人员、客户服务人员等有着现实的指导作用。

应用型电子商务"十一五"系列规划教材
编审委员会
2008 年 11 月

前 言

近年来，国内电子商务发展迅速，已逐步由概念尝试阶段过渡到实际应用阶段。《中国电子商务报告（2006—2007）》引用国家统计局的相关调查数据显示：2006年中国19267家大中型企业的电子商务采购金额达到5928.6亿元，电子商务销售金额达到7210.5亿元。

潜力巨大的电子商务市场对每一个企业来说既是机遇，又是挑战！你的企业需要电子商务吗？具备开展电子商务的条件吗？怎样有计划、有步骤地开展电子商务？这些是电子商务时代每一个企业都将面临的问题。将项目管理的有关知识和方法应用到电子商务实践中去，将能有效回答上述问题，帮助企业避免盲目性，提高实施电子商务的成功率。

电子商务项目策划与设计就是使用项目管理的有关知识和方法孕育、发起和规划电子商务项目，确定项目实施的必要性、可行性，确定项目实现的目标以及为实现目标所必须完成的各项工作和活动，分析、识别在实现目标过程中可能会遇到的风险和不确定性因素，并提出解决问题的手段和措施。它是整个项目管理工作的核心，项目管理的电子商务项目要想获得成功，离不开周密的项目策划与设计。

本书使用项目管理的理论和方法，结合电子商务项目工作的特点来组织章节内容。全书共分9章，第1章概要介绍了项目管理的有关知识，使读者对电子商务项目策划与设计有一个大致的了解，第2～9章按照电子商务项目策划与设计的操作流程系统地阐述了电子商务项目策划与设计的方法，包括项目需求分析、项目可行性分析、项目总体规划、项目系统设计、项目实施方案、项目运营管理计划、项目预算及项目评估等内容。

本书采用理论联系实际的编写方法，以芬芳网上鲜花店项目作为案例贯穿本书始终，每个部分首先介绍相关的理论知识和操作方法，然后结合案例说明怎样将这些知识和方法应用到实际工作中，使读者既能掌握有关理论，又能联系实际亲身体验，有利于读者深刻理解和迅速掌握电子商务项目策划与设计的操作方法。

本书既可作为大专院校电子商务专业和其他相关专业毕业实践课程的教材，也可选作电子商务类专业职业技术院校的教材，以及作为各类企事业单位和个人创业者开展电子商务项目的综合性、实用性参考书。

本书由朱国麟、崔展望编写。编写分工：第1～4章，朱国麟；第5、6、8、9章，崔展望；第7章，崔展望、朱国麟。全书由朱国麟统稿。

本书在编写过程中参考了大量的图书和网站资料，在此，谨向这些图书的作者和网站的编辑致以最诚挚的谢意。

书中不足之处，恳请读者批评指正。

编者

2008年10月

目 录

第1章 电子商务项目概述 ·· 1
  1.1 项目与项目管理 ·· 1
    1.1.1 项目及其特征 ·· 1
    1.1.2 项目管理的定义和内容 ·· 2
    1.1.3 项目管理的知识体系和相关认证 ································ 3
  1.2 电子商务项目 ·· 7
    1.2.1 电子商务项目的概念和特点 ···································· 7
    1.2.2 电子商务项目的分类 ·· 7
    1.2.3 电子商务项目的生命周期 ······································ 8
  1.3 电子商务项目策划与设计 ·· 10
    1.3.1 电子商务项目策划与设计的含义 ································ 10
    1.3.2 电子商务项目策划与设计的流程 ································ 10
    1.3.3 电子商务项目策划与设计的内容 ································ 11
  思考题 ·· 13

第2章 电子商务项目需求分析 ·· 15
  2.1 电子商务项目需求分析概述 ·· 15
    2.1.1 电子商务需求及产生 ·· 15
    2.1.2 电子商务项目需求分析的概念 ·································· 16
    2.1.3 电子商务项目需求分析的方法 ·································· 18
  2.2 电子商务需求调研 ·· 19
    2.2.1 需求调研的流程 ·· 19
    2.2.2 需求调研的方式 ·· 20
    2.2.3 需求调研的内容 ·· 24
  2.3 企业业务分析 ·· 25
    2.3.1 企业业务分析的方法 ·· 25
    2.3.2 企业业务分析过程中需注意的问题 ······························ 28
    2.3.3 案例及点评 ·· 31
  2.4 市场分析 ·· 33
    2.4.1 企业市场分析的方法 ·· 33
    2.4.2 案例及点评 ·· 36
  2.5 竞争对手分析 ·· 38
    2.5.1 企业竞争对手分析的方法 ······································ 38
    2.5.2 案例 ·· 40

思考题 ……………………………………………………………………………………… 40

第3章 电子商务项目可行性分析 …………………………………………………… 42
3.1 可行性研究概述 ……………………………………………………………… 42
3.1.1 可行性研究的含义 ……………………………………………………… 42
3.1.2 可行性研究的目的 ……………………………………………………… 43
3.1.3 可行性研究的类型 ……………………………………………………… 43
3.1.4 可行性研究的依据 ……………………………………………………… 45
3.1.5 可行性研究的步骤 ……………………………………………………… 45
3.2 电子商务项目的技术可行性分析 …………………………………………… 46
3.2.1 常用的电子商务技术 …………………………………………………… 47
3.2.2 技术可行性分析的内容 ………………………………………………… 52
3.2.3 案例 ……………………………………………………………………… 54
3.3 电子商务项目的经济可行性分析 …………………………………………… 54
3.3.1 项目的财务评价方法 …………………………………………………… 54
3.3.2 经济可行性分析的内容 ………………………………………………… 60
3.3.3 案例 ……………………………………………………………………… 62
3.4 电子商务项目的实施可行性分析 …………………………………………… 62
3.4.1 实施可行性分析的内容 ………………………………………………… 63
3.4.2 案例 ……………………………………………………………………… 63
思考题 ……………………………………………………………………………… 64

第4章 电子商务项目总体规划 …………………………………………………… 65
4.1 项目总体规划概述 …………………………………………………………… 65
4.1.1 电子商务项目总体规划的概念 ………………………………………… 65
4.1.2 电子商务项目总体规划的任务 ………………………………………… 66
4.2 项目目标定位 ………………………………………………………………… 66
4.2.1 电子商务项目的定位 …………………………………………………… 67
4.2.2 电子商务项目的目标 …………………………………………………… 67
4.2.3 案例 ……………………………………………………………………… 69
4.3 项目商务规划 ………………………………………………………………… 69
4.3.1 电子商务模式 …………………………………………………………… 69
4.3.2 电子商务业务流程 ……………………………………………………… 73
4.3.3 电子商务盈利方式 ……………………………………………………… 74
4.3.4 案例 ……………………………………………………………………… 77
4.4 项目技术规划 ………………………………………………………………… 78
4.4.1 系统的体系结构 ………………………………………………………… 78
4.4.2 系统的技术路线 ………………………………………………………… 82
4.4.3 案例 ……………………………………………………………………… 83
4.5 电子商务网站域名规划 ……………………………………………………… 84

  4.5.1 电子商务网站概述 ……………………………………………… 84
  4.5.2 电子商务网站的域名 …………………………………………… 85
  4.5.3 域名的设计方法 ………………………………………………… 87
  4.5.4 案例 ……………………………………………………………… 88
 思考题 …………………………………………………………………………… 88

第5章 电子商务系统设计 …………………………………………………… 90
 5.1 电子商务网站平台系统设计 ………………………………………………… 90
  5.1.1 网站网络结构设计 ……………………………………………… 90
  5.1.2 网站安全设计 …………………………………………………… 91
  5.1.3 硬件选型 ………………………………………………………… 93
  5.1.4 软件选型 ………………………………………………………… 101
  5.1.5 案例 ……………………………………………………………… 113
 5.2 电子商务网站应用系统设计 ……………………………………………… 114
  5.2.1 网站形象设计 …………………………………………………… 114
  5.2.2 网站功能设计 …………………………………………………… 116
  5.2.3 案例 ……………………………………………………………… 124
 思考题 …………………………………………………………………………… 127

第6章 电子商务项目实施方案 ……………………………………………… 128
 6.1 项目实施的任务 …………………………………………………………… 128
  6.1.1 项目任务的分解 ………………………………………………… 128
  6.1.2 项目任务的约束条件和依赖关系 ……………………………… 131
  6.1.3 网络图的绘制 …………………………………………………… 134
 6.2 项目实施人员组织 ………………………………………………………… 136
  6.2.1 项目人员组织的要素 …………………………………………… 136
  6.2.2 项目人员组织的过程 …………………………………………… 137
 6.3 项目实施进度计划 ………………………………………………………… 138
  6.3.1 项目进度计划制定的方法 ……………………………………… 138
  6.3.2 项目进度计划制定的优化 ……………………………………… 144
  6.3.3 项目进度计划实例 ……………………………………………… 146
 6.4 案例 ………………………………………………………………………… 147
 思考题 …………………………………………………………………………… 150

第7章 电子商务项目运营管理计划 ………………………………………… 151
 7.1 电子商务系统管理计划 …………………………………………………… 151
  7.1.1 系统管理计划的概念 …………………………………………… 151
  7.1.2 系统管理计划的内容 …………………………………………… 151
  7.1.3 案例 ……………………………………………………………… 154
 7.2 电子商务组织管理计划 …………………………………………………… 154

  7.2.1 组织管理计划的概念 ·················· 154
  7.2.2 组织管理计划的内容 ·················· 154
  7.2.3 案例 ································ 157
 7.3 电子商务安全管理计划 ····················· 158
  7.3.1 安全管理计划的概念 ·················· 158
  7.3.2 安全管理计划的内容 ·················· 158
  7.3.3 案例 ································ 160
 7.4 网站推广计划 ··························· 160
  7.4.1 网站推广计划的概念和内容 ·············· 160
  7.4.2 网站推广的方法 ······················ 161
  7.4.3 案例 ································ 163
 思考题 ·································· 163

第 8 章　电子商务项目预算 ·············· 164
 8.1 项目预算编制的概念 ······················· 164
  8.1.1 项目预算的特性 ······················ 164
  8.1.2 项目预算编制的原则 ·················· 164
 8.2 项目预算编制的依据和方法 ················· 165
  8.2.1 项目预算编制的依据 ·················· 165
  8.2.2 项目预算编制的方法 ·················· 166
 8.3 项目预算编制的步骤 ······················· 167
  8.3.1 项目预算总额的确定 ·················· 167
  8.3.2 项目预算的分解 ······················ 169
  8.3.3 项目预算的调整 ······················ 170
  8.3.4 案例 ································ 171
 8.4 项目成本控制 ··························· 171
  8.4.1 成本控制的概念 ······················ 171
  8.4.2 成本控制的依据 ······················ 172
  8.4.3 成本控制的内容 ······················ 172
  8.4.4 成本控制的方法 ······················ 172
 思考题 ·································· 173

第 9 章　电子商务项目评估 ·············· 174
 9.1 项目风险评估管理 ························ 174
  9.1.1 项目风险 ···························· 174
  9.1.2 项目风险管理 ························ 175
  9.1.3 案例 ································ 181
 9.2 项目运营评估 ··························· 183
  9.2.1 项目评估的概念 ······················ 183
  9.2.2 项目评估的方法 ······················ 184

  9.2.3　案例 …………………………………………………………… 185
 思考题 …………………………………………………………………… 186

附录 ……………………………………………………………………… 187
 芬芳网上鲜花店项目设计书 …………………………………………… 187
  一、项目概述 …………………………………………………………… 187
  二、项目需求分析 ……………………………………………………… 187
  三、项目可行性分析 …………………………………………………… 189
  四、项目总体规划 ……………………………………………………… 190
  五、网站平台系统设计 ………………………………………………… 193
  六、网站应用系统设计 ………………………………………………… 194
  七、项目实施方案 ……………………………………………………… 196
  八、项目运营管理计划 ………………………………………………… 198
  九、项目预算 …………………………………………………………… 201
  十、项目评估 …………………………………………………………… 201

参考文献 ………………………………………………………………… 205

第 1 章　电子商务项目概述

1.1　项目与项目管理

1.1.1　项目及其特征

（1）项目的定义

所谓项目（Project）是指在一定的资源（包括时间、经费、人力等）约束条件下，为了达到特定的目标所做的一次性任务或努力。对于项目的这一定义可以从三个层面来理解：第一，项目是一项有待完成的任务，有特定的环境与要求；第二，在一定的组织机构内，利用有限资源（人力、物力、财力等）在规定的时间内完成任务；第三，任务要满足一定性能、质量、数量、技术指标等要求。

项目的形式多样，既可以是大型工程项目，如南水北调、西气东输、西电东送、三峡工程、黄河小浪底工程，又可以是日常生活中的活动，如家庭住房装修、结婚庆典活动、旅游等都可看作一个项目。

项目不同于企业的生产经营之类的日常运作，项目是一次性的活动，而生产经营是经常性、重复性的活动，可以按照一定的程序规定反复地进行。项目与日常运作的区别如表1-1所示。

表 1-1　项目与日常运作的区别

比较	名　　称	
	项　　目	日常运作
目的	特殊的	常规的
责任人	项目经理	部门经理
时间	有限的	相对无限的
管理方法	风险型	确定型
持续性	一次性	重复性
特性	独特性	普遍性
组织机构	项目组织	职能部门
考核指标	以目标为导向	效率和有效性
资源需求	多变性	稳定性

（2）项目的特征

作为项目一般都具有以下共同特征。

① 一次性　项目的一次性主要是指项目是一次性的努力。一次性是项目与日常运作最大的区别。任何成功的项目，无论其效益或影响如何，就项目本身来说，都是一次性的努力。例如，企业网站项目，随着网站的建成发布，项目也就结束了。建网站是一次性的努力，但网站的影响可能很长远。

项目的一次性还体现在项目是独一无二的。某些项目，如三峡建设工程，前人没有搞过，是独一无二的，另外一些项目，如给甲、乙两个企业设计网站，虽然工作性质相似，但甲企业与乙企业的商业模式和网站需求可能差别很大，所以虽然同为建网站，但成本、工期和作业方式可能相差很远，因而给甲企业设计网站和给乙企业设计网站，因其特定的需求不同，项目仍是独一无二的。

② 目标明确性　任何项目都有一个明确界定的目标，项目的一切工作要以目标为导向，目标贯穿于项目始终，项目计划和一系列实施活动都是围绕目标展开的。项目的目标通常用工作范围、进度计划和成本来表达。例如，一个企业的电子商务项目目标可能是花 2 万元人民币，用 1 个月的时间，完成到阿里巴巴等第三方平台上开设商铺，以拓展销售渠道，增加贸易机会；另一个企业的电子商务项目目标可能是花 100 万元人民币，用 9 个月的时间构建商务网站，开展网上销售，以扩大销售范围，提高销售收入，提升企业产品品牌知名度。

③ 任务相关性　项目的执行是通过完成一系列相互关联又互不重复的任务而达到预定的目标。这些任务由于其关联性，必须按照一定的顺序执行，例如，一个企业商务网站项目，就可能包括需求调研分析、网站总体规划、系统平台选择、网站应用系统开发、网站内容建设、域名登记等任务，这里多项任务都是环环相扣、内在相关的，其中某些任务在其前项任务完成之前不能启动，而另一些任务则可以并行实施。如果这些任务相互之间不能协调地开展，就不能实现项目的目标。

④ 资源限定性　项目需要运用各种资源来执行任务，包括人、财、物、时间、技术、信息等各方面资源，每个项目的资源都在一定程度上受到客观条件的约束。如果项目在人力、物力、财力、时间等方面的资源宽裕，那么其成功的可能性就会高；相反，则项目成功的可能性就会大大降低。

⑤ 周期确定性　任何项目都是在限定的期限内完成的，有明确的开始时间和结束时间，即具有确定的项目周期。如家庭住房装修可能从 7 月 1 日开始到 7 月 30 日结束，一个企业网站建设项目可能是从 6 月 10 日开始到 9 月 20 日结束。项目周期可长可短，如大型的三峡工程的建设周期长达 17 年，其间跨越多个宏观经济周期，而中小企业商务网站建设项目，一般在 1 年以内，大多只有几个月就可以完成。当项目的基本目标达到时，就意味着项目任务的完成。

⑥ 不确定性　任何项目在执行过程中包含着一定的不确定性。一个项目开始前，应当在一定的假定和预算基础上准备一份计划，包括质量性能要求和时间、成本的估算。这种事先的假定和预算与将来的项目真实情况，难免会有偏差，从而给项目带来了一定程度的不确定性，可能还会影响项目目标的实现。有些项目可能到预定日期会完成，但最终成本可能会高出许多，质量等指标也可能会与计划有差别。项目不像其他事情可以试做，失败了可以重来，项目这种后果的不可挽回性也决定了它具有较大的不确定性。项目的过程是渐进的，潜伏着各种风险。

1.1.2　项目管理的定义和内容

项目管理是指将知识、技能、工具和技术运用于项目的各项活动中，以实现或超过项目业主对项目要求和期望的过程。从项目管理的定义可以看出，项目管理的根本目的是满足或超越项目有关各方对项目的需求和期望，而实现目的手段是运用各种知识、技能、方法和工具开展管理活动。

一般来讲，项目管理是以项目经理（Project Manager）负责制为基础的目标管理，它是按任务而不是按职能组织起来的。项目管理的主要任务一般包括项目计划、项目组织、质量管理、费用控制、进度控制等五项，日常的项目管理活动通常是围绕这五项基本任务展开的。项目管理自诞生以来发展很快，当前已发展为时间、知识和保障这三维管理。

① 时间维：即把整个项目的生命周期划分为若干个阶段，从而进行阶段管理。
② 知识维：即针对项目生命周期的各不同阶段，研究和采用不同的管理技术方法。
③ 保障维：即对项目人、财、物、技术、信息等的后勤保障管理。

项目管理涉及多方面的内容，这些内容可以按照不同的线索进行组织，常见的组织形式主要有两个层次、四个阶段、五个过程、九个领域、四十二个要素及多个主体。

① 两个层次：企业层次、项目层次。
② 从项目的生命周期角度可以将项目划分为四个阶段：概念、规划、实施、收尾。
③ 从项目管理的基本过程角度可以划分为五个过程：启动、计划、执行、控制、结束。
④ 从项目管理的职能角度可以划分为九个领域：范围管理、时间管理、费用（成本）管理、质量管理、人力资源管理、风险管理、沟通管理、采购管理和整体管理。
⑤ 从项目管理的知识要素角度可以划分为四十二个要素：项目与项目管理、项目管理的运行、通过项目进行管理、系统方法与综合、项目背景、项目阶段与生命周期、项目开发与评估、项目目标与策略、项目失败与成功的标准、项目启动、项目收尾、项目结构、范围与内容、时间进度、资源、项目费用与融资、技术状态与变化、项目风险、效果度量、项目控制、信息及文档与报告、项目组织、团队工作、领导、沟通、冲突与危机、采购与合同、项目质量管理、项目信息学、标准与规范、问题解决、项目后评价、项目监理与监督、业务流程、人力资源开发、组织的学习、变化管理、项目投资体制、系统管理、安全与健康及环境、法律与法规、财务与会计。
⑥ 从项目的不同主体角度可以划分为多个主体：业主、各承建商（设计、施工、供应等）、监理、用户。

1.1.3 项目管理的知识体系和相关认证

项目管理是从第二次世界大战以后发展起来的，项目管理工作者们在几十年的实践中感觉到，虽然从事的项目类型不同，但是仍有一些共同之处，因此他们就自发组织起来共同探讨这些共性主题，建立项目管理的知识体系，推出相应的资质认证。

（1）PMI 和 PMP

美国项目管理学会 PMI（Project Management Institute）成立于 1969 年，是一个有着近 10 万名会员的国际性学会。它致力于向全球推行项目管理，是由研究人员、学者、顾问和经理组成的最大的全球性项目管理专业组织。

项目管理知识体系首先是由美国项目管理学会 PMI 提出的，1987 年 PMI 公布了第一个项目管理知识体系（Project Management Body of Knowledge，简称 PMBOK），1996 年、2000 年和 2004 年又分别进行了修订。这个知识体系中把项目管理划分为 9 个领域，分别是整体管理、范围管理、时间管理、费用管理、质量管理、人力资源管理、沟通管理、风险管理及采购管理。国际标准化组织以该文件为框架，制订了 ISO10006 关于项目管理的标准。

PMI 的项目管理知识体系可以看成是一个动静结合的整体，包括动态的项目管理五大过程和静态的项目管理九大知识领域。这一知识体系的推出推动了项目管理知识的推广和传播，促进了世界项目管理行业的发展。

PMP(Project Management Professional)是 PMI 组织的项目管理人员资格认证,是项目管理领域的权威认证考试。要想获得 PMP 专业认证,考生须掌握 PMI 规定的项目管理专业知识及具备相应的培训、工作经验,此外,获得 PMP 证书的专业人员应继续从事项目工作,以不断适应项目管理发展的要求。

目前,PMP 认证只有一个级别,对参加 PMP 认证学员资格的要求与 IPMP 的 C 级相当。PMP 应考人员必须具备以下条件:①学士学位或同等的大学学历,至少具有 4500 小时的项目管理经历;②虽不具备学士学位或同等学历,但具有至少 7500 小时的管理经历。根据 PMI 的有关规定,PMP 证书的有效期为三年,每三年未经过审核的 PMP 证书将失效。

(2) IPMA 和 IPMP

国际项目管理协会 IPMA(International Public Management Association)创建于 1965 年,是一个非赢利性的专业性国际学术组织,其职能是促进国际项目管理的专业化发展。最初的成员多为欧洲国家,现已扩展到世界各大洲。IPMA 的成员主要是各个国家的项目管理学术组织,到目前为止共有英国、法国、德国、俄罗斯、中国等 30 多个国家的项目管理专业组织成为其成员组织。这些国家的组织用本国语言和英语开发本国项目管理的专业需求,IPMA 则以国际上广泛接受的英语作为工作语言来提供有关的国际层次的服务。

国际项目管理协会 IPMA 在项目管理知识体系方面也做出了卓有成效的工作,IPMA 从 1987 年就着手进行知识体系的开发,并于 1999 年正式推出了国际项目管理资质标准 ICB,即 IPMA Competency Baseline。在 ICB 体系的知识和经验部分,IPMA 将其知识体系划分为 42 个要素,其中 28 个核心要素,14 个附加要素,如表 1-2 所示。此外 ICB 还有关于个人素质的 8 大特征及总体印象的 10 个方面等内容。

表 1-2 ICB 的知识与经验

核心要素(28 个)	项目和项目管理	项目管理的实施
	按项目进行管理	系统方法与综合
	项目背景	项目阶段与生命期
	项目开发与评估	项目目标与策略
	项目成功与失败的标准	项目启动
	项目收尾	项目结构
	范围与内容	时间进度
	资源	项目费用与融资
	技术状态与变化	项目风险
	效果度量	项目控制
	信息、文档与报告	项目组织
	团队工作	领导
	沟通	冲突与危机
	采购与合同	项目质量管理
附加要素(14 个)	项目信息管理	标准和规则
	问题解决	谈判、会议
	长期组织	业务流程
	人力资源开发	组织的学习
	变化管理	行销、产品管理
	系统管理	安全、健康与环境
	法律方面	财务与会计

IPMP（International Project Management Professional）是 IPMA 在全球推行的项目管理专业资质认证体系，是一种对项目管理人员知识、经验和能力水平的综合评估证明。IPMP 依据国际项目管理专业资质标准 ICB，针对项目管理人员专业水平的不同将项目管理专业人员资质认证划分为 4 个等级，即 A 级、B 级、C 级、D 级，获得 IPMP 各级项目管理认证的人员，将分别具有负责大型国际项目、大型复杂项目、一般复杂项目和具有从事项目管理专业工作的能力，如图 1-1 所示。

头衔	能力	认证程序			有效期
		阶段1	阶段2	阶段3	
国际特级项目经理 Certified Projects Director (IPMA Level A)	能力 =知识 +经验 +个人素质	A	项目群管理报告	面试	5年
国际高级项目经理 Certified Senior Project Manager (IPMA Level B)		B	申请 履历 项目清单 证明材料 自我评估	项目报告	
国际项目经理 Certified Project Manager (IPMA Level C)		C		笔试 二选一： 案例研讨或 短项目报告	
国际助理项目经理 Certified Project Management Associate (IPMA Level D)	知识	D	申请 履历 自我评估	笔试	无时间限制

图 1-1　IPMP 的四级项目管理专业资质认证体系

A 级（Level A）证书是国际特级项目经理（Certified Projects Director）。获得这一级别认证的项目经理有能力指导一个公司（或一个分支机构）的包括有诸多项目的复杂规划，有能力管理该组织的所有项目，或者管理一项国际合作的复杂项目。

B 级（Level B）证书是国际高级项目经理（Certified Senior Project Manager）。获得这一级别认证的项目经理可以管理大型复杂项目，或者管理一项国际合作项目。

C 级（Level C）证书是国际项目经理（Certified Project Manager）。获得这一级别认证的项目经理能够管理一般复杂项目，也可以在所在项目中辅助高级项目经理进行管理。

D 级（Level D）证书是国际助理项目经理（Certified Project Management Associate）。获得这一级别认证的项目管理人员具有项目管理从业的基本知识，并可以将它们应用于某些领域。

（3）中国项目管理知识体系 C-PMBOK

中国项目管理知识体系（Chinese Project Management Body of Knowledge，简称为 C-

PMBOK）的研究工作开始于1993年，是由中国项目管理研究委员会（PMRC）发起并组织实施的。中国项目管理研究委员会PMRC是IPMA的成员国组织，是我国唯一的跨行业跨地区的项目管理专业组织，PMRC代表中国加入IPMA成为IPMA的会员国组织，并得到IPMA授权在中国进行IPMP的认证工作。PMRC根据IPMA的要求建立了"中国项目管理知识体系（C-PMBOK）"及"国际项目管理专业资质认证中国标准（C-NCB）"，这些均已得到IPMA的支持和认可。PMRC作为IPMA在中国的授权机构于2001年7月开始全面在中国推行国际项目管理专业资质的认证工作。

中国项目管理知识体系C-PMBOK的编写主要是以项目生命周期为基本线索进行展开的，从项目及项目管理的概念入手，按照项目周期的四个阶段（概念阶段、规划阶段、实施阶段及收尾阶段），分别阐述了每一阶段的主要工作及其相应的知识内容，同时考虑到项目管理过程中所需要的共性知识及其所涉及的方法工具。基于这一编写思路，C-PMBOK将项目管理的知识领域共分为88个模块，中国项目管理知识体系的框架如表1-3所示。

表1-3 中国项目管理知识体系框架

2 项目与项目管理			
2.1 项目 2.2 项目管理			
3 概念阶段	4 规划阶段	5 实施阶段	6 收尾阶段
3.1 一般机会研究	4.1 项目背景描述	5.1 采购规划	6.1 范围确认
3.2 特定项目机会研究	4.2 目标确定	5.2 招标采购的实施	6.2 质量验收
3.3 方案策划	4.3 范围规划	5.3 合同管理基础	6.3 费用决算与审计
3.4 初步可行性研究	4.4 范围定义	5.4 合同履行和收尾	6.4 项目资料与验收
3.5 详细可行性研究	4.5 工作分解	5.5 实施计划	6.5 项目交接与清算
3.6 项目评估	4.6 工作排序	5.6 安全计划	6.6 项目审计
3.7 商业计划书的编写	4.7 工作延续时间估计	5.7 项目进展报告	6.7 项目后评价
	4.8 进度安排	5.8 进度控制	
	4.9 资源计划	5.9 费用控制	
	4.10 费用估计	5.10 质量控制	
	4.11 费用预算	5.11 安全控制	
	4.12 质量计划	5.12 范围变更控制	
	4.13 质量保证	5.13 生产要素管理	
		5.14 现场管理与环境保护	
7 共性知识			
7.1 项目管理组织形式	7.7 企业项目管理	7.13 讯息分发	7.19 风险监控
7.2 项目办公室	7.8 企业项目管理组织设计	7.14 风险管理规划	7.20 信息管理
7.3 项目经理	7.9 组织规划	7.15 风险识别	7.21 项目监理
7.4 多项目管理	7.10 团队建设	7.16 风险评估	7.22 行政监督
7.5 目标管理与业务过程	7.11 冲突管理	7.17 风险量化	7.23 新经济项目管理
7.6 绩效评价与人员激励	7.12 沟通规划	7.18 风险应对计划	7.24 法律法规
8 方法和工具			
8.1 要素分层法	8.7 不确定性分析	8.13 责任矩阵	8.19 质量控制的数理统计方法
8.2 方案比较法	8.8 环境影响评价	8.14 网络计划技术	8.20 挣值法
8.3 资金的时间价值	8.9 项目融资	8.15 甘特图	8.21 有无比较法
8.4 评价指标体系	8.10 模拟技术	8.16 资源费用曲线	
8.5 项目财务评价	8.11 里程碑计划	8.17 质量技术文件	
8.6 国民经济评价方法	8.12 工作分解结构	8.18 并行工程	

1.2 电子商务项目

1.2.1 电子商务项目的概念和特点

所谓电子商务项目是指企业为实现电子商务战略，在一定的期限内依托一定的资源而开展的一系列活动，如建立网站实现消费者网上购物、商户间网上交易、在线电子支付等。

电子商务项目是典型的一类项目，除具备一般项目的共同特征外，还具有如下几个特点。

（1）电子商务项目牵涉的角色多

在一般项目中，主要角色大多是两个：一个是项目的投资者（客户或业主），一个是项目的承建商。对电子商务项目来说，比较复杂的项目所涉及的角色往往还可以有独立的策划者、设计者和承建商。小的简单的电子商务项目，策划者和设计者往往是一体的，或是独立实体，或是客户本身，或是项目承建商。在特殊情况下，一个人也可以搞一个电子商务项目，自己出资、自己设计和执行，那么这个人自己就承担了双重角色，既是项目的客户又是项目的承建商。

（2）电子商务项目无形资产比重较大

一般建设项目执行的结果，往往是形成较大比例的固定资产，但电子商务项目需要在软件方面投入较大比重，其执行结果主要是形成无形的管理与服务能力，项目投资主要是形成无形资产而不是固定资产，这是电子商务项目和一般工程建设项目相比的另一个不同之处。

（3）电子商务项目存在较大的风险

电子商务项目通常不是简单的将现有业务搬到网上运作，其实施将改变现有的业务流程，影响业务结构，不仅涉及技术问题，还涉及内部管理、外部渠道及同业竞争等多种因素，一旦失败很难弥补。

（4）电子商务项目的生命周期较短

由于电子商务项目都需要以信息系统作为支撑，而信息技术生命周期短、项目使用到的计算机系统的更新换代快，因而一个电子商务项目不可能持续太长的时间，否则项目尚未建成，就要面临被淘汰的危险。

1.2.2 电子商务项目的分类

根据电子商务项目主体的不同，可以将电子商务项目分为"传统企业 e 化项目"和"网络企业创业项目"两种类型。

（1）传统企业 e 化项目

这类项目是传统工商企业（包括 IT 等新兴企业）为了在网络经济快速发展的情况下更有效地参与市场竞争，采用电子商务的技术和商务模式，借助互联网而开展的网上市场营销、产品销售、物资采购、服务升级等活动。海尔、联想、沃尔玛等都是这类项目成功的典型。

这类项目有一个显著特点，就是项目是在企业原有的产品和服务的基础上展开的，是企业经营方式的一种延伸、一种创新，其目的是扩大业务范围、增加销售，同时降低成本、减少库存，以取得企业整体竞争优势。

这类项目的另一个特点是项目的实施很可能会使企业在应用技术、管理结构、业务流程及企业文化等多方面产生变革，比如某企业的电子商务项目，如果只单纯地将产品放到网上销售，其新增的网络渠道就可能与传统渠道因争抢顾客而产生渠道冲突。为避免产生不良后果，在项目开展前必须进行周密的规划和部署，确保目标一致，协调控制，最大限度减少项目实施风险。

（2）网络企业创业项目

这类项目是网络企业抓住电子商务带来的商机，通过创新的技术和管理手段，吸引投资资本（如风险资本），在互联网上进行的发展新市场、开拓新业务等活动。腾讯的QQ、百度的搜索引擎、阿里巴巴的平台、盛大的游戏以及新浪的新闻都是这类项目成功的典型。

与传统企业e化项目不同，这类项目从事的不是企业原有的业务，甚至连企业都是因项目而新创立的网络企业。由于全新开拓的创新业务缺乏既有的业务基础和渠道资源，需要更多的初始投入，这类项目首先必须具有价值性，具有广阔的市场前景和足够的市场空间，以吸引资本的投入。其次，这类项目最好是新颖独特的。所谓新颖就是说要发现网络上尚未被他人发掘的市场机会，独特就是做别人还没有做的事情。新颖独特有利于企业占据先机，降低进入门槛，取得竞争优势。

1.2.3 电子商务项目的生命周期

项目的生命周期是指项目从开始到结束所经历的时间。根据项目管理知识体系关于生命周期的划分，电子商务项目也可以分为概念阶段、规划阶段、实施阶段和收尾阶段四个阶段，不同的阶段有不同的管理内容。

（1）概念阶段

这一阶段是电子商务项目整个生命周期的起始阶段，也是整个项目的孕育阶段，主要任务是发现、提出需求，并论证项目是否可行，包括需求调研分析、项目策划、可行性研究、风险评估以及商务计划书等工作。这个阶段投入的人力和物力不多，但对后期的影响很大。概念阶段的重要性可以用一句话概括：一个有价值的需求被策划成项目得以实现无疑可以取得很好的经济效益，而一个价值不大的项目被及时中止却可以减少企业的直接损失，很多企业更重视后者。

由于电子商务项目是高风险项目，项目实施后达不到预期目的大多不是因为项目计划、实施工作没做好，而往往是缺乏全面、细致、准确的可行性研究，从而导致决策失误。因此对概念阶段的工作要给予足够的重视，做好项目需求方案的必要性及可行性研究，防止盲目决策而导致失误。

（2）规划阶段

当一个电子商务项目的概念已经完全明确，决策者做出立项决策之后，便开始进入项目的规划阶段，全面系统地计划、安排电子商务项目的实施过程，制定项目实施的整体计划。规划阶段是项目成功实施的重要保证，其主要任务是确定项目要实现的目标以及为实现这一目标所必须完成的各项工作和活动，包括界定项目的目标和范围、确定技术路线、确立项目组主要成员、工作分解、确定主计划、专项计划（费用、质量保证、风险控制和沟通）等工作。

在电子商务项目实施的整体计划中，项目目标和范围是项目实施所要达到结果的依据；工作分解及时间估计为项目的计划提供基础；良好的进度安排、人员组织计划、资源计划、费用预算及质量计划是项目实施的基础。每一个成功的项目都必然有周密的项目计划，以保证项目在合理的工期内低成本、高质量完成任务。一个好的项目计划提供了项目的全景描述，它为所有项目相关方全面了解项目内容，进行交流和协商提供了有效方式和工具，是指导、控制、协调项目实施全过程的重要文件。可以说，项目的计划工作是整个项目管理工作的核心，它是决定项目成功的关键因素。

（3）实施阶段

实施阶段是电子商务项目生命周期中时间最长、完成的工作量最大、资源消耗最多的阶段，其主要任务就是组织人力、协调资源去执行前面制定的项目计划。这个阶段的主要工作包括招标采购的实施、合同的管理、实施计划、项目进展报告、进度控制、成本控制、质量控制、风险控制和变更控制等内容。

实施阶段中项目控制是确保项目依照计划保质保量按时完成的主要工作。项目控制就是监视和测量项目的实际情况，若发现实施成果偏离计划，就应找出原因，及时采取行动，使项目回到计划轨道上来。项目的控制过程主要包括进度控制、成本控制、质量控制、风险控制和变更控制等内容，其目标是使项目实施在时间、费用及质量上达到综合协调。

① 进度控制　进度控制就是比较项目实际进展与计划之间的差异，并做出必要的调整使项目朝预定的方向发展。项目实施中难免会发生各类意外和风险，进度控制就是根据项目的实际情况和项目计划对各子任务的实施进度进行监控和调整，确保项目能够尽量按时完成。

② 成本控制　成本控制就是监控成本的正负偏差，分析原因和采取措施以确保项目不超出预期的成本预算。成本控制能力直接关系项目的盈利情况，因此多数企业都将成本控制放在首要位置。电子商务项目中人力成本所占比重较大，事前难以准确估算，不重视成本控制将导致项目成本超支。

③ 质量控制　项目质量一般通过定义交付物标准来明确定义，这些标准包括各种特性以及这些特性需要满足的要求。另外质量还包含对项目过程的要求，比如规定执行过程应该遵循的规范和标准。因此质量管理主要就是监控项目的交付物和执行过程，以确保它们符合相关标准，同时确保不合格项能够按照正确的方法排除。对电子商务项目来说，基于软件能力成熟度模型的开发过程、持续改进和质量保证方法也具有重要意义。

④ 风险控制　项目风险控制又称风险管理，在项目管理中有非常重要的地位。有效的风险控制可以提高项目的成功率。在项目早期就应该进行必要的风险分析，并通过规避风险降低失败概率，避免返工造成成本上升。另外，提前对风险制订对策，就可以在风险发生时迅速做出反应，避免风险发生后无法规避而造成更多的损失。

⑤ 变更控制　变更控制的目的不是控制变更的发生，而是对变更进行管理，确保变更有序进行。对于电子商务项目来说，发生变更的环节和时间点比较多，因此变更控制格外重要。

（4）收尾阶段

收尾阶段是电子商务项目生命周期的最后阶段，其目的是要确认项目实施的结果是否达到了预期的要求，实现项目的移交与清算，包括项目验收、合同收尾和行政收尾等工作。项目验收核查项目计划规定范围内的各项工作或活动是否已经全部完成，可交付成果是否令人满意，并将核查结果记录在验收文件中。合同收尾终结合同，进行核算。行政收尾收集和分发信息，开会正式宣布项目结束。收尾阶段的工作不多，但很重要。一个项目成功的经验能够得到复制和失败的教训能够避免,就能对后续项目产生很好的借鉴和影响。

1.3 电子商务项目策划与设计

1.3.1 电子商务项目策划与设计的含义

项目管理知识体系把项目生命周期划分为概念阶段、规划阶段、实施阶段和收尾阶段四个阶段,其中项目真正付诸实施所涉及的大量的执行和控制工作起始并贯穿于项目生命周期中的第三阶段,前两个阶段是整个项目的孕育、发起和规划阶段,主要任务是识别需求和形成解决方案,目的是做好项目实施前的计划准备工作。本书中电子商务项目策划与设计就是指项目实施前所做的计划准备工作,这项工作贯穿于项目生命周期的第一和第二阶段。

基于项目管理的电子商务项目要想获得成功,离不开周密的项目策划与设计。要基于现实对电子商务项目的未来进展作合理的预测,确定项目实施的必要性、可行性,确定项目实现的目标以及为实现目标所必须完成的各项工作和活动,识别并分析在实现目标的过程中可能会遇到的风险和不确定性因素,提出解决问题的手段和措施。虽然电子商务项目策划与设计的成果通常是在纸面反映出来的一系列文档,相对于整个项目来说的投入也不多,但这部分工作却是整个项目管理工作的核心,是决定项目成功的关键因素。

1.3.2 电子商务项目策划与设计的流程

电子商务项目策划与设计的任务是完成项目周期的第一和第二阶段的全部工作,包括分析需求、提出建议,可行性分析,确认需求,制定并发布需求建议书,提出解决方案,评价并选择方案,合同签约等多项任务,其工作流程如图 1-2 所示。

在电子商务项目策划与设计涉及的具体任务中,有的在任何情况下都必须由客户(业主)或承建商来承担;有的在不同的运作模式下将由不同的主体来承担。

(1) 分析需求、提出建议

分析客户的电子商务需求并提出项目建议通常有两种情况:第一种情况是客户企业内部的管理人员结合本身工作实际,通过机会研究之后发现需求,提出建议;第二种情况是客户企业外部机构(如咨询公司或承建商),凭借其专业背景,对电子商务发展的认识比较深,了解的信息比较多,有的还与客户有一定的业务关系,对客户比较了解,因而比较容易发现客户有需求,并帮助客户进行需求分析,提出项目建议。

(2) 可行性分析

无论是客户企业内部人员提出的建议,还是企业外部人员或机构提出的建议,企业在作决定前,一般都会进行可行性分析,初步研究项目的开展是否可行。企业通常会在内部指派专门人员来进行这项研究,或者委托咨询公司进行可行性研究,最终提出一份详细的报告供企业高层讨论决策。

(3) 确认需求

这是客户企业内部的决策过程。如果企业高层通过投资方案,就开始准备需求建议书;如果企业高层不同意投资,则项目到此结束;如果企业高层原则上同意本项目,但对可行性方案不满意,则返回有关负责可行性研究的人员,继续研究并修正方案。

(4) 制定并发布需求建议书

需求建议书（Request For Proposal，RFP），或招标书，是由客户针对要建设的项目而提出的需求文档，其中会定义项目要达到什么目标，解决什么问题，提供什么资源，有什么时间限制，对承建商有什么要求以及各类指标的评价标准等内容。需求建议书一般是由客户企业制定发布（当然也可以委托咨询机构帮助）。

然而，并不是所有情况下都有一个正式的 RFP。例如有些中小企业没有能力明确电子商务的需求，往往由其信任的承建商来帮助完成，在这种情况下，企业一般都不再发布 RFP，而直接由承建商在明确需求的情况下提出解决方案，以决定项目是否由其承担，并满足需求。

(5) 提出解决方案

在客户发布需求建议书后，相关承建商会仔细研究 RFP，以决定是否投标。如果承建商决定投标，他就要提出相应的解决方案，一般包括商务和技术两大部分。商务部分主要包括承建商的资质、实力、同类项目经验、交付物及报价等内容；技术部分主要包括电子商务系统设计、集成方案，项目实施的任务、进度及人员组织计划，培训及售后服务等内容。每个承建商都会以书面方式把有关信息交给客户。研究并提出解决方案是承建商为争取客户项目合同所必须完成的工作，一般是独立完成。

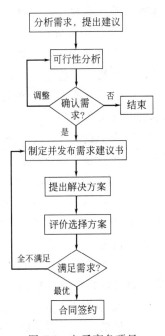

图 1-2　电子商务项目设计工作流程

(6) 评价选择方案

这一阶段的工作由客户企业主持。客户将所有投标人的投标书提交给一个专业评审小组按照评价标准进行评议，以确定其中的最优方案。如果可以确定一个满足要求的最优方案，客户就会选择相应的投标人为本项目的承建商，与他洽商合同签约事宜。如果所有的投标书都无法满足要求，就要回头重新研究需求建议书，确定哪些要求或条件不合理，以便修正后再次发布。

(7) 合同签约

合同签约是客户与承建商双方必须共同参与的工作。通常由主动的一方或有经验的一方先起草一份合同的框架，供双方代表作为讨论的基础。

以上就是电子商务项目策划与设计的整个过程以及在这个过程中每一个阶段的任务和任务承担的主体分工。其中需求分析、可行性分析、制定需求建议书、提出解决方案、合同签约都是技术性、方法性很强的工作。这对项目所涉及的各主体人员的素质提出了较高的要求。

1.3.3　电子商务项目策划与设计的内容

通过上节电子商务项目策划与设计的流程我们了解到，电子商务项目策划与设计的成果包含多种类型的报告或文档，这些文档的内容有不同的，也有相似或相近的。综合来看，电子商务项目策划与设计主要包含以下内容。

(1) 电子商务项目概述

简要说明项目的要点，让读者了解整个项目的大体情况，包括以下内容。

① 项目名称。

② 项目背景（需求和迫切性）。

③ 项目的目标。

④ 项目的内容（包括实现的主要功能和采用的相应技术）。

⑤ 项目的投资规模、建设周期。

⑥ 项目的收益。

(2) 电子商务项目需求分析

根据需求调研得到的结果，从行业、企业、市场、竞争等方面详细分析电子商务能为企业解决哪些问题，带来哪些商业机会，说明企业开展电子商务的必要性。

① 企业业务分析　从企业自身角度分析电子商务的需求情况。

a. 企业简介。简要介绍企业的概况，包括企业名称、主要业务、所属行业、行业的概况、特点及发展趋势、企业拥有的资源和优势、商务模式、业务流程等情况。

b. 存在的问题。目前存在哪些方面的问题，可从工作效率、信息传递速度、客户服务效果等方面考虑。

c. 企业的电子商务需求。说明电子商务能否解决存在问题，产生新的商机，以及企业自身有哪些电子商务需求。

② 市场分析　从企业目标客户角度分析电子商务的需求情况。

a. 企业的目标市场。说明企业目标市场的范围。

b. 目标市场的特点。分析企业目标客户的特点，如个人客户的上网情况，企业客户的信息化情况。

c. 目标市场的电子商务需求。说明目标市场有哪些电子商务需求，电子商务是否更能满足目标客户要求，稳固现有客户群，是否能发掘新的目标客户群，潜力有多大。

③ 竞争对手分析　列出主要的竞争对手，分析其电子商务开展情况及效果，说明竞争对手可供借鉴的内容，以及本企业的竞争优势。

(3) 电子商务项目可行性分析

从技术、经济和业务等方面分析项目实施的可行性。

① 技术可行性　根据当前技术发展状况，结合项目特点，从技术角度分析项目的可行性。

② 经济可行性　定性或定量分析项目带来的经济价值，结合企业可使用资源状况，分析项目运作的经济可行性。

③ 业务实施可行性　说明项目实施对企业商务活动、目标客户以及合作伙伴（供应商、代理商）会产生哪些影响，分析这些影响是否成为项目实施的障碍。

(4) 电子商务项目总体规划

① 项目目标定位　说明电子商务项目的业务领域和服务对象，以及项目建设所要达到的目的，明确项目不同阶段要达到的目标。电子商务项目的目标应重点体现出其价值性，对网络企业创业项目还应体现出其新颖性。

② 项目商务规划

a. 商务模式。描述电子商务采用的商务模式。

b. 主要业务流程。以流程图的方式表示电子商务下的核心业务流程，并加以文字说明。

c. 盈利方式。说明电子商务方式下企业如何盈利。

③ 项目技术规划

a. 系统体系结构。说明电子商务系统的基本组成、逻辑层次结构及其相互关系。

b. 技术路线选择。比较目前主流的技术路线并根据项目的特点加以选择。

④ 网站域名规划　设计若干个与企业目标和特点相适应的备选域名用于企业的商务网站。

（5）电子商务平台系统设计

① 系统网络结构设计　说明电子商务系统的网络结构，绘制拓扑结构图。

② 系统安全设计　说明电子商务系统在保障安全方面的考虑和措施。

③ 硬件选型方案　说明电子商务系统使用的各种硬件、网络设备选型。

④ 软件选型方案　说明电子商务系统使用的各种软件选型。

（6）电子商务应用系统设计

① 网站形象设计　商务网站是企业从事电子商务活动的基础平台，网站的形象是指站点展现在用户面前的风格，包括站点的标志、色彩、字体、标语、版面布局等方面的内容。

② 系统功能设计　以图形方式表示系统的功能结构，并用文字说明各模块所要实现的功能。

（7）电子商务项目实施方案

① 项目实施的任务　按照工作程序和类别将整个项目分解为实施过程中的任务，描述各项任务包括的具体内容，可以从业务流程改造、域名注册、合作伙伴选择、系统平台建设、应用系统开发、系统测试与验收等方面考虑。

② 项目实施人员组织　确定项目实施各项任务的执行部门或单位及其职责划分。

③ 项目实施进度计划　确定项目实施各项内容的时间，并以图表方式表示出来。

（8）电子商务项目运营管理计划

① 电子商务系统管理计划　系统运营过程中的软硬件及网络系统的管理、维护工作。

② 电子商务组织管理计划　保证系统正常运行的组织结构、岗位职责等。

③ 电子商务安全管理计划　确保系统安全运行的管理措施。

④ 网站推广计划　网站推广使用的方法和措施。

（9）电子商务项目预算

实施本项目的总体预算及明细列表。

（10）电子商务项目评估

从技术、经营、管理、市场等方面评估系统实施可能面临的风险，以及可以获得的收益，并对面临的风险提出改进的策略。

思考题

1. 什么叫做项目？项目与企业的日常运作活动有什么区别？
2. 举例说明项目具有的特征。
3. 电子商务项目的概念是什么？与一般项目相比又有哪些特点？
4. 电子商务项目可以分为哪两种类型？它们之间有什么主要区别？

5. 什么是项目管理？项目管理包括哪些主要内容？
6. 请简要介绍国际上主要的项目管理知识体系及相应认证的情况。
7. 中国项目管理知识体系包括哪些主要内容？
8. 项目的生命周期可以划分为哪几个阶段？每个阶段的主要任务是什么？
9. 简述电子商务项目策划与设计的流程。
10. 电子商务项目策划与设计包括哪些主要内容？

第 2 章　电子商务项目需求分析

2.1　电子商务项目需求分析概述

2.1.1　电子商务需求及产生

要进行电子商务项目的需求分析，首先需要清楚需求是什么，它是怎样产生的。

经济学定义需求，是从定义"需要"开始的。"需要"是指所感受到的匮乏的状态。"需要"经文化和个性塑造后以"欲望"的形式表现出来，"欲望"可用满足需要的实物或服务来描述。而当有了购买力作为后盾时，"欲望"就变成了"需求"。

用这个概念来研究电子商务，可以认为电子商务需求是企业为适应生产经营环境的变化，改善或发展业务而产生的开展电子商务的需要，并有满足这种需要所需的资源。发现、识别电子商务的需求，是产生电子商务项目的第一步，也是电子商务项目生命周期的第一阶段的首要工作。

企业之所以会产生电子商务需求，一般来说有以下几个原因。

（1）企业为了自身发展的需要产生了需求

绝大多数企业为了自身发展的需要，都会考虑到如何利用新技术来节约成本、提高效率、提高竞争力，考虑如何在一个新的、比较高的起点上来发展新的业务。电子商务的应用普及为企业解决现存问题、发展业务提供了一个新的机遇和方法，从而形成了对电子商务的需求。

（2）电子商务领域本身处于发展时期会创造需求

电子商务领域和产业正处于发展、上升时期，有很好的发展前景，其中蕴藏着许多新的商业机会，激发企业去探索、去开拓，从而形成了对电子商务的需求。

（3）社会的发展、经济和经营环境的变化产生需求

随着国家信息化基础建设的步伐加快，企业开展电子商务的基础条件在不断改善，原来制约企业开展电子商务的许多瓶颈问题（如网络带宽、网上支付、物流配送、安全认证等）将逐步得到解决，每一个问题的解决，都是产生电子商务需求的契机。

现实世界中多数电子商务需求都是企业出于自身发展的需要而产生的。比如威达企业机构的电子商务需求就是来自于分销业务中存在的问题。威达是中国最大的便携机分销商之一，是IBM、Compaq、Dell等品牌的中国总代理，全国共有12家分公司，每家分公司下属若干家分销商，总共200余家分销商。原来，威达采用中国典型的分销企业管理方法，即各个分销商在需要进货时，把单子发给相关的分公司，由分公司进行处理；如果该分公司的仓库中有货，就直接向其发货，如果没有货，则上报到总公司。总公司到各个分公司的仓库中去查询哪个分公司的仓库有货，并完成相应的调货过程；如果没有货，就通过相应的产品助

理，向供货商进货，再发给该分公司，进而到达该分销商。

这样一个典型的分销型企业，在操作时会有很多问题。首先是销售的层次比较多，使销售成本较高，在面对一些接近直销方式的企业时，威达的竞争优势就比较弱。层次多带来的另一个问题是销售的周期长，从总公司进货到分销商出货，需要经历数周的时间，这也造成分销商往往需要压较多的货以备万一，资金占用的成本比较高。而对于威达来说，层次多造成回款的周期较长。由于总公司不可能严格管理各个分公司的业务，所以造成许多渠道的管理政策无法得到真正的实施，最典型的就是出现大量的窜货现象，即非本地区的分销商通过本地区的分公司进货，以便得到更好的地区性政策优惠。另外，价格调整时，由于有关的信息不能在总公司得到正确的反映，使得总公司对各个分公司和分销商的补贴政策无法真正得到贯彻。而最为重要的一点是总公司无法在第一时间了解各个分公司和分销商的销售状况，使公司的许多市场政策带有盲目性。

上述存在的问题，威达过去无法解决。随着电子商务的出现，威达就可以利用这个新兴的手段，直接管理各个分销商来解决这些问题。实施电子商务后，各个分销商在需要进货时，可以利用互联网直接将订单发给总公司，总公司中的产品助理对订单的品种和价格进行审核，确认可行后，即发给能够供货的最适当的分公司，由其向分销商发货。如果需要补货，则由产品助理进货后，直接发给分销商，并把多进的货发给适当的分公司。这样的模式，实际上就是在分销商和总公司之间建立直接的信息流，而各个分公司变成了地区性的物流中心。这种电子商务方式使销售的层次减少到只有一层，销售成本大大降低，周期也得以缩短，各个分销商也不再多压货，资金占用成本随之降低；而总公司可以直接向各个分销商进行催款，使回款慢的问题得到缓解。另外各种渠道政策的执行都是在总公司实现的，因此可以确保其贯彻，补贴信息也在总公司这里得到了集中，不会发生差错，而且各个分销商的状况一目了然，使总公司可以掌握最准确的市场信息。

2.1.2 电子商务项目需求分析的概念

（1）电子商务项目需求分析的定义

电子商务项目需求分析就是通过需求调研，了解企业的内、外部环境和条件，分析企业存在的问题，发现电子商务带来的机会，掌握现阶段企业具有哪些电子商务需求，以便确定是否有必要开展电子商务，以及用什么方式开展电子商务的过程。需求分析是开展电子商务项目时必须做的第一项工作，对后续各项工作的进展具有决定性作用。

（2）电子商务项目需求分析的目的

为什么在开展电子商务项目时首先要进行需求分析呢？

我们知道，Internet的出现，使人们借助互联网络开展商务活动成为可能，这不仅极大扩展了交易范围，而且有效缩短了交易时间，降低了交易成本。在这种背景下，形形色色的网络创新企业不断诞生，传统企业也纷纷走上"鼠标＋水泥"的企业e化道路，通过电子商务战略来增强市场竞争力的思路深入人心。

然而，许多企业往往是从媒体的报道和渲染中了解到电子商务的概念，激发了开展电子商务的冲动，而对本企业实际有哪些需求，是否具备开展电子商务的条件是不清晰甚至是模糊的，这样贸然开展电子商务就很可能得不到预想的效果。

实际上，不同的企业对电子商务的需求是存在巨大差异的。比如大型企业和中小企业同样是开展电子商务，其重点就有很大的不同：一般来说大型企业外部交易结构相对稳定，而内部供应链和外部供应链却比较复杂，所以其开展电子商务的重点会落在降低供应链成本、提高企业反应速度上，建设内容可能包括整合在 EIP（企业信息门户）之下的包括 ERP（企业资源计划）、CRM（客户关系管理）和 SCM（供应链管理）在内的电子商务综合应用系统。而中小企业的外部交易结构相对脆弱，供应链也相对简单，开展电子商务更多是着眼于开拓市场，建设内容多数是建立商务网站或者到阿里巴巴之类的第三方平台上开设网店以寻找商机、拓展业务。

不仅不同的企业对电子商务的需求存在差异，即使是同一企业在不同的发展阶段对电子商务的需求也是不同的。联想的电子商务实践就很能说明这一问题。

联想集团成立于 1984 年，是一家以研究、开发、生产和销售自有品牌的计算机系统及其相关产品为主，在信息产业领域内多元化发展的大型企业，其电子商务是根据需求的变化渐进发展的。早在 1992 年联想就开发了自己的 MIS 系统，当时的 MIS 主要是以财务为核心、根据企业的运营需求而定制的一个管理系统。1996 年，联想电脑公司与北京利玛公司合作实施了 MRP-Ⅱ。随着公司的发展，企业的需求在不断地升级，老的业务系统必须根据需求变化不断添加新的模块，用联想人的话说叫做"接裤腿"，联想的信息系统建设就像小孩子接裤腿，随着孩子一天天长大，裤子变短，就在旧裤子上接上一段（如财务电算化、MRP-Ⅱ）。

1997 年，联想集团的营业规模已经达到人民币 100 多个亿，业务模式也在不断增加。企业大了之后，一个最基本的需求是各级管理者要实时了解企业的运营情况，因此对于 MIS 系统的需求越来越高。同年，联想集团将香港的三家公司和北京的三家公司进行整合后，发现在不同管理模式下成长起来的这几家公司的 MIS 系统很难整合到一起，几个系统相互隔离，系统管理效果差，要获得一个完整的信息需要从不同的数据库和不同的系统中抽取，结果是销售量、库存量不清，生产与财务报表滞后，要等到 20 多天后才能了解本月的业务运营情况。这时，集团领导越来越迫切地意识到：再不对企业物流、资金流、信息流进行重建，无异于"闭着眼睛管理公司"。为此，他们决定实施 ERP。ERP 是企业资源计划，它将企业内部原材料采购、生产计划、制造、订单处理与交付等环节有机地联系在一起，使得企业对供货流程的管理更加科学、规范、高效；同时它能够对库存的数量和金额进行实时监控，能够有效地提高决策支持以及财务核算的效率。通过 ERP 系统的实施，联想将公司的财务管理、销售管理、库存管理等多个环节集成在一起，有效地减少了库存、降低了成本、缩短了供货时间、提高了盈利水平和工作效率。例如，财务结账日由原来的 20 天降低到 1 天，仅财务结算项目成本就减少了 9 成。

ERP 成功实施后，联想又结合业务的需要和自身的实力实施了 CRM、SCM 以及 PDM 等电子商务系统。

CRM（客户关系管理）就是通过构筑客户信息数据库，建立企业与每一个用户之间一致的界面，用户的每一次访问（不论是 Internet、电话还是现场）都被记录下来，用以分析它的使用需求和访问习惯，以便于个性化地定制产品和网页；企业不同部门的人对用户的拜访也被记录下来，用以了解用户全面的需求和心理；客户的咨询服务只要拨同一个电话就会自动转接到相关人员那里，而且此人能够立即获取已购设备的用户以前的服务和维修的记录，便于向客户解答；也可以设计主动去了解用户对企业的需求和对产品的满意度，并有针对性地去提供他所愿意要的相关产品，从而大大提高企业的效率和客户满意度。

SCM（供应链管理）是在 ERP 基础上通过构筑和前端客户以及后端供应商的互动系

统,来实现产品供应的通畅、合理、高效,既满足供应,又不保留大量库存进而积压,保持供应的高弹性。联想的第三代电子商务系统,将企业和代理商紧密地联系在一起,代理商可以通过Internet了解到当前各产品的供货周期、订单的执行情况、资金状况,而联想则可以即时了解各代理商每个产品的库存情况、销售情况,通过统计分析做出新的市场决策,大大提高了决策的准确性和时效性。

PDM(产品研发管理)是通过构筑产品信息数据库,建立一个统一的产品研发系统平台。在这个平台上,所有参与设计的人员通过浏览器就可以共享所有的设计文档与信息,通过浏览器就可以共同完成某种产品的开发设计工作。这样,联想的用户和合作伙伴,都可以跨越时空的限制,参与到联想产品研发设计的各个环节中来,使产品从一开始设计就充分体现用户的需求,这样生产出来的产品才能够真正让用户满意。同时,产品的设计信息将直接进入生产制造系统,与供应链上的采购、生产、销售、商务等各个环节自动连接起来,从而简化工作流程、大大缩短了新产品从创意到上市的时间周期。

根据不同发展阶段的不同需求,渐进式实施电子商务帮助联想实现高效率、低成本,高度满足客户个性化的需求和提高满意度,大大增强了集团的核心竞争力,实现了电子商务更丰实的内涵。

由上可见,不同的企业对电子商务的需求存在着巨大的差异,即使是同一企业在不同的发展阶段对电子商务的需求也是不同的。只有需求明晰了,才能目标明确,策划好项目。另外若项目进行招标,承建商也要根据需求准确地把握项目的意图,才能规划出好的项目。而在实际中由于技术局限,企业往往难以准确地把电子商务系统的需求传达给承建商,导致承建商不能准确获取企业真实的电子商务应用需求,需求信息的不对称和需求描述的错位,容易引起电子商务项目设计的缺陷,最终导致项目应用不理想,甚至使得该项目失败。

因此,在开展电子商务项目之前,首先要进行需求分析,系统地梳理企业存在哪些电子商务需求,把握开展电子商务的必要性,避免项目投资的盲目性,其过程和作用对于电子商务项目和项目管理都是至关重要的。

2.1.3 电子商务项目需求分析的方法

电子商务项目需求分析实质上就是要清楚了解企业现阶段具有哪些电子商务需求,以便确定是否有必要开展电子商务。而要准确地发现和识别电子商务的需求,就必须对企业的运行状况、经营环境、竞争态势和市场机遇进行细致的观察和准确的分析。所以,电子商务需求分析主要包括以下任务。

(1) 开展电子商务需求调研

没有调查就没有发言权。要准确地分析企业的电子商务需求,首先就要开展需求调研,掌握大量一手或二手资料,充分了解企业的内部和外部情况,作为后续分析的基础。

电子商务需求调研主要包括行业发展调研、企业业务调研、目标市场调研和竞争对手调研等几个方面的内容,具体调研内容和操作方法参见"2.2 电子商务需求调研"。

(2) 进行需求分析

在需求调研收集到大量信息的基础上,还要进行需求分析,采用科学的方法对收集的资料进行分析整理、归纳综合,全面地认识企业存在哪些电子商务需求,需求的迫切性以及这些需求将给企业带来哪些市场机会或多大的市场空间,并提出相应的建议。

电子商务需求分析包括企业业务分析、市场分析和竞争对手分析三个方面的内容,具体分析方法参见"2.3 企业业务分析"、"2.4 市场分析"和"2.5 竞争对手分析"。

2.2 电子商务需求调研

要准确地分析企业的电子商务需求，必须充分了解企业的内部和外部情况，包括企业的运行情况、企业的经营环境、竞争态势和市场机遇等情况，掌握大量一手或二手资料，才能得出企业开展电子商务的真实需求。为此，开展需求调研是必不可少的一项工作。

2.2.1 需求调研的流程

要确保需求调研的质量，必须制定周密的调研计划，遵循科学的调研程序。需求调研通常分为制定调研计划、实施需求调研、调研资料整理分析及撰写调研报告四个具体步骤。

（1）制定调研计划

① 确定调研目标　就是明确本次调研要达到什么目的，是了解企业存在什么问题、具有哪些电子商务需求，还是发现电子商务能给企业带来哪些新的商机，又或者是了解企业的经营环境和竞争情况，明确的调研目标是确定后续工作内容的基础。

② 选定调研对象　调研对象是指电子商务系统的使用者或者管理者，既可能是企业内部相关人员与部门，也可能是相关的供应商或渠道商，还可能是普通（网络）客户。调研对象可以是一个企事业单位，也可以是某个单位的一些部门或某些个人。调研对象应该尽量明确，只有通过调研人员与调研对象的直接沟通，才能取得第一手的资料。

③ 确定调研方法　是指通过什么方式来收集资料。目前常用的调研方法包括现有资料分析法、问询法、座谈会法和观察法等。为了达到调研的总体目标，应该根据每次调研的目标、调研对象等因素采用不同的调研方法或不同方法的组合。在互联网高度发达的今天，有些调研项目可以通过网络来完成。

④ 确定调研时间、人员、资金预算　调研时间是指根据调研内容的多少和时间的要求，有计划地安排调查研究的进度，以便使调研工作有条不紊地进行。如应该何时做好准备工作，何时开始并在多长时间内完成某一调研项目等。调研时间表应包括调研计划的制定、实施需求调研、调研资料整理分析及撰写调研报告等时间安排。

调研人员数量是根据调研工作量与调研时间表安排而确定的。通常，调研人员由领队、调研员、需求分析人员等组成，形成调研小组。在调研过程中，与调研对象协调是极其重要的工作，往往由调研小组的领导人员担任或者专门设立协调机制，以保证最大可能搜集到调研对象的信息。

调研的资金预算主要包括调研所需要的交通费、场所使用费、人力资源费用、耗材费等。

（2）实施需求调研

① 调研准备　在调研计划的基础上，对调研小组的每个成员进行分工，让每个调研人员了解调研目标及任务，做好实施前的准备。如对于问卷方式，要设计好调查问卷；座谈方式则对每一个调研对象要分别列出需要调研的问题，由此制作出有针对性的调研问题列表。

② 需求调研　需求调研是将调研计划付诸实践的行为，这一工作就是以调研计划为指导，执行事先设计好的调研表中所列的任务。如座谈方式就要将所列问题与调研对象进行沟

通，明确业务流程与调研对象的期望，搜集相关的文字资料与数字资料。

这个环节成本最高、耗时最久，并且由于信息的质量直接影响到对其进行分析所得的报告结果的可靠性，所以在此环节一定要采取各种监管措施，保证能收集到所要的全部信息，并保证信息的准确可用性。

（3）调研资料整理分析

由于调研过程搜集的资料是杂乱的，有的是重复无用的，这就需要按照调研目标进行归类整理，剔除与调研目标无关的因素以及可信度不高的信息，对余下的信息进行全面系统的统计和理论分析。使资料系统化与条理化。

在进行该项工作时，首先应审查信息的完整性，如所需信息并不完备，则需要尽快补齐；其次，应根据本次调研的目的以及对所收集信息的质量要求，对信息进行取舍，判断信息的真实性；然后，对有效信息进行编码、登录等，建立起数据文件库；最后，依据调研方案规定的要素，按统计清单处理数据，把复杂的原始数据变成易于理解的解释性资料，并应用科学的方法对其进行分析综合从而得出有价值的结论。在分析的过程中，应严格以原始资料为基础，实事求是，不得随意扩大或缩小调查结果。

（4）撰写调研报告

调研报告是对调研成果的文字反映，其主要内容包括调研目标、调研过程、调研方法、调研总结，是调研工作的最终成果，应该具有真实性、客观性和可操作性，能切实为企业提供有用的信息和建议，为企业规划电子商务提供各种依据和参考。调研报告除正文以外，还应该将调研过程中各种详细记录作为调研报告的附件，供日后参考查阅。

2.2.2 需求调研的方式

需求调研有多种方式，包括现有资料分析法、问询法、座谈会法和观察法等。在电子商务项目需求调研中主要使用现有资料分析法和问询法。

（1）现有资料分析法

① 调研资料的分类　调研资料按来源可分为一手资料和二手资料两种。

一手资料是指向被调研者收集的、尚待汇总整理，需要由个体过渡到总体的统计资料，也称为原始资料或初级资料。一手资料必须由企业进行首次亲自搜集，作为本次调研专门收集的资料，它更详细、更富有针对性，但同时需要花费更多的时间和成本。一般通过实地调研、访问有关人员等方式获得一手资料。在收集一手资料时应考虑成本因素，重点收集与调研目标有关的重要信息。

二手资料是指已经经过整理加工，由个体过渡到了总体，能够在一定程度上说明总体现象的统计资料，也称为次级资料或现成资料。它与一手资料相比，具有成本低、获得速度快，能及时使用的优点，可以节省人力、物力和财力。二手资料可以来自企业内部，也可从外部获得。随着网络应用的普及，从互联网上可以获得大量的二手资料。

② 现有资料分析法的概念　现有资料分析法也叫文案调查法，或二手资料调查法，是调研人员充分了解调研目的后，搜集企业内部现有资料及企业外部现有资料，通过衔接、对比、调整、融会等手段，综合分析后得出市场调研报告的方法。

③ 现有资料的主要来源

a．企业内部档案，如财务报告、销售记录、剪报、影音资料等。

b．外部机构调研资料，如政府的统计调查报告、学术研究机构的调查报告、调研公司已有的调研报告等。

c. 外部期刊或专业书籍、杂志。

d. 各类展会的免费或有偿资料、展品、宣传品等。

e. 竞争者的对外宣传、公报，正面或侧面的报道、采访等。

伴随互联网的高速发展，信息在网络中发布和传送十分方便快捷，大大提高了信息容量，网络信息内容包罗万象。通过使用网络，现有资料分析法变得无所不能：在搜索引擎输入感兴趣的关键词，成百上千页的相关信息将呈现在你的眼前；网上 BBS 和 QQ 群组有许多友好和乐于表现的朋友和专家，由于其开放性、自由性、平等性、广泛性和直接性等特点，使得搜集大量信息非常方便。互联网已逐步成为二手资料的新的重要来源。

④ 现有资料分析法的优点

a. 成本低廉且节省时间。对于广大中小企业，这无疑是最有吸引力的一点，而所需仅是耐心和平时的积累。

b. 提供解决问题的参考方法。决策者所面对的问题，很少是史无前例的。通过查阅现有资料，往往能发现已有的案例，甚至可以通过调研报告直接发现什么是正确的决策。

c. 提供必要的背景或补充材料，可作为一种调研支持手段。当使用不止一种调研方式时，选择现有资料做补充或支持，可以使结论更具说服力。

⑤ 现有资料的局限性

a. 可得性。很多问题，一般是没有现成的资料或资料不充分。如果找不到需要的资料，只能另外采取其他调研方式。

b. 相关性。经常看到由于对象、形式、方法的原因，虽然有现有资料，但缺乏相关性，无法使用。比如看到有关建设网上书店的需求分析报告，可是无法用到时装网站的需求分析中，因为相关性成问题。

c. 准确性。不可避免地，现有资料中会存在错误或问题：合作关系上隔了一层甚至数层的来源、可信度不高的出具机构、去年或前年的数据、研究倾向或立场差异，都造成现有资料准确性问题。对于网络信息，虽然来源充分，但是其中鱼龙混杂、真假难辨，其准确性也受到挑战。

（2）问询法

问询法也叫问卷法或访问法，是通过直接或间接询问的方式搜集信息的调研方法。通常做法是由调研机构根据调研目的设计调研问卷，选定调研对象，通过调研人员对调研对象的访问，得到调研的一手资料，最后经统计分析得出调研结果。

问询法的具体形式多种多样，根据调研人员同被调研者接触方式的不同，可以分为访谈法、电话法、邮寄调研法和留置问卷法等方法。

① 访谈法　它是指调研人员同被调研者直接面谈，询问有关问题，当面听取意见，收集大家反映的方法。通过访谈法，调研人员可以提出已经设计好的各种问题，收集比较全面的一手材料，同时还可通过被调研对象的回答表情或环境的状况，及时辨别回答的真伪，有时还可能发现意想不到的信息。访谈法需要调研人员有较高的素质、熟练掌握访谈技巧，并事前做好各种调研准备工作。访谈法可采取个别访谈的方式，也可采取小组访谈和集体座谈的方式。

个别访谈是指调研人员与被调研者面对面进行单独谈话来收集资料的方式。个别访谈有许多优点：调研人员可以提出许多不宜在人多的场合讨论的问题，深入了解被调研者对问题的看法；记录的真实性可以得到当场的检查，减少调研的误差，在取得被访者的同意后，还可以使用录音设备等辅助手段帮助提高记录的可靠性；调研的灵活性较高，访谈员可以根据情况灵活掌握提问题的次序，随时解释被访者对问题提出的疑问；拒答率较低。但个别访谈也有它的缺点：由于需要一个个地进行面谈，调研周期较长，调研的时效性较差，调研费用较高。个别访谈法一般只适用于调查范围小、但调研项目比较复杂的调研项目，比如要了解企业自身对开展电子商务有什么需求，对相关业务人员和管理人员的调研就比较适合采用个别访谈方式。

小组访谈指将选定的调研样本分成若干个小组进行交谈，由调研人员分头收集信息。它可以按调研对象的特点或调研的某个具体问题进行分组，每组3～5人。这样可以比个别访谈节省一些时间，同时也具有个别访谈的一些特点。

集体座谈指将选定的调研样本以开座谈会的方式收集意见，取得信息。集体座谈可互相启发、节省时间和费用，但参加人数较多，需要调研人员有较高的能力，充分了解每个参加者的意见。

② 电话法　电话法是指调研人员借助电话，依据调研提纲或问卷，向被调研者进行询问以收集信息的一种方法。

电话法的优点是可以在较短的时间里获取所需信息，节省时间和费用；电话号码是随机抽取的，无需受访者的个人信息即可找到他们，非常方便。但它也有一定的局限性，电话问询的时间不可能太长，调研项目要简单明确，所以调研的内容及深度不如面对面个别访谈和问卷调研；调研过程中无法显示照片、图表等背景资料，无法对比较复杂问题进行调研；由于调研人员不在现场，难以辨别回答的真伪，记录的准确性也受到一定影响；拒访率高，很多受访者感到贸然打入的电话干扰了他们的正常生活。

采用电话问询时，由于时间的限制，多采用两项选择法向通话者进行询问，即要求被访者从两项要求中选择其一，这种方法可以得到明确的回答，便于汇总，但无法了解被访者的意见差别，在实际操作中还需要同时使用其他方法以弥补不足。

电话法的主要特点在于可以迅速获得有关信息，所以特别适用于调研项目单一，问题相对比较简单明确，需要及时得到调查结果的调研项目。

③ 邮寄调研法　邮寄调研法是指将设计印制好的调研问卷通过邮寄的方式送达被调研者，由被调研者根据要求填写后再寄回来的一种调研方法。

使用邮寄调研，调研样本的选择受到的限制较少，调研的范围可以很广泛，并可以节约可观的调研费用。同时，由于只靠问卷与调研对象进行问询，可避免访谈法中受调研人员倾向性意见的影响，也增强了调研的匿名性，可以得到一些不愿公开谈论而企业又很需要的一些比较真实的意见。

邮寄调研的缺点在于回收率较低，对问卷设计有较高的要求，缺少调研人员与调研对象之间的交流，而失去了对回答的准确和完整性的有效控制，但是在调研过程中可以加大样本容量，从而抵消一部分由于低回收率造成的调查误差。

随着互联网的应用普及，邮寄调研法已越来越多地采用电子邮件（E-mail）方式。该方式将设计好的调查表以电子邮件的方式直接发送到被调查者的电子邮箱中，或者在邮件正文中给出一个网址链接到在线调查表页面，被访者回答完毕将问卷回复给调研机构。

使用 E-mail 进行市场调研，应注意以下几点。

a. 尽量使用 ASCII 码纯文本格式文章。邮件尽量使用纯文本格式，使用标题和副标题，尽量使电子邮件简单明了，易于浏览和阅读。

b. 首先传递最重要的信息。主要的信息和重点内容应安排在第一屏可以看到的范围内。

c. 邮件主题明确。一般可以把文件标题作为邮件主题，主题是收件人最先看到的，如果主题新颖富有吸引力，可以激发兴趣，才能促使他们打开电子邮件。

d. 邮件越短越好。因为电子邮件信息的处理方法不同于印刷资料，应尽量节约收件人的下载和浏览时间。

e. 应争取被访问者的同意，或者估计被访问者对调查的内容感兴趣，至少不会反感，并向被访问者提供一定补偿，如有奖问答或赠送小件礼物，以降低被访问者的敌意。

④ 留置问卷法　留置问卷法是指访问员将调研表当面交给被调研者，经说明和解释后留给调研对象自行填写，由调研人员按约定的时间收回的一种调研方法。

留置问卷的优点是填写时间充裕，被调研者意见不受调研人员的影响；访问员经验之间的差异对调研质量的影响不大；可以对被访者回答的完整性和可信性给予及时评价和检查；保证问卷有较高的回收率。与电话调研相比，留置问卷调研可以克服或降低调研时间的限制，因而可以适合较复杂问题的调研。

留置问卷调研的缺点是调研地域范围有限，调研费用较高，不利于对调研人员的监督管理，对调研人员的责任心有较高的要求。

近年兴起的互联网在线问卷调查可以有效克服上述地域范围限制。在线问卷调查将调查问卷放置在WWW网络站点上，等待访问者访问时主动填写问卷，如CNNIC每半年进行一次的"中国互联网络发展状况调查"就是采用这种方式。这种方式省却了问卷印刷、邮寄、数据录入的过程和费用，效率得到大幅度提高，而且填写者一般是自愿性的；但缺点是无法核对问卷填写者真实情况，为达到一定问卷数量，站点还必须进行适当宣传，以吸引大量访问者参与调查。

上述四种收集信息的方法各有所长，在实际中进行具体应用时，应根据调研目的和要求，扬长避短，选用不同的方法组合，及时有效地取得所需资料。

（3）座谈会法

座谈会法也叫客户沙龙法或焦点小组访谈法，一般是由8～15人组成，在一名主持人的引导下对某一主题或观点进行深入讨论。座谈会法的关键是使与会者相互激发，引导话题深入进行，使参与者对主题进行充分和详尽的讨论，从而全面彻底地了解他们对某种产品、观念、组织或者社会现象等的看法和见解。

合格的受访者和优秀的主持人，是座谈会法能否成功的关键。座谈会的小组成员应该在大背景上一致，以避免冲突和陌生感。太大的差异会抑制讨论，比如在员工座谈会中如果有主管在场，座谈会可能难以展开。对主持人的要求是两方面的：一方面，对于调研委托者，他要有较高的市场调研能力，充分全面领会调研要求，有强烈的服务意识，可靠，顽强；另一方面，对与会者，他要对人情世故有深刻的理解，在倾听、表达、观察、交流能力方面缺一不可，其次要耐心、谨慎、灵活。

座谈会法通常用于在进行大规模调研之前所进行的试探性调研中，它可以了解到参与者的态度、感受和满意的程度。调研人员应避免将调研结果推广到所有的受众，毕竟这种方法的样本规模太小，很难具有完全的代表性。

（4）观察法

观察法是调研人员通过观察被调研者的活动而取得一手资料的调研方法。与在调研中向人们提问不同，观察法主要是观察人们的行为。在实际操作中，一般由调研人员采用耳听、眼看的方式或借助各种摄像录音器材，在调研现场直接记录正在发生的行为或状况。

成功地运用观察法，并使其成为市场调研中的数据收集工具，必须满足三个条件：其一，所需信息必须是能够观察到的或者是能从观察到的现象中推测出来的；其二，所要观测的对象必须是充分的、频繁发生的，或在某方面是可预测的，否则成本无法控制；其三，所要观测的行为或现象必须是相对短期的，比如一些家庭的汽车购买决策过程，如果是一周或数周，还可以接受，但如果是一个月或数个月，就无法使用观察法了。

观察法是一种有效的信息收集方法，它可以避免许多由于调研员或问卷法中的问题所产生的误差和错误，更快更准确地收集资料；观察法可以避免让调研对象感觉到正在被调研，被调研者的活动不受外在因素的干扰，从而提高调研结果的可靠性。但现场观察只能看到表面的现象，而不能了解到其内在因素和缘由，并且在使用观察法时，需要反复观察才能得出切实可信的结果。同时也要求调研人员必须具有一定的业务能力，才能看出结果。

2.2.3　需求调研的内容

作为企业，电子商务需求可能来自管理、研发、生产、营销、市场、服务的各个业务环节当中，要分析电子商务在哪些环节能有所作为，首先就要开展需求调研，获得企业及其所在行业、目标市场和竞争对手的一手和二手资料。企业的需求调研通常使用现有资料分析法和问询法，在以下几个方面开展调研。

（1）行业发展调研

通过查阅行业分析报告等途径了解企业所在行业的情况，了解该行业的市场规模、特点以及电子商务发展前景。本项调研对于网络创业企业的项目设计是必需的。行业调研可能包括以下内容：

- 行业规模有多大？
- 行业有什么特点？
- 行业发展程度如何？
- 行业发展趋势是怎么样的？
- 电子商务目前在该行业扮演怎样的角色？
- 电子商务发展前景如何？

（2）企业业务调研

通过查阅企业内部档案及与业务人员访谈等方式了解企业的有关情况，以发现问题、寻找机会。企业业务调研大致包括以下内容：

- 企业的主营业务是什么？
- 企业目前采用什么商务模式？
- 企业的业务流程是怎样的？
- 企业拥有哪些资源？
- 企业的优势在哪里？
- 生产经营中存在哪些问题？

（3）目标市场调研

通过查阅各类互联网分析报告及开展问卷调查等方式了解企业目标客户对电子商务的接受程度和需求情况，为后续市场分析提供依据。该项调研可能包括以下内容：

- 企业主要的客户对象。
- 目标客户的基本特点（年龄构成、教育情况、收入情况等）。
- 目标客户的区域分布。
- 目标客户的信息化程度。
- 目标客户的网上购物倾向。
- 目标客户的个性化需求。
- 目标客户对价格的敏感程度。

在目标市场调研中经常会使用中国互联网信息中心（CNNIC）所做的调查报告。CNNIC作为国家级的互联网信息中心，会定期或不定期地开展互联网有关调查，如一年两次的"中国互联网络发展状况统计调查"、不定期的"中国互联网络热点调查"等。从调查报告中能得到许多有参考价值的数据和结论。CNNIC 的网址是 http：//www.cnnic.com.cn/。

（4）竞争对手调研

通过问卷调查、搜索引擎搜索或对竞争对手网站进行研究等方式查找竞争对手的相关资料，了解竞争对手电子商务的实施情况，为后续市场分析提供依据。该项调研可能包括以下内容：

- 竞争对手是谁？
- 竞争对手是否已经实施电子商务？
- 竞争对手开展了哪些电子商务业务？
- 竞争对手实施电子商务的效果？
- 竞争对手的电子商务业务对本企业的经营造成了哪些影响？
- 竞争对手的客户对其电子商务业务有哪些正面和负面的反应？
- 竞争对手电子商务业务有哪些经验可供借鉴？
- 竞争对手电子商务业务有哪些教训需要吸取？

2.3 企业业务分析

2.3.1 企业业务分析的方法

所谓企业业务分析，就是从企业自身业务角度分析企业存在哪些电子商务的需求，以及采取什么方式可以满足这种需求。一般可按照以下思路进行分析。

① 综合分析需求调研获得的一手和二手资料，重点分析企业拥有的核心能力是什么，运作中存在哪些主要问题；电子商务能否巩固企业的核心能力，解决存在的问题。在解决问题方面，电子商务主要能帮助企业提高效率、降低成本、提高客户服务水平、低成本扩大销售范围、增加销售量。

② 根据需求调研资料，从业务拓展的角度分析开展电子商务能给企业带来哪些新的商业机会，发现企业的电子商务需求。在业务拓展方面，电子商务主要能帮助企业扩大销售范围、增加销售量、提升品牌知名度、提供伴随互联网诞生的新的产品和服务。

③ 针对发现的问题和机会，结合企业的发展状况和经济实力，提出需求建议，说明企业存在哪些电子商务需求，以什么方式可以满足这些需求。目前常见的方式包括到阿里巴巴

等第三方平台开设商铺，建立企业商务网站，建设包括 ERP（企业资源计划）、CRM（客户关系管理）和 SCM（供应链管理）在内的电子商务综合应用系统等几大类。

④ 以文字形式表述企业业务分析的内容，大致包括行业发展分析、企业基本情况、企业存在的问题、电子商务需求及建议等几个部分，其中行业发展分析对于网络创业企业的项目设计是必需的，对于传统企业 e 化项目，该项内容在不影响分析结果的情况下可以省略或整合到企业基本情况中说明。

下面以芬芳鲜花店为例说明企业业务分析的过程。

芬芳鲜花店是以售卖鲜花为主营业务的鲜花零售店，行业发展调研资料显示花卉业发展快、利润高、市场大，是典型的"朝阳产业"，另一方面电子商务在其中所占的份额还不到10%，存在巨大的发展空间。因而从行业角度分析，花卉业电子商务可以说是一块潜力巨大、尚待开发的处女地。

通过企业业务调研发现企业经营中存在的主要问题是经营成本较高，其原因是鲜花很容易枯萎，进货多会导致损耗率加大，进回来 1000 枝花，最多只能卖出去 200～300 枝，卖不出去的只好作为损耗处理。有时某些品种进货不足又不能满足客户要求。根据目前的业务流程，每天进货的数量和品种主要凭经验，免不了会出现进货和销售之间的偏差，这种偏差时多时少，难以控制，从而使得鲜花的损耗居高不下，导致经营成本较高。

企业业务调研还发现花店存在的另一个问题是销售规模停滞不前。由于鲜花销售通常是区域经营，客户基于方便的原因一般都光顾就近的花店，附近没有花店的客户会去品牌知名度较高的鲜花集市选购花束。芬芳鲜花店品牌知名度不高，基于成本和风险控制因素只在天河某办公区域开设有一家实体店，因而遇到发展瓶颈。

电子商务能否为芬芳解决经营中遇到的问题呢？经过分析，建established网上花店就可以帮助芬芳花店降低经营成本、扩大销售规模。有了网上花店，即使是距离较远的客户，只要在网上轻点鼠标就可以直接订购鲜花，距离远近不再成为一个问题，客户得到了方便和实惠，自然会产生上网订购鲜花的动力，对芬芳来说无需加开分店就可以有效扩大销售规模。在成本控制方面，有了网上订购，芬芳花店就可以改变目前先进货后销售的业务流程，直接根据客户的订单按需进货，既能满足客户的需要，又能做到进货与销售之间的偏差可控，降低鲜花的损耗，从而达到降低成本的目的。

经过分析还发现，电子商务还有助于芬芳鲜花店拓展新的配套业务。芬芳可以在网上花店使用图片、动画等手段，展示并销售礼品、贺卡、饰品等其他商品，拓宽花店经营的种类和范围。

对调研资料和以上分析进行浓缩和提炼，按要求以文字形式表述出来，就完成了以下芬芳网上鲜花店的业务需求分析。

芬芳网上鲜花店业务需求分析

(1) 行业特点

芬芳鲜花店属于花卉经营行业，花卉业被誉为"朝阳产业"。近 10 多年来，世界花卉业以年平均 25% 的速度增长，远远超过世界经济发展的平均速度，鲜花的利润高、市场大，是世界上最具有活力的产业之一。中国花卉业起步于 20 世纪 80 年代初期，经过近 20 年的恢复和发展，取得了长足的进步。我国鲜花销售额 2003 年为 40.9063 亿人民币，2004 年达 105 亿，增长迅速。虽然鲜花业销售额迅速增长，但是电子商务在其中所占的份额还不到 10%，处在起步阶段。我国绝大多数鲜花销售公司还处于传统营销阶段，所以鲜花的网上销售蕴涵着巨大的商机。

(2) 企业简介

芬芳鲜花店是一家鲜花零售店,主要销售各种鲜花、绿色植物和各种鲜花附属产品(如花篮、水晶土、养料、鲜花包装纸等),同时经营鲜花包装、快递等项目。现有员工10人,每天的鲜花销售额2000~2500元。芬芳鲜花店现有店面地处广州市天河区,这是一个办公大楼集中的区域,也是休闲娱乐和消费中心。该店开张五年来,采用传统的营销方式,以零售为主要销售渠道开展业务,经营平稳,业绩尚可,进货、销售和配送都已比较成熟,也积累了一批老客户。

(3) 存在问题

① 鲜花零售利润可达50%~80%,十分可观。但是由于鲜花很容易枯萎,所以它的损耗率相当大,进回来1000枝花,最多只能卖出去200~300枝,卖不出去的只好作损耗处理扔掉。现在进货的数量和品种主要凭经验,难免会出现进货和销售之间的偏差。这使得鲜花的损耗高居不下,这是经营成本高的一个主要原因。

② 芬芳鲜花店地处天河办公区,在这几年的经营中赢得了一定的口碑,客户忠诚度也比较高。但是光顾花店的大多是附近的客源,距离远的客户由于选购不方便,加之"芬芳"的品牌知名度不高,难以吸引他们光临。芬芳鲜花店也曾考虑过加开分店,并加强宣传,提升"芬芳"的品牌知名度,但计划投入较大,而且难以确定效果,实施的风险较高,因而一直没有付诸实施。这使得鲜花店销售规模停滞不前,发展遇到瓶颈。

③ 芬芳鲜花店计划发展礼品、贺卡、饰品等配套业务,但由于店面面积有限,难以对多样货品进行展示。

④ 芬芳鲜花店还计划发展公司礼仪、生日派对等鲜花的集中订购,但相对于大南路鲜花一条街,花店的知名度不高,店面展示的鲜花品种和数量也有限,使得该类业务未能开展起来。

(4) 企业的电子商务需求

为了解决上述问题,芬芳鲜花店希望突破传统的经销方式,建设芬芳网上鲜花店,实现网络营销与传统营销双通道同时运行的新型鲜花营销模式。开办网上花店的需求建议如下。

① 将现有的预估鲜花需求数量和品种,先进货后销售的流程,改为根据客户的订单按需进货,减少进货与销售之间的偏差,降低鲜花的损耗,降低经营成本。为此网站建设必须具备网上订购、网上支付和配送管理功能。

② 通过网络,使花店突破时空限制,客户无论地理距离的远近,都可以方便地访问网上花店订购鲜花,不再受到地域的限制,拓宽了客源范围,扩大了销售规模。为此项目实施必须考虑配送能力、配送方式、配送范围和时效等问题。

③ 通过网站,用图片、动画等手段,可以大量展示各种花卉品种及其配搭,还可以展示礼品、贺卡、饰品等其他配套商品,不会因店面面积而受限制,可以拓宽花店经营的种类和范围。为此网站建设需考虑带宽和客户响应速度等问题。

④ 可以通过网络广告等推广方式提高花店的知名度,并且无需扩充店面或加开分店投入,就能达到扩大经营规模和经营范围的效果,大大降低了实施风险。为此项目实施应将网站推广放在重要位置。

2.3.2 企业业务分析过程中需注意的问题

① 做企业需求分析时必须考虑商机的可达性，应避免空中楼阁式的伪需求。

通过需求分析发现的电子商务给企业带来的商机必须具备一定的可达性，站在企业的角度要既能看得见，又能摸得着，否则即使蛋糕客观存在，但你不具备吃蛋糕的条件，这一需求对你来说就成为了不切实际的伪需求，后面所有围绕这一不可能实现的需求而展开的项目设计都将成为空中楼阁，变得毫无意义。下面结合实际案例对此做进一步说明。

案例：亿联网上教材专卖店业务需求分析

为了做好网上教材专卖店，我们对广州市的小学、中学、高中、中专、技校和大学进行了初步的调查，得到下列一组数据：

广州市各区小学合计537所，包括荔湾区小学48所，越秀区小学50所，东山区小学47所，海珠区小学82所，天河区小学46所，白云区小学194所，芳村区小学31所，黄埔区小学20所，番禺区小学19所。

广州市各区中学合计190所，包括荔湾区中学20所，越秀区中学19所，东山区中学18所，海珠区中学30所，天河区中学16所，白云区中学50所，芳村区中学10所，黄埔区中学8所，番禺区中学19所。

广州市各区高中合计170所，包括省属高中12所，区县市级高中35所，天河区高中12所，白云区高中16所，芳村区高中2所，黄埔区高中4所，番禺区高中22所，花都区高中9所，增城区高中12所，从化区高中9所，开发区高中3所，职业高中34所。

广州市省属中专61所，市属中专32所，成人中专19所。技工学校52所。大学36所。

我们若按照一所小学平均每学期采购学生学习用的教材5000册、采购图书馆馆藏图书资料1000册。一所中学平均每学期采购学生学习用的教材9000册，采购图书馆馆藏图书资料1200册。一所高中平均每学期采购学生学习用的教材1.1万册，采购图书馆馆藏图书资料1500册。一所中专学校或技校平均每学期采购学生学习用的教材1万册，采购图书馆馆藏图书资料1300册。一所大学平均每学期采购学生学习用的教材6万册，采购图书馆馆藏图书资料8000册。根据以上数字我们将得出广州市各类学校平均每年所需的教材是：

教材数＝(5000＋1000)×537×2＋(9000＋1200)×190×2＋(11000＋1500)×170×2＋(10000＋1300)×164×2＋(60000＋8000)×36×2＝2317.24（万册/年）

假设各学校采购的教材平均每册15元，那么广州市各类学校每年所需购买教材图书费用是：2317.24×15＝34758.6（万元）人民币。这是多么巨大的数字。教材批发行业市场容量可观！

为此我们准备成立一个亿联网上教材专卖店，专门在网上经营各类学校的各种教材及图书资料，该专卖店直接与多家出版社签订协议，成为出版社的一级分销商，同时设有物流配送服务，并且采用无仓库零库存按需物流配送的经营方式以降低教材成本提高市场竞争力，力求在该专卖店推向市场后第一年就要占0.5%的市场份额，以后逐年增加。预计到2010年占市场份额的5%，2015年占市场份额的10%，2020年占市场份额的20%。该专卖店达到一定规模后还计划在其他大中城市开设连锁店，使之成为一所全国联网的网上教材专卖店。以此数据估算亿联网上教材专卖店首年的营业额是173.793万元，2010年的营业额将达到1737.93万元，2015年的营业额将达到3475.86万元，2020年的营业额将达到

6951.72万元。

我们的结论是亿联网上教材专卖店市场前景广阔,十分值得投资。

上面这一案例就是伪需求的典型。案例中提供了大量的数据对教材销售市场进行定量分析,表面上看教材的需求强劲,收入有保证,项目前景很好。但实际上教材是有专门流通渠道的,目前还不是在市场上自由竞争的产品,稍加分析就可以发现这个庞大的市场是不属于新成立的亿联的,教材的市场需求对亿联来说是不切实际的伪需求。需求不正确,后面的所有工作都将成为无用功,整个项目也因此被否定掉。

② 应结合调研实际说明实施电子商务对企业有哪些好处,避免脱离企业业务空谈电子商务需求。

理论上说,电子商务能为企业带来多项收益,如帮助企业提高效率、降低成本、扩大销售范围、增加销售量、提高客户服务水平、提升品牌知名度等。但是不同的企业基于其不同的业务和发展现状在其中所能得到的收益是有区别的,比如对于电子商务能够降低企业成本,有的企业通过网上订货系统,可以按需组织生产和货源,减少材料的损耗,从而降低成本;有的企业通过网上销售,其产品可以直接和消费者见面,减少中间环节,减少对销售人员的需求,降低渠道销售费用;有的企业通过建设商务网站,无需增加营业场地就可以展示更多的产品,降低了场租费用;有的企业通过互联网将传统管理过程许多由人处理的业务通过计算机和互联网自动完成,从而降低人工费用;还有的企业利用网上促销来降低促销费用。

所以一定要结合企业的实际业务来说明电子商务能帮助企业解决哪些问题,带来什么商机,这样的分析才具有说服力。下面结合实际案例对此做进一步说明。

案例:美佳网上礼品店业务需求分析

美佳公司是一家礼品销售公司。该公司主要销售各种玩具、服饰、手饰及其各种附属产品(如包装纸、包装盒等),同时经营礼包、快递等项目,目前公司主要的营销方式还是传统营销。随着Internet的普及和公司的不断壮大,传统营销已经显得力不从心。为了拓宽业务,吸引更多客户,降低营销成本,减少中间环节,节约配送时间,公司非常有必要引进网络营销手段,尽快建立自己的网上销售系统,这样可以扩展业务范围,使公司与国际接轨,是把公司做大做强的必经之路。

美佳网上礼品店的需求是:

(1) 通过网上礼品店树立全新企业形象

对于一个以礼品销售为主的大型连锁企业而言,企业的品牌形象至关重要。特别是对于互联网技术高度发展的今天,大多客户都是通过网络来了解企业产品、企业形象及企业实力。因此,企业网站的形象往往决定了客户对企业产品的信心。建立具有国际水准的网站能够极大地提升企业的整体形象。

(2) 通过网上礼品店增强销售力

销售力指的是产品的综合素质优势在销售上的体现。现代营销理论认为,销售亦即是传播。销售的成功与否,除了决定于能否将产品的各项优势充分地传播出去之外,还要看目标对象从中得到的有效信息有多少。由于互联网所具有的"一对一"的特性,目标对象能自主地选择对自己有用的信息。这本身已经决定了消费者对信息已经有了一个感兴趣的前提。使信息的传播不再是主观加给消费者,而是由消费者有选择地主动吸收。同时,产品信息通过网站的先进设计,既有报纸信息量大的优点,又结合了电视声、光、电的综合刺激优势,可以牢牢地吸引住目标对象。因此，产品信息传播的有效性将远远提高，同时亦即是提高了产品的销售力。

（3）借助网上礼品店提高附加值

许多人知道，购买产品不仅买的是那些看得见的实物，还有那些看不见的售后服务。这也就是产品的附加值。产品的附加值越高，在市场上就越有竞争力，就越受消费者欢迎。因此，企业要赢得市场就要千方百计地提高产品的附加值。在现阶段，传统的售后服务手段已经远远不能满足客户的需要，为消费者提供便捷、有效、即时的24小时网上服务，是一个全新体现项目附加值的方向。世界各地的客户在任何时刻都可以通过网站下载自己需要的资料，在线获得疑难的解答，在线提交自己的问题。

这个案例的主要问题是需求分析没有结合美佳的礼品业务展开，让人感觉很空洞。美佳"使用传统营销已经显得力不从心"表现在哪里？建个网站就能"树立全新企业形象"？美佳网上礼品店怎样增强礼品的销售力？提高了什么附加值？这些问题案例中都没有具体说明，也就难以得到认同。这种"放之四海而皆准"的通用性需求分析实际上是没有什么价值的。

③ 企业业务分析不能只考虑企业本身是否有电子商务需求，还要考虑企业的产品和服务是否适合采用电子商务方式。

在企业生产经营的商品中，不同的商品对于消费者来讲，在选购和决定购买的行为上是有区别的。并不是所有的商品都适宜于网上销售，因而在企业需求分析的过程中，不仅要看企业是否有电子商务需求，同时也要根据企业产品特色来选择网上开展的业务。比如某时装厂想通过网上销售来扩大销售范围，提高销量。需求是有，但其经营的产品是时装，人们的消费习惯是试穿后才决定购买，时装的这一特点目前在网络上还不能很好地解决，所以网上时装零售店目前还不是一个便于实施的项目。

适合网上销售的商品一般具备下面的条件。

a. 数字化产品。数字化技术和信息技术的发展使许多数字化的产品可以直接通过网络进行配送，省去了物流成本。比如软件、电子书籍就是典型的数字化产品。

b. 标准化产品。网络的虚拟性使购买者在购买前不能像传统购买那样尝试或体验产品。而标准化产品使购买者能够通过产品的规格型号知道其功能，经网上网下对比了解就可以激起购买欲望。如果这件商品必须要亲自看见、触摸或试用才可以确定品质，那么就不适合在网上销售。

c. 目标市场覆盖面大。网上市场是以网络用户为主要目标的市场，在网上销售的产品要适合覆盖广大的地理范围。如果产品的目标市场比较狭窄，可以考虑采用传统营销策略。

d. 体积较小、附加值较高。主要是方便运输，降低运输的成本。价值低于运费的单件商品是不适合网上销售的。

e. 价格有优势。通过互联网络进行销售的成本低于通过其他渠道的产品，因此，在网上销售产品都有一定的价格优势，而且互联网在发展初期是采用共享和免费策略发展起来的，网上用户比较认同网上产品的低廉特性，如果网下可以用相同的价格买到，就未必有人在网上购买了。

f. 具备独特性或时尚性。独具特色或者十分时尚的商品，网下没有或难以见到，只有网上才能买到，这样就比较容易获得买家的订单。比如外贸订单产品或者直接从国外带回来的产品。

根据以上的条件，目前适宜在网上销售的商品主要包括数码产品、电脑软硬件、手机及配件、保健品、成人用品、化妆品、工艺品、体育与旅游用品等。

2.3.3 案例及点评

（1）案例 1

"中国 E 餐网"业务需求分析

（1）行业特点

据权威机构统计："餐饮市场最为发达的广州市目前人均年餐饮消费达到 4143 元，是全国平均水平的 7 倍以上"。这种情况必然带来餐饮业的迅速成长，因为人们对食品餐饮总的需求是随生活水平提高和社交活动增多而逐渐增多的，但这些需求由家庭厨房满足的部分却越来越少。广州城市地理功能划分较为明显，商业区、工业区和住宅区都是分开的，人们的居住地点和上班地点截然分开。一般人花在上班路上的时间较多，使午餐的市场化趋势日趋明显。食堂等生活服务设施的社会化、市场化也越来越普遍。这样，在市场上购买午餐的比例将会越来越大。

（2）企业简介

"中国餐—Chinese Meal"是一家环境幽雅的大型中式快餐连锁店，总店位于广州市中心区天河北商务区。秉承"注重满足大众日常生活需求"的经营理念，经营三年来，业绩不错，以店面就餐、电话订餐为主要销售渠道，在天河、东山、海珠、越秀、荔湾等区开有八家分店，主要经营中式快餐。

（3）存在问题

① 目前公司只是集中于几个商务区，经营覆盖面不够大，发展受到限制。公司曾考虑扩大经营，经过研究发现场地租用费用将使公司开分店的成本大大增加，考虑到经营成本，公司对加开分店比较谨慎。

② 分店数量不够多，造成离配送点较远的地方配送速度较慢，电话订餐客户对饭菜的保鲜有意见。

③ 目前采用电话订餐方式，各分店之间没有建立统一的管理系统，如果客户订错送餐区域，要人工通过电话通知相应区域进行配送，造成反应速度慢，效率不高。

（4）企业的电子商务需求

"中国餐—Chinese Meal"为解决运营中存在的问题，扩大经营规模、降低经营成本、实现快速的配送，必须创新经营模式，开设网上订餐，实现"厨房＋配送"的新型快餐营销模式。开办"中国 E 餐网"的需求建议是：

① 重点攻击订餐市场，开通网上订餐，将分店扩张改变为"厨房＋配送"模式，省去店面成本，在不同的商业区只需租用较小的店铺进行操作，位置也无需选择商业旺铺，大大降低租金，以低成本迅速扩大经营规模。为此要建立起有效的配送系统。

② 所有订餐点统一管理，连锁经营，由网店管理系统统一管理采购、配送，降低采购成本，提高送餐效率，减少订单出错机会，提高客户满意度。为此要建立统一的订餐门户网站和后台管理系统，提供网上订餐、网上支付和采购、配送管理功能。

③ 通过网站的宣传推广，提高"中国 E 餐网"的品牌知名度，稳定老客户，增添新客户。为此项目实施应重视网站推广工作。

案例点评：一日三餐是人们每天都不断重复的活动。在广州等大城市，由于城市地理功能划分较为明显，人们的居住地点和上班地点一般距离较远，使得午餐市场化的现象日益普遍。本案例瞄准这个发展壮大中的市场机会，将网络技术引入传统的餐饮行业，开办"中国E餐网"，以"厨房＋配送"的创新模式重点攻击订餐市场，实现低成本快速扩张，抢占午餐这个大市场。需求分析思路清晰，给人感觉是一个很有前景的项目。

（2）案例2

"金山"业务需求分析

（1）行业特点

2001年我国数码相机市场开始发展，共销售了19.5万台，到2005年销售量达到403万台，年平均年增长率达122%，表现出强劲的增长态势。2007中国数码相机的市场容量已经达到1000万，占全球份额的1/4。数码相机已成为大多数家庭购买相机的首选。

数码相机的畅销必然催生了数码冲印市场的发展。来自权威机构的一项不完全统计资料显示，按每台相机每年拍照1000张计，我国的1000万数码相机就会产生100亿张照片，如果其中的20%有输出冲印需求，就会带来20亿张数码照片的输出市场。巨大的市场空间和广阔的商业前景让广大的冲印经营者怦然心动，各种数码冲印店也应运而生。

（2）企业简介

"金山"影像冲印中心总店位于华南××市，交通便利，经济繁荣。它有六十多年的经营历史，早期一直经营传统的照相、冲印业务，冲印技术颇为成熟。"金山"影像冲印中心一直打出"影靓相到金山，金山伴你创财富"的口号，在当地小有名气，积累了一批稳定的客户群，业绩不错。五年前"金山"影像冲印中心引进数码冲印设备和技术，打入了数码冲印市场，经营规模逐步扩大，目前在当地已经开设了5家分店。随着设备的更新、人才的引进，"金山"影像冲印中心的业务经营模式也呈现了多元化的发展趋势，陆续开展了数码艺术相片设计、个性台历制作、多媒体电子相册制作、相片拼图等业务模式。

（3）存在问题

① 为了开展数码冲印业务，"金山"影像冲印中心投入大量资金引进了数码冲印机、电脑、数码相机等设备。早期的数码冲印设备价格相对偏高，使得冲印中心的一次性投资较多。此外，近年来数码冲印设备价格的快速下降，使得早期投资的"金山"影像冲印中心不得不接受设备快速折旧，同时又面临更多的竞争的事实。

② 数码相机、电脑等电子产品的大量普及，以及存储技术的快速发展，使得数码影像的存储及观看较之于原始的胶片存储及冲印更为方便便捷，大大降低了客户影像冲印比率（在传统照相的环境中，用户几乎选择100%的进行冲印），从而导致"金山"影像冲印中心的业务量下降。

③ "金山"影像冲印中心目前虽然开设了5家分店，但都是采用传统的"坐店经营"策略，其业务范围最多辐射到方圆3公里的范围，在这有限的区域里，影像服务的需求量存在一个饱和率的问题，无法支持冲印中心的业务持续增长。

④ "金山"影像冲印中心虽然逐步推出了数码艺术相片设计、个性台历制作、多媒体电子相册制作等符合时尚潮流的个性服务，但冲印中心的店铺面积相对较小，难以对新开展的个性印品制作进行宣传和展示，从而影响了这部分的业务量。

（4）企业的电子商务需求

为了解决上述问题，"金山"影像冲印中心需要突破传统的经销方式，开办"金山"网上数码冲印店，实现网络营销与传统营销同时运行的新型数码冲印模式。开办网上冲印店有以下好处。

① 通过网络使冲印店的经营突破地域限制，扩大经营范围和规模，增加新客源，促进冲印中心的业务持续增长。无论何时何地，客户只需在网站上轻点鼠标，就可以足不出户地上传相片、选择冲印规格、定制个性服务等，省时又省力。此外，多种付费方式、多种配送模式以及短信（电子邮件）通知发货等措施，也能为客户最大限度地提供便利。这些便捷化的服务，在一定程度上也会促进业务量增加，从而提高自身的竞争优势，缩短设备投资成本的回收期限。为此网站建设必须具备相片上传、网上订购、网上支付和配送管理功能。

② 通过网站平台，可以方便地了解客户需求，提供便捷的照片编辑、艺术加工等数码处理，满足客户的特殊要求，提高客户的满意度，从而提升冲印率。为此网站应提供能在网上与客户有效沟通的工具。

③ 通过网站，可以用图片、动画等手段，方便地对冲印业务及多元化的个性服务进行展示、推广，拓宽了冲印店的经营种类和范围。为此网站建设需考虑带宽和客户响应速度等问题。

④ 人们存储、分享影像方式的改变对彩扩业务形成了分流。网上冲印店可以推出新的影像分享方式——在线电子相册、多媒体电子相册等，既可适应时代的发展，又可提高网站的访问量，开拓新的业务模式。这项服务需要较大的带宽和存储容量。

案例点评：数码相机市场的高速发展给传统的冲印业务带来了沉重的打击，也催生了数码冲印市场的发展。面对挑战和机遇，本案例抓住数码相片的数字化特征，开展网上数码冲印业务，以期达到无需扩充店面、投资装修或加开分店，就可达到扩大经营规模和经营范围的效果，大大降低了投资风险。这种利用新技术解决老问题，帮助企业求生存、求发展的思路是值得借鉴的。

2.4 市场分析

2.4.1 企业市场分析的方法

所谓市场分析，就是从企业目标客户的角度分析他们是否具有网络使用基础，能否接受电子商务方式以及有什么电子商务需求。与企业业务分析相比，前者研究的是企业自身是否具有开展电子商务的需求，而后者研究的是企业的客户需不需要、能否接受电子商务业务方式，二者分析的出发点是不同的。

下面介绍一下市场分析的过程。

① 要从企业目标客户的角度分析电子商务的需求，首先就要明确在电子商务方式下，企业的目标客户集中在哪些人群，目标市场在哪里。

确定合适的目标市场是十分重要的：如果目标市场的范围确定的太大，将会耗费大量的人力、物力和财力；如果目标市场的范围确定的太小，又很难找到利润的增长点。企业的目标市场主要是根据企业的产品定位或服务内容来确定，即分析是哪些人最喜欢你的产品或服务，或谁对你的产品感兴趣。确定目标市场的范围的基本原则是巩固现有市场，开拓潜在的新增市场。

② 将企业的目标市场细化为可供分析、度量的分组，为分析目标市场的特点提供基础。目标市场可以按照以下特性进行划分。

a. 统计特性：主要依据一些特定的客观因素，诸如性别、民族、职业、收入等。
　　b. 地理特性：主要是客户所在的国家、地区、工作环境、生活环境等。
　　c. 心理特性：主要包括人格特点、人生观、信仰、阅历、愿望等。
　　d. 客户特性：客户的上网情况、网上购买频率、网上的购买欲望等。
　③ 根据需求调研资料，结合企业分析中设想的电子商务开展方式，有针对性地总结目标客户有什么特点，能否接受、是否需要电子商务。这一步骤可使用的方法很多，如将企业的客户资料和中国互联网信息中心（CNNIC）所做的统计报告进行比较，了解客户上网和网上购物的情况，以此衡量电子商务的市场基础。又如可以定期跟踪与分析CNNIC的统计报告，以了解网民的变化情况与网上购物的发展趋势，来确定电子商务市场的发展空间。
　④ 分析电子商务能给目标客户带来哪些好处，这里分析的角度很多，比如：
　　a. 从职业需求出发，你的顾客需要什么？你提供的电子商务产品或服务能与顾客所需要的某些职业教育结合在一起吗？
　　b. 从家庭生活需求出发，顾客需要什么？你目前的产品能满足这些需求吗？你提供的电子商务产品或服务是否能更好地满足这些需求呢？你能为众多用户在网上创造出他们所需要的社区环境吗？
　　c. 从利益出发，顾客需要什么？你提供的电子商务产品或服务能够为顾客带来财富吗？能帮助他们开发额外的机会吗？如果你在网上为消费者提供同样品质，但价格大大低于网下的商品，一定会赢得消费者的拥护。
　　d. 从生活出发，顾客需要什么？你提供的电子商务产品或服务能减轻顾客的生活负担吗？一个经常飞来飞去的人，如果能在他的移动电话上提供短信息服务，使他及时了解有关飞机延误的消息，他会非常高兴，如果你的产品还能在目的地为他安排一辆机场班车，来弥补损失掉的时间，那就更好了。
　　e. 如果顾客使用了你提供的电子商务产品或服务，能够使他们节省钱财或精力方面的付出吗？
　　f. 你是否增进了他们的乐趣或社会地位？
　通过分析，说明客户存在哪些电子商务需求（如追求廉价、方便性、个性化等），电子商务是否满足了他们的这些需求。
　⑤ 以文字形式表述企业市场分析的内容，大致包括企业的目标市场、目标市场的特点和目标市场的电子商务需求等几个部分。
　下面仍以芬芳鲜花店为例说明企业市场分析的过程。
　对于芬芳鲜花店来说，主要业务是鲜花销售，目前的配送能力范围为广州市区，因而其目标市场就锁定在广州市区范围内的鲜花消费者。
　那么这些鲜花消费者能否接受网上购花呢？可以用直接和间接两种方法来回答这个问题。
　直接的方法是根据调研得到的有关数据，经过分析得出结论。通过对实体花店的客户进行有奖问卷调查的方式，了解到实体花店的目标市场中20～40岁的人群占83%，大专以上教育程度的占75%，具有上网习惯的占89%，月收入在3000～5000元的占90%，能接受网上支付方式的占73%。根据上述调研数据得出结论：芬芳网上鲜花店现阶段的目标市场主要集中在20～40岁的白领人群，其中大多数都有上网习惯，可以接受网上购花的方式。
　间接的方法是结合CNNIC的统计报告得出结论。根据CNNIC的"2008年中国网络购物调查研究报告",网络购物用户的年龄、学历、收入情况分别如表 2-1~表 2-3 所示。从几张表中可以看出,网络购物用户年龄 18~40 岁的占比接近 90%,学历在大专及以上的比例也高达 85%,月收入 1000~5000 元的占 53%。说明网络购物用户以年轻、高学历和有一定的经济基础的人群为主。另一方面从芬芳鲜花业务的特点入手,根据经验或观察可以了解到芬芳的客户以有一定经济基础的追求浪漫时尚的年轻人为主,与 CNNIC 网络购物的主流人群相重合,由此可以推论芬芳鲜花店的目标市场具备网络购物的基础,可以接受网上购花的方式。

表 2-1 不同城市网购网民年龄结构

城市	不到 18 岁	18~24 岁	25~30 岁	31~35 岁	36~40 岁	40 岁以上	合计
北京	3.4%	31.4%	34.0%	13.0%	9.6%	8.6%	100.0%
上海	2.8%	35.0%	29.5%	13.7%	9.8%	9.1%	100.0%
广州	3.9%	35.7%	30.4%	17.1%	8.1%	4.7%	100.0%
其他城市	3.4%	41.4%	29.5%	12.9%	7.2%	5.5%	100.0%

表 2-2 网购用户学历结构

学历	网购用户学历结构	学历	网购用户学历结构
初中及以下	3.6%	大学本科	50.3%
高中	11.5%	硕士及以上	9.2%
大专	25.4%	合计	100.0%

表 2-3 网购用户月收入结构

收入	网购用户月收入结构	收入	网购用户月收入结构
无收入	6.8%	3001~5000 元	17.9%
500 元以下	6.6%	5001~8000 元	8.6%
501~1000 元	18.0%	8001~1 万元	2.7%
1001~2000 元	17.6%	1 万元以上	4.9%
2001~3000 元	17.0%	合计	100.0%

在确定芬芳网上鲜花店具备市场基础后,下一步就要分析网上鲜花店能给目标客户带来哪些好处。经过分析,有了网上鲜花店,客户只需上网轻点鼠标,就可以完成选购花卉、在线支付过程,客户无需再亲临花店,节省了时间精力,大大方便了客户。这里在线支付是关键环节,因为对于鲜花订购来说,订货人与收货人通常是不同的,不能采用货到付款的方式,所以必须提供网上支付才能达到顾客足不出户实现网上订花的目的。此外,网站还可以提供各种定制服务,如允许客户通过网站设计个性化花束,以满足客户追求浪漫时尚和个性化需求。

对以上分析进行浓缩和提炼,按要求以文字形式表述出来,就完成了下面的芬芳网上鲜花店的市场需求分析。

芬芳网上鲜花店市场需求分析

(1) 企业的目标市场

芬芳网上鲜花店主要提供鲜花、礼品及相应的服务,目前的配送能力范围为广州市区。

为了全面了解鲜花需求人群的情况，我们对实体花店的客户进行了有奖问卷调查，结果显示花店的目标市场中 20～40 岁的人群占 83%，大专以上教育程度的占 75%，具有上网习惯的占 89%，月收入在 3000～5000 元的占 90%，能接受网上支付方式的占 73%。因此，芬芳网上鲜花店现阶段的目标市场是主要集中在 20～40 岁的白领人群，网上鲜花店的各种服务以满足他们的要求为主。

（2）目标市场的特点

根据问卷调查，芬芳网上鲜花店目标市场的特点可以概括如下。

① 年龄在 20～40 岁之间的白领人群，有一定的经济基础，经常上网，可以接受网上支付方式。

② 工作繁忙，闲暇时间少。

③ 追求浪漫时尚，讲究品位，消费观念比较开放，具有个性。

（3）目标市场的电子商务需求

以上分析说明目标市场不仅能够接受网上花店，而且还会主动去使用网上花店提供的服务。

① 年轻的白领阶层由于工作繁忙，他们需要最简便快捷的方式选购鲜花。如果通过电话订花，由于订货人与收货人通常是不同的，难以采用货到付款的方式，所以支付是个困难。而通过网上花店，客户在网站上选购花卉，在网上支付，节省了客户选购、支付和配送的时间，实现了足不出户便能送花，很好地满足了他们的要求。为此实现网上在线支付是关键环节。

② 由于他们消费观念比较开放，网上订购、网上支付等新的交易方式容易被他们接受，还能满足他们追求新鲜时尚的生活态度。

③ 他们追求浪漫时尚，对服务有个性化的需求，网站可以采取各种服务方式满足他们的需求。

2.4.2 案例及点评

（1）案例 1

"中国 E 餐网"市场需求分析

（1）企业的目标市场

"中国餐—Chinese Meal"主要经营中式快餐。从现实的快餐市场看，午餐是一个规模巨大并且成长迅速的细分市场。通过对实体店送餐人员访谈了解到目前电话订餐的多数是办公室白领，以写字楼或商住楼办公人员为主，"中国 E 餐网"主攻的订餐市场以满足他们的要求为主。

（2）目标市场的特点

根据调研结果，"中国 E 餐网"的目标市场有以下特点。

① 在写字楼或商住楼办公，办公场所大多数有上网条件。

② 工作压力大，空余时间比较少。

③ 有一定的教育程度，易于尝试和接受新事物。

④ 要求较高的生活品质，吃午餐不仅在于填饱肚子、补充热量，而且更渴望从优良的服务和美食文化中获取一种精神上的享受。

（3）目标市场的电子商务需求

以上分析说明目标市场有条件在网上订餐，只要工作到位就会吸引他们光临"中国E餐网"。

① 现实中的写字楼多数没有食堂，办公室白领必须跑上跑下到附近的餐厅吃饭，经常要排队取餐，既浪费时间，也不方便。客户在网上订餐，节省了时间和精力，还能很便捷地选择喜欢的菜式和预订送餐时间，很好地满足了他们的要求。为此实现饭菜口味和及时配送是关键环节。

② 由于他们易于尝试和接受新事物，网上订餐这种新的交易方式容易被他们拿来"尝鲜"，操作得当甚至会被他们作为时尚加以追捧。

③ 他们追求生活品质，对服务有较高要求，网站应采取各种方式创造出热情、周到、高水准的服务，来提高顾客的满意程度。

案例点评：本案例的需求源自于午餐市场化的日益普遍带来的巨大商机。开办"中国E餐网"来抓住这一商机是个很好的设想，但前提是快餐一族至少要具备上网条件，否则只能是竹篮打水，设想就会成为空想。本案首先根据调研访谈结果将目标市场确定为办公白领，然后再沿着办公和白领这两条线索说明目标市场具备网上订餐的条件，也可以从网上订餐得到实实在在的方便，从而在客户的角度上为项目找到了落脚点，达到了市场需求分析的基本要求。本部分最好能做进一步调研，更加深入、细致地分析挖掘客户的需求，比如目标客户更注重饭菜口味、送餐时间，还是饭菜价格，又或是自主定制饭菜等，才能为后续的设计实施提供更充分的依据。

(2) 案例2

"金山"市场需求分析

(1) 企业的目标市场

"金山"网上数码冲印店主要提供数码相片冲印、艺术加工处理、个性印品制作（台历、拼图、艺术相册等）、多媒体电子相册等服务，其中数码相片冲印的目标客户包括已使用数码相机并经常上网的原有客户群和网上新生的客户群，而艺术加工处理、个性印品制作、多媒体电子相册等服务的目标客户大多数集中在15～40岁、追求时尚、有一定经济能力的人群。

(2) 目标市场的特点

① 拥有数码相机、电脑等设备，掌握一定的电脑操作技能。

② 追求个性，讲究品味，有一定的展示欲，消费观念比较开放。

③ 工作繁忙，闲暇时间少，经常上网。

(3) 目标市场的电子商务需求

① 传统的照片冲印过程中，客户至少去2次冲印店，考虑路程和天气等因素，时间损失较大。而通过网上冲印数码相片，节省了客户提供相片、选择服务项目、支付和取货的时间，使客户免受奔波劳顿之苦，坐在家里喝着咖啡就可以轻松冲印自己满意的照片。

② 由于该客户群经常上网，对于电子商务有一定的了解，网上订购、网上支付等新的交易方式容易被接受，还能满足客户追求新鲜时尚的生活需求。

③ 对于老客户，出于对"金山"老品牌的信任，也往往愿意接受新的服务模式，享受网上冲印的便利。

④ 网站可以采取多元化的柔性服务方式，满足客户个性化的服务需求。

案例点评：传统企业面对新技术的冲击往往会带来升级转型的需求。然而企业有需求不代表客户有需求,项目的市场需求分析必须站在客户的角度,分析开展电子商务能给企业的客户带来什么价值,这种价值越大、越充实,项目成功的可能性也就越大。在本案例中,站在企业的角度,数码相机市场的高速发展给传统的冲印业务带来了沉重的打击,的确有开展网上数码冲印以拓展业务的需求,但是站在顾客的角度,有了数码照相,无论你是否开展网上业务,冲印的需求都会大大降低。因而这里必须找到网上冲印能给客户带来实实在在增值的地方。与案例1相比,午餐是每天都要进行的日常活动,网上订餐为白领节省时间和精力还是比较有价值的,而本案例照片冲印隔一定时期才进行一次,而且时间性也不紧迫,今天天气不好可以明天再去,隔一段时期少去2次冲印店对客户来说不会产生十分明显的价值。所以这里把重点放在方便客户、节省时间精力等方面就显得有些勉强,因为这样的需求可有可无!在这种情况下就要另辟蹊径,认真挖掘客户能真实体会得到的价值,比如更便宜的价格、特色艺术照片、个性印品等,用增值业务吸引顾客从而带动冲印业务。

总之,做企业市场分析要掌握正确的方法。

一是要认识到企业的目标市场、目标市场的特点和目标市场的电子商务需求三个部分之间是有内在的逻辑关系的:只有确定了目标市场,才能分析这个目标市场有哪些有利于开展电子商务项目的特点,而这些特点又恰恰是目标客户产生电子商务需求的基础,三者环环相扣。

二是要紧密结合企业客户的需求进行分析,牢牢抓住电子商务能给客户带来实质性的收益这一根本点。目标市场的文化程度高、是年轻白领说明开展网上业务有基础,有基础不代表有动力,最终吸引客户使用网上服务的动力还在于客户能否得到实质收益。比如"赢在中国"第三赛季获奖选手李璇开办的闪烁珠宝网站,其口号是"同样钻石,价格一半",这种情况下只要客户知道并信任这个网站,由于同样品质的钻石能比网下低一半的价格,给客户带来了实实在在的价值,所以即使客户是不会上网的老人,他也会创造条件成为网站的客户。

三是要不断跟踪CNNIC的相关报告,使分析能与互联网的快速发展紧密结合。如根据2008年6月发布的《第22次中国互联网络发展状况统计报告》,从学历的角度分析,互联网显现向下扩散的趋势;从上网地点角度分析,网民在家上网比例持续上升,从2007年12月的67.3%上升到目前的74.1%。这些发展会影响到网上需求的变化。

2.5 竞争对手分析

2.5.1 企业竞争对手分析的方法

所谓竞争对手分析,就是从企业竞争对手的角度分析电子商务的需求,了解竞争对手电子商务的开展情况、运作效果如何,是否对本企业的业务构成威胁,是否已成为本企业开展电子商务的障碍,对其中效果良好的内容是否可以借鉴。

竞争对手的调查与分析是需求分析不可缺少的重要内容。同传统的商务活动一样,竞争对手的产品与服务一直影响着企业的管理、生产与经营,甚至造成很大的威胁。尤其是竞争对手已经在网上开展了业务,那么竞争对手的经营状况对于一个新进入企业在行业竞争中的成败是至关重要的,竞争对手在网络营运方面的优势可能是后来者进入的强大障碍。

电子商务领域竞争对手分析可以按以下步骤进行。

(1) 确认竞争对手

竞争对手分析首先要对本行业主要的竞争者的类型作一个全面的了解,大致可以分为以下几种类型。

① 直接竞争对手　他们的产品或服务与本企业具有极大的相似性,客户很容易转而向这些企业购买产品或接受服务。因此他们是最激烈的竞争对手。

② 间接竞争对手　他们提供与本企业相似的替代产品或服务。这类竞争者可能具有相同的或相似的价值取向,所以具有相同的目标市场,只是提供的产品不同。

③ 未来竞争对手　他们是那些虽然还没有进入,但随时都有可能进入的公司。就网上销售而言,一旦间接竞争者看到你的产品在他们的市场取得成功,他们就会模仿,这样间接竞争者就变成了直接竞争者,或许是可怕的竞争者。

竞争对手可能会有数十个甚至上百个,界定已经存在的和潜在的竞争对手存在一定的难度。因此要有所限制地确定主要竞争对手,即那些将会给你的商业活动带来现实威胁的主要竞争者。在明确竞争对手的同时,也就确定了本公司在竞争中的地位。

(2) 分析竞争对手

① 建立竞争对手分析档案,并进行系统分析。竞争对手分析档案是一张内容丰富的表格。它的第一列是竞争对手名单,第一行是能反映竞争对手同质性和异质性的一组判别标准,包括从公司咨询到竞争策略的信息。同时将本公司的相关信息也列入表中,这样就可以将本公司与竞争对手进行比较,从而对本公司与其他公司的市场竞争地位等相关情况一目了然。表2-4是广州地区几个星级酒店的网站分析档案。

竞争对手分析档案是很有价值的分析工具,它可以帮助从企业信息、产品与服务信息、客户信息以及竞争优势等几个方面对竞争对手进行比较分析。

② 了解竞争对手电子商务的战略和所开展的主要网上业务。企业是通过投入资产、技术以及发挥自己的竞争优势获取成功的,可以通过全面浏览、测试与研究竞争对手的网站,查找介绍竞争对手的相关资料,来分析竞争对手的电子商务战略、网上市场定位以及在网上开展的主要业务。

除了竞争对手的网站,分析资料还有以下几个方面的来源。

a. 年报。如果竞争对手是一家上市公司,你可以从网上或报刊上直接获取。

b. 证券公司。每家大型的证券公司都有相关的部门负责收集分类和分析各种经济数据。

c. 政府部门。政府的相关管理部门,如证监会、商务部等。

d. 互联网。除各种公司网站以外,还可以通过各种搜索引擎搜索相关的信息。

(3) 研究竞争对手网站的设计结构与运行效果

主要包括竞争对手网站的功能和信息结构分析、竞争对手网站的设计风格评价、竞争对手提供的产品种类与服务特色分析、竞争对手商务模式分析和业务流程分析、竞争对手网站的客户服务效率分析、竞争对手网站信息更新频率分析等内容。通过对成功的竞争者进行深入分析,就能发现他们成功的原因所在,从而帮助企业构建自己商业蓝图;对竞争者的弱点进行分析,可以让企业接受失败的教训,从而发现市场机会。

总之,竞争对手调查与分析的目的是了解原来的竞争对手是否上网,洞察已经在网上开展了业务的竞争对手的情况，分析竞争对手的优势和劣势，研究竞争对手电子商务运作的效果。通过竞争分析，可以明确企业在竞争中的地位，以便制定本企业具有竞争力的发展战略。

表 2-4 广州地区主要星级酒店的网站技术参数

酒店名称	网址	星级	语言	网上订房	会员系统	空房查询	论坛社区	信息发布系统	行业资讯	页面设计	站内搜索
花园酒店	http://www.gardenhotel-guangzhou.com/	5	中文,英文	有	有	无	无	无	无	精美	无
中国大酒店	http://marriott.com/property/propertyPage/canmc	5	英文	有	有	有	无	有	有	一般	无
广东胜利宾馆	http://www.vhotel.com/	3	中文,英文,日文	有	有	无	有	无	无	一般	无
白天鹅宾馆	http://www.white-swan-hotel.com/	5	中文,英文	有	无	无	无(反馈方式)	无	无	一般	无
白云宾馆	http://www.baiyun-hotel.com/	4	中文,英文,日语	有	无	无	无	无	无	简单	无
广东迎宾馆	http://www.ggh.com.cn/	4	中文,英文,日语	有	无	无	无	无(反馈方式)	有	一般	无
江湾大酒店	http://www.riverside-hotel.com.cn/	4	中文,英文	有	无	无	无	无	无	简单	无

2.5.2 案例

芬芳鲜花店竞争对手分析

我喜欢花店也是一家中型鲜花销售公司，是芬芳鲜花店的老竞争对手。它也位于天河区，与芬芳鲜花店相距不太远，花店产品种类、产品质量和硬件条件与我公司不相上下。该公司在2个月前开通了网上销售系统，知名度有所提高，客户数目增加，芬芳鲜花店的一些客户也转到了他们那里。但是他们的网站主要存在以下问题：

① 网站的知名度还不算很高，没有下力气去推广；
② 网站只面对大批量的花束销售，没有面对零售市场；
③ 网站销售的流程比较复杂，不能做到在线支付。

以上情况均可作为芬芳鲜花店开发网站时的参考。

思考题

1. 什么是电子商务需求？什么是电子商务项目需求分析？
2. 联系实际说明为什么开展电子商务项目首先要进行需求分析？
3. 电子商务项目需求分析需要做哪些工作？
4. 简述电子商务需求调研的流程。
5. 需求调研有哪些主要方法？说明各种方法的优缺点及适用场合。

6. 电子商务需求调研应从哪些方面开展？主要包括哪些内容？
7. 结合"网上礼品店"项目拟定调研计划，并进行需求调研。
8. 请对"网上礼品店"项目进行企业业务分析。
9. 请对"网上礼品店"项目进行市场分析。
10. 请对"网上礼品店"项目进行竞争对手分析。

第 3 章　电子商务项目可行性分析

3.1　可行性研究概述

3.1.1　可行性研究的含义

在日常生活中，经常可以听到"这样行不行"的说法。这里的"行"字，主要有三层意思：一是能否行得通，二是有没有好处，三是是否存在潜在的风险。从本质上说，这个"行"字意味着对这三个方面的判断和决策。对于普通的、不是很重要的事件的决策，这个"行不行"一般不需要以书面形式进行正规的论证分析，而是通过大脑的判断思考来解决。但是对于企业重大的项目决策，就需要更加周密和慎重的考虑。随着现代社会经济的发展，这种简单的决断办法在处理重大决策问题时不得不发生一些变化，其中主要的有如下几个方面：一是一时的决断要变成了较长时间的周期过程；二是一个人的大脑判断要转化为群体智慧的共同决断；三是简单一个方面或几个方面的考虑要变成全面系统的分析论证。这时的"行不行"就不再是一件简单的事情了，而是一项系统周密的可行性研究活动。

可行性研究（Feasibility Study）是在项目投资决策前，对拟建项目应用多种科学成果来论证项目的技术经济效果的一门科学，为项目的决策及开展提供科学的依据。可行性研究是自然科学和社会科学交叉形成的一门综合性学科，它不是为了表现自然规律和经济规律，而是以自然科学和社会科学为基础，用情况分析、数据计算、科学预测和分析论证来设计解决实际问题的方案。这项工作通常在项目投资决策前由拟建项目的单位或上级主管部门，组织不同的科学技术、经济专家对拟建的项目进行调查、分析和论证，评价拟建项目技术上是否可行、先进，经济上能否获利以及风险大小，社会和生态效果如何等，最后确定该项目"可行"或"不可行"，行又以何种方案为最优的结论。

可行性研究作为一门系统科学的分析方法，首先是在资本主义国家发展起来的。美国20 世纪 30 年代开发田纳西流域就采用了这种方法，并获得了较好效果。田纳西河是美国东南部一条河流，流经 7 个州，10 万平方公里。开发前水土流失、土地贫瘠、交通不发达，是美国的落后地区，1893 年人均收入只有 130 美元。美国政府对田纳西河进行了综合开发，开发时统筹全局、兼顾灌溉、发电、航运、旅游、城市建设及农、林、牧、副、渔的发展。经过多年的努力，这一地区的面貌得以彻底改观，成为农、林、牧、副、渔全面发展，航运通畅、环境优美，而且是重要的能源、化肥和森林基地。他们把这个成功的方法向外推广，第二次世界大战以后开始应用于工业，随后又向各行业扩展。澳大利亚用此方法帮助泰国制定农业发展规划，协助坦桑尼亚发展畜牧业生产起到了较大作用，美国通用汽车公司为了改进大型汽轮发电机的壳体加工，不惜重金聘请许多专家进行半年的可行性研究，最后采用了加工中心方案，并由英格索尔机床厂研制成功，使重达百吨以上壳体加工工艺水平得到提高，减少了工件的运输，节约了成本。国外十分重视可行性研究，欧美等国都设立了承担可行性研究的咨询公司、工程公司和设计公司。这些单位都拥有一批水平较高的技术和经济方面的专家，专门从事可行性研究。一个项目通常只有通过可行性研究，证实项目是可行的，技术是先进的，可获丰厚利润，投资专家才肯投资，银行方能贷款，项目才能开展。

我国应用可行性研究这一科学方法是近20年的事，首先用于技术引进、设备进口和工业建设项目，之后逐步向各行业发展。1983年原国家计委颁发了《关于建设项目进行可行性研究的试行管理办法》，从而使可行性研究正式成为建设前期工作的重要内容和基建程序中的组成部分。随着我国建设项目的增多，开展可行性研究，以提高项目的投资效果，逐步得到了重视。这一科学方法也广泛为人们所采用，改变了过去一些项目不按科学办事而吃亏的教训。例如过去提出边勘测、边设计、边施工、有的未勘测就施工。这种先天不足项目，留下后遗症危害很大：有些项目动工后因基础条件不具备而被迫下马；有些项目尚未建成就因技术落后而需要重新改造；有些项目建成后由于原料动力不足而不能投产；有些项目建成投产后产品没有销路，生产能力不能发挥等。这都是投资前期不进行可行性分析而导致的结果，造成人力、物力、财力的严重浪费。

对电子商务项目来说，可行性分析是企业根据自身发展战略和所面临的内外部环境，从技术、经济和业务实施等方面分析企业是否具备开展电子商务的资源和条件，并进行综合评价，最终做出该项目是否可以实施的结论。因而可行性分析是决定该系统能否立项，立项后大致按什么规模、以什么模式进行开发的依据。可行性分析主要从企业内外部对电子商务系统的实际需求、企业信息化工作对将要开发系统的支持程度、企业管理现状和现代化管理的发展趋势、现有的物力和财力对新系统开发的承受能力、现有的技术条件以及开发电子商务系统在技术上的可行性、管理人员对新系统的期望值以及对电子商务新系统运作模式的适应能力等方面进行分析，以确定最后可行的系统实施框架。项目的可行性分析工作是保证实现或超越企业的需求或愿望，保证项目发挥投资效果，也是保证项目实现经济效益的关键一环。

3.1.2 可行性研究的目的

可行性研究的目的是为了避免盲目决策而给企业带来损失，减少投资失误。

实现一个电子商务系统通常需要较长的开发周期和大量人力、物力的支持，系统建成后还需要不断地维护和管理，所以在完成了项目的需求分析，确认企业有必要开展电子商务的前提下，还必须对拟建的电子商务项目在投资前涉及的各方面的因素进行全面分析，主要是对项目技术经济条件进行综合分析，系统地论证项目的可能性、有效性和合理性，以确定现阶段项目的投资条件是否成熟，技术水平是否适宜，经济上投入产出是否合算，怎样可以规避风险、达到最佳效益，以避免造成资金、人力和时间的浪费。

3.1.3 可行性研究的类型

可行性研究一般分为3个类型：机会研究、初步可行性研究和详细可行性研究。这3个类型的分析一般依次进行，从而构成了一个从粗到精、由表及里、逐步深化的过程。实际工作中，在项目选择阶段，机会研究相当于编制项目建议书前所进行的研究，报告即为项目建议书。对可行性研究没有明确规定是初步可行性研究，还是详细可行性研究，通常根据项目大小、繁简来确定进行哪一种可行性研究以及初步与详细可行性研究是否分开进行。小型项目可直接进行可行性研究；对风险较大的中型项目则应先进行机会研究，再转入可行性研究；对重大项目三阶段均应进行。简而言之可根据具体情况确定。

(1) 机会研究

在项目需求识别、构思和策划阶段进行的可行性研究称为机会研究。机会研究是以项目业主的某种需求为动因，通过自然资源、社会和市场的调查和预测来确定项目，识别并分析项目的投资机会。项目业主基于特定的需要和期望，通过占有大量的信息，经过分析比较，从错综复杂的事务中鉴别发展机会，这是鉴定并选择投资机会，明确需求、定义问题的过程。机会研究比较粗略，主要依靠情报资料的估计，而不是详细的计算，是从相类似的情况中取得的比较数据，而不是在调查基础上的详细计算。特点是需时短、费用少。对于电子商务项目应侧重于研究企业对电子商务的需求和引入电子商务的市场机遇，对拟建的电子商务项目的机会做粗略的研究和估计，最终形成确切的项目发展方向或投资领域的过程（或称投资项目意向），并将投资意向转变为概括的项目提案或项目建议。

(2) 初步可行性研究

对拟定的项目进行了机会研究后，就要对项目方案作初步的论证估计，提出较完整的投资设想，这就是初步可行性研究。初步可行性研究一般要对提出的方案进行投资费用、成本、销售、价格、利润等方面的计算。所以进行这项研究比机会研究要详细，而且时间长、费用多。

电子商务初步可行性研究的主要内容是：企业所属行业的电子商务发展趋势预测，拟投资的电子商务项目的技术构成和规模，需要投入的资金规模及能否筹集到足够的资金，项目的完成时间，需要多少人力物力资源，系统建成以后企业的竞争优势分析等。此阶段不能像机会研究那样停留在以定性为主的研究上，而是要对投资项目的各个方面进行一些定量测算。经过初步可行性研究，可以形成初步可行性研究报告，该报告虽然比详细可行性报告粗略，但对项目已有了较全面的描述、分析和论证，对于一些规模不大的项目，由于其内容与详细可行性研究相差不大，仅是详细和精确程度不同，因而往往把这一阶段工作与详细可行性研究一并进行。

(3) 详细可行性研究

对大型复杂的项目，在经过机会研究、初步可行性研究以后，经过专家论证认为可行，还要花费更大的力量进行更精确的可行性研究，称之为详细可行性研究。详细可行性研究又称为项目的技术经济可行性研究或项目最终可行性研究，是项目可行性研究阶段甚至是整个项目概念阶段的一项重要工作，其研究结果的广度和深度、准确性和精确度应该满足审批机关确定投资决策的要求。

详细可行性研究是在项目决策前对项目有关的工程、技术、经济等各方面条件和情况进行详尽、系统、全面的调查、研究和分析，对各种可能的建设方案和技术方案进行详细的比较论证，并对项目的市场前景、建成后的经济效益、国民经济和社会效益进行预测和评价的一种科学分析过程和方法，是项目进行评估和决策的依据。电子商务项目的详细可行性研究，要为项目提供技术、经济等方面更为充足的依据，提出具体的支出预算数字，提供实施计划的详细进度，并对投资的回收做出比较精确的预测。

机会研究、初步可行性研究和详细可行性研究，仅仅是在分析的精确程度上要求不同，三者在研究的内容和步骤方面大体是一致的。

3.1.4 可行性研究的依据

对一个拟建电子商务项目进行可行性研究,必须在国家有关的规划、政策和法规的指导下,结合相关的技术资料完成。可行性研究工作的主要依据有以下内容:
- 国家有关的经济发展政策,包括产业政策和财政政策;
- 国家有关的发展规划、计划文件,包括对该行业的鼓励、特许、限制、禁止等有关规定;
- 国家有关经济法规和规定;
- 国家关于项目建设和技术方面的标准、规范等资料;
- 项目主管部门对项目建设要求请示的批复及其相关审批文件;
- 项目承办单位委托进行详细可行性研究的合同或协议;
- 企业的初步选择报告;
- 拟建地区的环境现状资料;
- 某些需要经过试验的问题,应有项目承办单位在进行可行性研究前委托有关单位进行试验或测试的试验报告;
- 项目承办单位与有关方面取得的投资、原料供应、建设用地等方面的初步协议;
- 市场调查报告。

3.1.5 可行性研究的步骤

项目的可行性研究,一般由项目业主根据项目的需要,委托有资格的项目集成单位或咨询公司进行,并编制详细的可行性研究报告。

(1) 委托与签订合同

项目的可行性研究,可以由项目主管部门直接给设计研究单位下达任务进行,也可以由项目业主自行委托有资格的项目集成单位承担。项目业主和受委托单位应签订委托合同,签订的合同中一般应包括进行该电子商务项目可行性研究工作的依据,基础资料和基础数据,研究的范围和内容,研究工作的进度和质量,研究费用的支付方法,合同双方的责任、义务和合作方式,关于违约处理的方法等主要内容。

(2) 组建工作小组

受托单位接受委托后,应根据委托项目可行性研究的工作量、内容、范围、技术难度、时间要求等组建项目小组(从某种程度上来讲,可行性研究工作也可以看成是一个小项目),并确定项目负责人和各专业负责人。

(3) 制订工作计划

项目组根据任务要求,研究和制订工作计划,内容包括研究工作的范围、重点、深度、进度安排、人员配置、费用预算及可行性研究报告编制大纲,并与委托单位交换意见。

在安排实施进度时,要充分考虑各专业的工作特点和任务交叉情况,协调技术专业与经济专业的关系,为各专业工作留有充分的时间。根据研究工作进度和内容要求,如果需要向外分包时,应落实外包单位,办理分包手续。

(4) 调查研究与收集分析相关资料

项目组在了解清楚委托单位对项目的意图和要求的基础上,查阅项目开展地区的经济、社会和自然环境等情况的资料。在收集大量的信息资料之后拟定调查研究提纲和计划,由项目负责人组织有关专业人员进行实地考察、市场调研和专题抽样调查，收集并整理调查得到的设计基础资料和技术经济资料，分析所掌握的资料，进行技术研究和经济研究。

调查的内容包括市场和设备器件、资源、项目建设地址与环境、技术状况、财务资料等内容。各专题调查可视项目的特征和要求，分别拟定调查细目、对象和计划。

（5）方案设计与优选

受托单位根据项目需求建议书，结合市场和资源环境的调查，在收集整理了一定的设计基础资料和技术经济资料的基础上，提出若干种可供选择的技术方案和实施建设方案。

在列出技术方案时，既不能把实际上可能实施的方案漏掉，也不能把实际上不可能实现的方案当作可行方案列进去。否则，要么会使最后选出的方案可能不是实际最优的方案，要么由于所提方案缺乏可靠的实际基础造成不必要的浪费。所以，在建立各种可行的技术方案时，应当根据调查研究的结果和掌握的全部资料进行全面和仔细的考虑。

在方案分析与比较阶段，要分析各个可行方案在技术上、经济上的优缺点，方案的各种技术经济指标如投资费用、经营费用、收益、投资回收期和投资收益率的计算分析，进行方案的综合评价，最后根据评价结果从供选方案中选择或推荐最佳的项目方案。在方案设计与优选中，对重大问题或有争论的问题，要会同委托单位共同讨论确定。

（6）项目评价

对所选择最优方案进一步进行详细全面的论证，包括进一步的市场分析，方案实施的工艺流程，项目地址的选择及服务设施、劳动力及培训，组织与经营管理，现金流量及经济财务分析，额外的效果等。

在进行经济分析和评价时，应按照项目经济评价方法的要求，对推荐的项目方案估算其投资总额和预期收益，进行详细的财务分析、国民经济分析、不确定分析及综合评价，评价项目的财务生存能力和从国家角度看的经济合理性。

当有关评价指标结论不足以支持项目方案成立时，应对原设计方案进行调整或重新设计。

（7）编写可行性研究报告

在对建设方案和技术方案进行技术经济论证和评价后，项目负责人组织可行性研究工作组（项目组）成员，分别编写可行性研究报告，经项目负责人衔接协调综合汇总，提出可行性研究报告初稿。可行性研究报告按国家规定的有关内容编写。

以上步骤只是进行项目可行性研究及论证的一般步骤，在实际工作中，根据所研究问题的性质、条件和方法的不同，也可采用其他适宜的程序。

3.2 电子商务项目的技术可行性分析

技术可行性分析是从技术角度出发，确定产品的技术指标、结构方案、工艺方案与现有生产技术基础的差距，并评价其先进或适用程度，开发的规模及实现的可能性，使项目得到可靠的技术保证。可行性分析又称技术经济论证，可见技术同经济同为论证中的基础。技术出了偏差，不可能带来良好的经济效果，甚至导致彻底失败。比如英、法联合研制的协和号大型喷气客机，由于对技术可行性分析不够，结果耗资巨大，投入使用不久，很快就被波音747宽体客机取代。

电子商务项目技术可行性分析的主要任务是对电子商务系统构建与运行涉及的硬件、软件及相关技术进行分析，从总体上鉴别和选择能满足项目需要的技术系统，论证是否具备项目实施所必须具备的技术条件，并给出技术上是否可行的结论。

项目技术可行性分析是可行性分析中不可缺少的环节，非常重要。如果不具备项目开展的技术条件和技术能力，即使在需求分析中预测到有市场，符合社会需要，该项目同样是不可能成功的。

3.2.1 常用的电子商务技术

要进行电子商务项目的技术可行性分析，首先要了解、熟悉常用的电子商务技术。

作为一种新的商务模式，电子商务的相关技术几乎囊括了全部的网络和信息技术，可以说电子商务技术就是网络和信息技术在电子商务方面的应用。其中网络技术、Internet 技术构建出纵横交错的网络，将大量的计算机连接在这个网络之中；电子数据交换（EDI）技术实现了网络中高效可靠的信息交流；数据库技术解决了大量信息在网络中存储、共享的难题；网络安全技术为网络信息的交流提供了安全屏障。

根据电子商务系统构建和发展的要求，可将电子商务技术划分为以下几大类。

(1) 网络技术

自从 1968 年世界上第一个计算机网络——ARPANET 投入运营以来，计算机网络技术在全世界范围内迅速发展，各种网络纷纷涌现，大大促进了世界各国之间的科技、文化和经济交流。在电子商务的应用中，计算机网络作为基础设施，将分散在各地的计算机系统连接起来，使得计算机之间的通信在商务活动中发挥了重要的作用。网络技术是电子商务技术中最底层、最基础的技术。包括 TCP/IP 等协议和路由器、交换机等相应的网络互联设备，其相关内容将在第 5 章阐述。

(2) 数据库技术

数据库是企业管理信息系统中用来管理信息的工具，所以数据库技术是渗透在企业信息化中，无处不在的。数据库技术对电子商务的支持是全方位的，电子商务作为新型的商务模式，从底层的数据基础到上层的应用都涉及数据库技术，主要包括 Web 数据库技术、数据仓库（DW）技术、联机分析处理（OLAP）技术、数据挖掘（DM）技术和商务智能（BI）技术。数据库技术正在为推进电子商务应用发挥巨大的作用。

① Web 数据库技术　Internet 的最大优点就是提供了方便廉价的资源共享，现实世界的数据库中存储着海量信息资源，Web 数据库技术是通过网络从数据库中检索获取有关信息的技术，它将数据库技术与 Web 技术很好地融合在一起，使数据库系统成为 Web 的重要有机组成部分，实现了数据库与网络技术的无缝有机结合，为数据共享和资源的有效利用提供了技术手段。

Web 数据库系统的基本结构由数据库服务器、中间件、Web 服务器、浏览器 4 部分组成。其工作过程可简单描述为：用户通过浏览器端的操作界面以交互的方式经由 Web 服务器来访问数据库。Web 服务器通过一些中间件软件实现对数据库服务器的访问。用户向数据库提交的信息以及数据库返回给用户的信息都是以网页的形式显示。

② 数据仓库（DW）技术　企业的信息化是一个渐进的过程，会根据业务发展的需要开发使用有关应用系统，不同的数据总是跟随不同的应用存储在不同的数据库中。比如销售管理系统、财务管理系统或者是客户服务系统，每个应用都有自己单独的一套数据库，他们之

间在物理上是完全分离的，可是在逻辑上却有着这样那样的关联。如果某个业务问题需要利用其中多个数据库中的数据才能得出结论，那么这个工作就变得很麻烦了。数据仓库（Data Warehouse）技术将上面各种数据库整合在一个中央存储库中，并重新整理和排列数据，以便从中提取数据来辅助业务决策。数据仓库是面向主题设计的，有较大的冗余，存储的一般是历史数据，而且都要标明发生时间。数据仓库的关键技术包括数据的抽取、清洗、转换、加载和维护技术。

③ 联机分析处理（OLAP）技术　联机分析处理（Online Analytical Process）技术能够方便地提取数据仓库中不同数据库的数据，并进行综合分析，以帮助企业了解业务运行状况，支持业务决策。

OLAP 专门设计用于支持复杂的分析操作，使用的逻辑数据模型为多维数据模型，常用的 OLAP 多维分析操作有上钻、下钻、切片、切块、旋转等。OLAP 可以根据分析人员的要求快速、灵活地进行大数据量的复杂查询处理，并且以一种直观而易懂的形式将查询结果提供给决策人员，以便他们准确掌握企业的经营状况，制定正确的方案。

联机分析处理具有灵活的分析功能、直观的数据操作和分析结果可视化表示等突出优点，从而使用户对基于大量复杂数据的分析变得轻松而高效，以利于迅速做出正确判断。它可用于证实人们提出的复杂的假设，其结果是以图形或者表格的形式来表示的对信息的总结。

④ 数据挖掘（DM）技术　数据挖掘（Data Mining）技术就是按照一定的规则从数据库和数据仓库或其他数据源的海量数据中挖掘出隐含在其中的、人们事先不知道的、可能有潜在价值的信息和知识的技术。数据挖掘的常用方法包括关联分析、分类和预测、聚类分析、检测离群点、趋势和演变分析等。联机分析处理和数据挖掘是数据仓库之上的增值技术。

数据挖掘与 OLAP 的区别是：OLAP 侧重于与用户的交互、快速的响应速度及提供数据的多维视图，而数据挖掘则注重自动发现隐藏在数据中的模式和有用信息。OLAP 是由使用者所主导，使用者先有一些假设，然后利用 OLAP 来查证假设是否成立；而 Data Mining 则是用来帮助使用者产生假设。所以在使用 OLAP 或其他查询工具时，使用者是自己在做探索（Exploration），但 DM 是用工具在帮助做探索。

数据挖掘与 OLAP 的联系是：联机分析技术可以为数据挖掘提供预期的挖掘对象和目标，避免挖掘的盲目性；同时，数据挖掘技术可以使联机分析处理智能化，减少分析人员手工操作的繁杂性，减轻分析人员的负担。

⑤ 商务智能（BI）技术　商务智能（Business Intelligence）是用来帮助企业更好地利用数据提高决策质量的技术集合，是从大量的数据中钻取信息与知识的过程。商务智能不是什么新技术，它只是数据仓库、OLAP 和数据挖掘等技术的综合运用：从不同的数据源收集数据，经过抽取（Extract）、转换（Transform）和加载（Load），送入到数据仓库，然后使用合适的查询与分析工具、数据挖掘工具和联机分析处理工具对信息进行处理，将信息转变成为辅助决策的知识，最后将知识呈现于用户面前，以实现技术服务与决策的目的。

商务智能的支撑技术主要包括 ETL（数据的提取、转换与加载）技术、数据仓库技术、OLAP 技术、数据挖掘技术和数据的发布与表示技术。

(3) EDI 技术

EDI（Electronic Data Interchange）即"电子数据交换"，是一种在贸易伙伴之间传输订单、发票等电子文件的技术手段。它通过计算机通信网络将贸易、运输、保险、银行和海关等部门连接起来，并使用国际公认的标准格式，实现贸易信息在各有关部门或公司与企业之间的数据交换与处理，并完成以贸易为中心的全部过程。它是 20 世纪 80 年代发展起来的一种新颖的电子化贸易工具，是计算机、通信和现代管理技术相结合的产物。20 多年来，电子数据交换（EDI）在工商业领域的应用中得到不断发展和完善，并在电子商务中占据重要地位。随着 WWW 的出现与发展，EDI 得到了更广泛的应用。

（4）WWW 技术

WWW（World Wide Web）俗称"万维网"、3W、Web。Web 采用超文本、超媒体的信息链接方式，使 Internet 上的用户不仅能从一个文本跳到另一个文本，而且可以激活一段声音，显示一个图形，甚至可以播放一段动画，从而将信息的链接扩展到整个 Internet 上。WWW 是电子商务中的基本技术，广泛应用于企业的信息检索、信息浏览、信息发布、信息处理和电子商务平台构建。

（5）电子商务安全技术

安全技术是保证电子商务系统安全运行的最基本、关键的技术，主要包括防火墙技术、入侵检测技术、虚拟专用网技术和病毒防治技术等保障网络安全的核心技术以及基本加密技术、数字信封技术、数字签名技术、身份认证技术以及安全电子交易协议等电子商务交易安全管理手段。利用这些安全技术可以保证信息传输的安全性、完整性，同时可以完成交易各方的身份认证并防止交易中的抵赖行为发生。

① 防火墙技术　防火墙（FireWall）是一种隔离控制技术，在某个机构的内部网络和不安全的公共网络（如 Internet）之间设置屏障，阻止对信息资源的非法访问，也可以使用防火墙阻止信息从企业的网络上被非法泄露出去。防火墙就好比进出国门的边检站一样，在内部网和互联网之间建立起一道安全屏障。

虽然防火墙可以提高网络的安全性，但也存在以下缺陷和不足：

- 防火墙不能防范不经过防火墙的攻击；
- 防火墙不能解决来自内部网络的攻击和安全问题；
- 防火墙不能防止策略配置不当或错误配置引起的安全威胁；
- 防火墙不能防范新产生的网络安全问题；
- 防火墙不能防止可接触的人为或自然的破坏。

② 入侵检测技术　入侵检测技术是一种主动保护自己免受攻击的一种网络安全技术。它从计算机网络系统中的若干关键点收集信息并对其进行分析，从中发现网络或系统中是否有违反安全策略的行为和被攻击的迹象。如果说防火墙是一幢大楼的门卫，那么入侵检测系统（IDS）就是这幢大楼里的监视系统。一旦小偷爬窗进入大楼，或内部人员有越界行为，只有实时监视系统才能发现情况并发出警告。因而入侵检测可以看作是防火墙之后的第二道安全闸门，在不影响网络性能的情况下能对网络进行监测，可以防止或减轻网络威胁。入侵检测技术是一种集检测、记录、报警、响应为一体的动态安全技术，不仅能检测来自外部的入侵行为，同时也监督内部用户的未授权活动，扩展了系统管理员的安全管理能力（包括安全审计、监视、攻击识别和响应），提高了信息安全基础结构的完整性。

IDS 存在以下缺陷和不足：

- 网络入侵检测系统只检查它直接连接网段的通信，不能检测在不同网段的网络包；
- 主机入侵检测系统安装在需要保护的设备上，会降低应用系统的效率；

- 漏报和误报率较高；
- 与其他安全系统（如防火墙、漏洞扫描）的互动性能有待提高。

③ 虚拟专用网技术　虚拟专用网 VPN（Virtual Private Network）既是一种组网技术，又是一种网络安全技术，它在一个公用网络（通常是因特网）上建立一个临时的、安全的连接，是一条穿过公用网络的安全、稳定的隧道。虚拟专用网是对企业内部网的扩展，既可用于公司员工从外地安全接入公司内部网络，实现移动远程办公；又可以将企业分布在不同地区的分支机构的网络进行安全连接，建立经济、安全、有效的虚拟专用网。VPN 有以下几个优点。

a. 安全性。VPN 使用安全隧道技术提供安全、可靠的 Internet 访问通道，确保了信息资源的安全。

b. 经济性。VPN 可以显著地降低成本。首先，当使用 Internet 时，实际上只需付短途电话费，却收到了长途通信的效果。其次，VPN 还使企业不必投入大量的人力、物力去安装、维护 WAN 设备和远程访问设备。此外 VPN 可以使用户降低租用线路成本及通信设备成本。

c. 易扩展性。如果企业想扩大 VPN 的容量和覆盖范围，只需与新的 ISP 签约，建立账户，或者与原有的 ISP 重签合约，扩大服务范围。在这一过程中企业需做的事情很少，而且能及时实现。

d. 灵活性。可随意与合作伙伴联网。在过去，企业如果想与合作伙伴联网，双方的信息技术部门就必须协商如何在双方之间建立租用线路。有了 VPN 之后，这种协商就毫无必要，真正达到了要连就连，要断就断。

e. 简化网络设计。网络管理者可以使用 VPN 替代租用线路来实现分支机构的连接，这样就可以将远程链路安装、配置和管理的任务减少到最小，从而极大地简化企业广域网的设计。另外，VPN 可直接使用来自 ISP 或 NSP 的外部服务，简化了所需的接口，减少了调制解调器，同时简化了与远程用户认证、授权和记账相关的设备及处理。

④ 基本加密技术　基本加密技术包括对称加密和非对称加密两种体制。

在对称加密体制中信息的加密和解密都使用相同的密钥（发送方的私钥）。其中最具有代表性的对称加密体制是美国数据加密标准（Data Encrypt Standard，简称 DES）。对称加密方法的主要优点是简化加密的处理，加密速度快。对称加密技术存在的主要问题是密钥安全交换和管理问题。

在非对称加密体制中，密钥被分解为一对，一个是公开密钥，一个是私用密钥。这两个密钥称为"密钥对"，用其中任何一个密钥对信息进行加密后，都可以用另一个密钥对其进行解密。最著名和实用的一种非对称加密体制是由 Rivest、Shamir 和 Adleman 提出的 RSA。非对称加密方法的优点是有效地解决了对称加密技术中密钥的安全交换和管理问题，而且能方便地鉴别贸易双方的身份。但非对称加密算法复杂，加密数据的速度让人难以忍受。所以在实际应用中，通常将两种加密方法结合在一起使用。

⑤ 身份认证技术　身份认证技术主要包括数字签名、身份识别和数字证明。

a. 数字签名就是只有信息发送者才能产生的别人无法伪造的一段数字串，这段数字串同时也是对发送者发送的信息的真实性的一个证明。

采用数字签名，能确认以下两点：

- 信息确实是由签名者发送的，即确认对方的身份，防抵赖；

● 信息自签发后到收到为止未曾作过任何修改，保证信息的完整性、防篡改性。

b. 身份识别是指用户向系统出示自己身份证明的过程，主要使用约定口令、智能卡、CA 认证和用户指纹、视网膜和声音等生理特征。

⑥ SSL 安全交易协议　SSL 是 Secure Sockets Layer（安全套接层协议）的缩写，主要用于提高应用程序之间数据交换的安全系数。SSL 协议的整个概念可以被总结为：一个保证在所有安装了 SSL 的客户和服务器间通信安全的协议。SSL 安全协议是国际上最早应用于电子商务的一种网络安全协议，至今仍然有许多网上商店在使用。该协议已成为事实上的工业标准，使用 SSL 协议既方便又经济的同时还能保证数据的安全性、保密性及完整性。SSL 协议运行的基点是商家对客户信息保密的承诺，因此 SSL 协议有利于商家而不利于客户，另外它还存在系统安全性差等缺点。

⑦ SET 安全交易协议　SET 是为了在互联网上进行在线交易时保证信用卡支付的安全而设立的一个开放的规范。它是由 Visa 和 Master Card 组织共同制定的一个能保证通过开放网络（包括互联网）进行安全资金支付的技术标准。由于设计合理，SET 协议得到了 IBM、HP、Microsoft、Netscape、VeriFone、GTE、VeriSign 等许多大公司的支持，目前已获得 IETF 标准的认可，成为 BTOC 业务事实上的工业标准，其交易形态将成为未来电子商务的规范。

（6）物流信息技术

物流信息技术是指现代信息技术在物流各个作业环节中的应用，是物流现代化极为重要的领域之一，尤其是飞速发展的计算机网络技术的应用使物流信息技术达到了新的水平。物流信息技术是物流现代化的标志，也是物流技术中发展最快的领域，从信息采集的条形码系统，到物流配送的全球定位系统都在日新月异地发展。随着物流信息技术的不断发展，产生了一系列新的物流理念和新的物流经营方式，推进了物流的改革。

① 条形码技术　条码技术是在计算机与信息技术基础上发展起来的一门集编码、印刷、识别、数据采集和处理于一身的新兴技术。条码技术的核心内容是利用光扫描设备读取识别条码符号，从而实现机器的自动识别，并快速准确地将信息录入到计算机进行数据处理，以达到自动化管理的目的。条形码技术的使用解决了数据录入和数据采集的瓶颈问题，为供应链管理提供了有力的技术支持。

在信息输入技术中，采用的自动识别技术种类很多。条形码作为一种图形识别技术，与其他识别技术相比，有如下特点。

a. 简单、易于制作，可印刷，被称为"可印刷的计算机语言"。条码标签易于制作，对印刷技术设备和材料无特殊要求。

b. 信息采集速度快。普通计算机的键盘录入速度是每分钟 200 字符，而利用条码扫描录入信息的速度是键盘录入的 20 倍。

c. 信息采集量大。利用条码扫描一次可以采集十几位字符的信息，而且可以通过选择不同码制的条码增加字符密度，使录入信息量成倍增加。

d. 可靠性高。键盘录入数据，误码率为 1/300，利用光学字符识别技术，误码率约为万分之一，而采用条码扫描录入方式，误码率仅为百万分之一，首读率可达 98% 以上。据统计，键盘录入平均 300 个字符一个错误，而条码输入平均每 15000 个字符一个错误。如果加上校验位误码率是千万分之一。

e. 设备结构简单、成本低。与其他市场化识别技术相比，推广应用条码技术，所需费用较低。

f. 灵活、实用。条码符号作为一种识别手段可以单独使用，也可以和有关设备组成识别系统实现自动化识别，还可和其他控制设备联系起来实现整个系统的自动化管理。同时，在没有自动识别设备时，也可实现手工键盘输入。

g. 自由度大。识别装置与条码标签相对位置的自由度要比 OCR 大得多。条码通常只在一维方向上表达信息，而同一条码上所表示的信息完全相同并且连续，这样即使是标签有部分缺欠，仍可以从正常部分输入正确的信息。

② 射频技术　射频技术（Radio Frequency，简称 RF）的基本原理是电磁理论，利用无线电波对记录媒体进行读写。射频识别技术（Radio Frequency Identification，简称 RFID）适用的领域为物料跟踪、运载工具和货架识别等要求非接触数据采集和交换的场合，尤其适合于要求频繁改变数据内容的场合。射频识别卡具有可读写能力，可携带大量数据，难以伪造和有智能等功能。

射频识别系统一般由信号发射机、信号接收机、编程器和发射接收天线等部分组成。将射频识别系统用于智能仓库货物管理，完全有效地解决了仓库里与货物流动有关的信息的管理，它不但增加了一天内处理货物的件数，还监视着这些货物的一切信息，射频卡贴在货物通过的仓库大门边上，读写器和天线都放在叉车上，每个货物都贴有条码，所有条码信息都被存储在仓库的中心计算机里，该货物的有关信息都能在计算机里查到。当货物被装走运往别处时，由另一读写机识别并告知计算中心它被放在哪个拖车上。这样管理中心可以实时地了解到已经生产了多少产品和发送了多少产品，并可自动识别货物，确定货物的位置。

③ GPS 技术　GPS（Global Positioning System）是全球定位系统的简称，是具有在海、陆、空进行全方位实时三维导航与定位能力的新一代卫星导航与定位系统。GPS 以全天候、高精度、自动化、高效益等显著特点，成功地应用于货物跟踪、车辆定位、调拨调度等方面，给物流领域带来一场深刻的技术革命。GPS 系统由空间卫星系统、地面监控系统和用户接收系统等三大部分组成。

GPS 系统与其他导航系统相比具有以下特点：
- 全球地面连续覆盖；
- 功能多、精度高；
- 实时定位速度快；
- 抗干扰性能好、保密性强。

④ GIS 技术　GIS（地理信息系统）是以地理空间数据库为基础，采用地理模型分析方法，适时提供多种空间的动态的地理信息，为地理研究和决策服务的计算机技术系统。

把 GIS 技术融入到物流配送的过程中，就能更容易地处理物流配送中货物的运输、仓储、装卸、送递等各个环节，并对其中涉及的问题如运输路线的选择、仓库位置的选择、仓库的容量设置、合理装卸策略、运输车辆的调度和投递路线的选择等进行有效的管理和决策分析，以帮助物流配送企业有效地利用现有资源，降低消耗，提高效率。随着电子商务、物流和 GIS 本身的发展，GIS 技术将成为全程物流管理中不可缺少的组成部分。

3.2.2　技术可行性分析的内容

电子商务系统是利用现代信息技术开展的商务活动，技术因素在电子商务系统中所占有的地位是非常重要的。技术可行性分析主要包括以下几方面的内容。

(1) 技术先进性和成熟性分析

随着信息技术的发展，各种各样的新技术也在不断地涌现，支持着电子商务的应用。电子商务系统建设必须要选用具备先进性的技术。所谓先进性是指系统设计应当立足先进的技术，采用最新的技术成果，从而使系统具有一个较高的技术起点。之所以要选择先进的技术，是因为电子商务系统的实现技术发展很快，而系统的建造则需要一定时间，如果在设计的开始阶段，没有在技术上领先，将对企业电子商务的竞争能力产生不利影响。因此电子商务项目采用的技术应对推动生产、推广应用、拓展市场、满足需要等方面具有适应能力，不应该采用即将淘汰的技术。

当然选用的技术也不是越先进越好。一方面技术相对于项目本身的需求过于超前会导致费用升高，造成浪费，另一方面过于超前的技术未必稳定成熟，电子商务系统建设在注重先进性的同时还要注重成熟性。

所谓技术的成熟性是指建设系统时应选用符合标准的或者是受到市场欢迎并广泛认同的技术。电子商务项目实施是一项复杂的工程，如果选用的技术不注重标准化，将难以保证系统运行的稳定可靠，可能给企业带来损失，对企业的服务、形象等方面带来不利的影响。

因而企业的电子商务在技术上应坚持先进性和成熟性并举的原则，一方面要选择先进的技术，在满足需求的基础上要适度超前并具备良好的可扩充性，以保证系统建成后的性能和应用周期，另一方面要选择一些比较成熟的技术，以确保采用技术的可实现性以及日后系统运行的可靠性。

(2) 技术支持度分析

电子商务系统构建的目标决定了其功能，不同的功能需求所要求的技术支持程度是不同的。这个技术支持程度体现在两个方面。

一是项目建设的技术支持度，分析满足应用功能需要使用哪些技术以及这些技术的可得性。首先在技术的选择上要充分考虑对系统功能实现的支持程度，要选择能够充分支持功能需求的技术。例如企业要对异地的分支机构网络进行安全互联，使用 VPN（虚拟专用网）技术是可行的。目前用于企业内部自建 VPN 主要有两种技术，IP Sec VPN 和 SSL VPN，IP Sec VPN 通过在公用网络上建立安全隧道实现异地内部网的虚拟安全连接，SSL VPN 主要解决的是基于互联网的远程接入。选择其中哪一种技术就要看企业的应用具体是什么需求。如果需求是公司员工要从外地安全接入公司内部网络，实现远程移动办公，那么就要选用 SSL VPN；如果需求是将分布在不同地区的企业分支机构网络进行安全连接，建立经济、安全、有效的虚拟专用网，那么选用 IP Sec VPN 才能达到目的。其次在满足需求的基础上，要选择市场支持程度充分、企业能够得到而且容易得到的技术。例如企业建立商务网站的目标是在网上销售商品并与供应商、合作伙伴等进行网上的信息交流，那么网站的主要功能包括信息浏览、信息检索、信息反馈、网上支付、网上认证等，为此可能需要配备包括 WWW 服务器、数据库服务器、邮件服务与认证服务器、防火墙/代理服务器、中间组件、网络服务操作系统等在内的软硬件，还需要开发商务应用系统。经分析以上需求可分为平台构建和应用系统开发两大部分，目前市场对这些技术的支持程度是充分的，其中平台构建部分可在众多厂家的产品中进行优选并集成，应用系统开发部分如果本身没有技术力量，可采用外包的方式开发。

二是项目运行的技术支持度，分析项目建成后，企业是否具备足够的技术力量维持系统的正常运行。例如上面以网上销售为目的的商务网站，建设方案从性能、开放性方面考虑选择了小型机和 Unix 系统，如果企业没有相配套的 Unix 运行维护队伍，那么系统投入运行后的技术支持程度就会成问题。这种情况下要么调整采用的技术以满足技术支持要求，要么建设与系统运行相配套的技术支持体系，如投入资金培训 Unix 维护人员或服务外包。

（3）与原有技术或资源衔接程度分析

很多企业为了提高生产和管理的需要，在电子商务系统建设之前已经建立了相关的信息系统，并制定或者建立了信息技术政策。因而在考虑采用技术时，企业现有的技术运作情况也是一个十分重要的因素。选择电子商务技术的原则是在能满足商务应用的前提下，优先选择与企业原有技术衔接程度高的技术。如果企业原有的技术运作良好，那么在原有商业或技术的基础上开展电子商务无疑可以节省大量人力、物力和财力等方面的开支。例如从操作系统的体系结构上看，目前主流的产品分成 Unix 和 Microsoft 两大家族，产品所要求的硬件环境、开发手段和维护都有所不同。如果企业准备建设在线销售网站，原先的内部信息系统是基于 Windows 体系建设的，那么在功能、性能满足要求的前提下，网站建设应首选 Windows 架构，以便于利用现有技术资源，并方便日后的系统集成。

3.2.3 案例

芬芳网上鲜花店技术可行性分析

网上花店是一个中小型的电子商务网站，主要实现在线销售鲜花、礼品，具有商品多级检索、购物车、订单提交和查询、自助订花等功能，涉及数据库、动态网页、安全电子支付（SSL）、防火墙等多种技术，这些都是现阶段已经相当成熟可靠的技术，可以确保日后网站的性能和运行的可靠性。

技术支持方面，网站平台构建有多种现成的软硬件应用集成技术解决方案可供选择。网站应用系统开发方面，虽然实体鲜花店没有太多的技术开发力量，但可以通过系统外包、主机托管等方式实现。

3.3 电子商务项目的经济可行性分析

电子商务项目的经济可行性分析是指对将要开发与运营的项目进行投入成本估算和产出效益评估，分析电子商务系统所带来的经济效益是否能超过开发和维护成本，并给出经济上是否可行的结论。

3.3.1 项目的财务评价方法

项目的财务评价是根据国家有关财税、金融政策，分析计算项目发生的费用和产生的效益，编制财务报表，考察项目的盈利能力和投资效果，以判断项目是否可行的一种经济评价方法。项目的财务评价方法是经济可行性分析的基本方法。项目的财务评价有投资回收期、投资利润率、净现值、内部收益率等多个指标，评价的方法主要有以下几种。

（1）静态评价方法

静态评价方法是利用项目正常生产年份的财务数据对项目财务效益进行分析，而没有考虑资金的时间价值和项目的经济寿命期，这种方法计算简便、指标直观、容易理解，但结论不够准确、全面。

① 投资收益率与投资回收期

a. 投资收益率 E。它是项目投资后所获的年净现金收入（或利润）R 与投资额 K 的比值，其计算公式为

$$E = \frac{R}{K}$$

b. 投资回收期 T。是指用项目投产后每年的净收入（或利润）补偿原始投资所需的年限，它是投资收益率的倒数，其计算公式为

$$T = \frac{1}{E} = \frac{K}{R}$$

若项目的年净现金收入不等，则回收期为使用累计净现金收入补偿投资所需的年限，投资收益率则是相应投资回收期的倒数。

投资项目评价原则：投资收益率 E 越大，或者说投资回收期 T 越短，经济效益就越好。通常不同部门的投资收益率 E 和投资回收期 T 都有一个规定的标准收益率 $E_{标}$ 和标准回收期 $T_{标}$，只有评价项目的投资收益率 $E \geq E_{标}$，投资回收期 $T \leq T_{标}$ 时，项目才是可行的。

② 追加投资回收期和追加投资收益率　在两个以上项目方案的经济比较中，不能简单地认为投资回收期短的方案就好。这时应当考虑两个方案的相对投资（投资差额）和相对收益（或成本节约额），才能做出全面的正确的评价。追加投资回收期 T_a 就是利用成本节约额或者收益增加额来衡量回收投资差额的时间。

若用成本节约额表示，追加投资回收期 T_a 的计算公式为

$$T_a = \frac{K_1 - K_2}{C_2 - C_1}$$

若用收益增加额表示，追加投资回收期 T_a 的计算公式为

$$T_a = \frac{K_1 - K_2}{B_1 - B_2}$$

追加投资收益率 E_a 的计算公式为

$$E_a = \frac{1}{T_a}$$

式中　K_1——方案 1 的投资额；
　　　K_2——方案 2 的投资额；
　　　C_1——方案 1 的成本；
　　　C_2——方案 2 的成本；
　　　B_1——方案 1 的收益；
　　　B_2——方案 2 的收益。

如果 $T_a < T_{标}$ 或者 $E_a > E_{标}$，则方案 1 优于方案 2，否则方案 2 优于方案 1。

(2) 动态评价方法

① 资金的时间价值　静态评价方法不考虑资金的时间价值，而实际上，同样的资金在不同的时间点上其价值大小是不同的。例如今年将 100 元存入银行，到明年就可以取出 104 元，尽管资金量是一样的，但价值量却是不同的，两者间 4 元的价值差，就是这一年当中产生出来的时间价值。

可见资金是具有时间价值的。同等数量的资金处于不同的时间而产生的价值差异，称之为资金的时间价值。

在项目可行性研究或论证时，不同方案的现金流量存在着两种差异：一是现金流量大小的差异，即投入和产出数量上的差异；二是现金流量时间分布上的差异，即投入产出发生时间点的差异。如果只是简单地对比两个方案的现金流量，或将前期费用和后期收益直接作静态对比，就可能得不出正确的结论。为了保证项目生命期内不同时点发生的费用和收益具有可比性，必须运用资金时间价值的理论，将不同时点的现金流量折算成相同时点的具有可比价值的现值（或终值），才能科学判断方案优劣。

② 资金时间价值的计算方法　资金的时间价值主要有两种计算方法。

a. 单利法。就是只对本金计算利息，而每期的利息不再计算的计算方法。按单利法计算若干年后的本利和，称为单利终值。其计算公式为

$$F = P(1+in)$$

b. 复利法。就是对本金和利息均计息的计算方法。按复利法计算若干年后的本利和，称为复利终值。其计算公式为

$$F = P(1+i)^n$$

式中　F——期末本利和；

　　　P——本金；

　　　i——利率；

　　　n——计息期数。

单利法的缺点是每年所得利息不再计息，不考虑利息再投入生产或流通中参与资金周转，不符合资金实际运动规律，也不能完全反映资金的时间价值。项目进行可行性研究或论证时通常采用复利（即利滚利）的计算方法。

③ 资金时间价值的表现形式

a. 终值。复利终值是指一笔或多笔资金按照一定的利率复利计算若干年所得到的本利和，其计算公式即前面复利法本利和的计算公式

$$F = P(1+i)^n$$

b. 现值。未来资金的现在价值称为现值。现值是终值的逆运算，通常把经过一定时间间隔后的资金折算成现在时刻的价值称为贴现，计算现值所用的利率称为贴现率或折现率。现值的计算公式为

$$P = \frac{F}{(1+i)^n}$$

现值将不同时期的资金价值折算成现在的价值，使得不同时期的资金有一个共同的起点，从而具有了可比性。因此，在经济可行性评价中更多的是采用现值法，而不是复利法。

在计算现值时，如果不加说明，一般都把每年的资金流入或流出看做是在年末发生，而不是在年初发生。下面举例说明现值的应用。

某企业从银行中以 8% 的利率贷款 800 万元进行大型电子商务系统的投资。根据测算，这个项目使企业 5 年后可得纯利 1200 万元，那么这项投资是否可行呢？

要得到问题的答案，首先要计算出 1200 万元的现值 P 为

$$P = 1200/(1+8\%)^5 = 1200/1.4693 = 816.7（万元）$$

然后与 800 万元进行比较：816.7 万元＞800 万元

所以这项投资在正常情况下是可行的。

c. 年金终值。年金是指在一定时间内每隔相同时间收入或支出一笔相同数额的款项 A，

比如到银行办零存整取业务，每月都要存入一笔相同数额的款项。

普通年金终值是以各期定额款项计算复利的累积总值，计算公式为

$$F_R = A \frac{(1+i)^n - 1}{i}$$

例如，某个小型企业网站预计在今后 5 年内每年需要支出 10000 元维护费用，如果年利率为 8%，那么未来这 5 年的累计维护费用是多少？

这里已知 $n=5$，$i=0.08$，$A=10000$ 元，套入上述普通年金终值计算公式可以计算出

$$F_R = 10000 \times (1.08^5 - 1)/0.08 = 58666$$

即未来 5 年的维护费用累计达 58666 元。

d. 年金现值。普通年金现值是在一定时期内，每期等额收入（或支出）累计本利和的贴现值，其计算公式为

$$P_R = A \left[\frac{(1+i)^n - 1}{i(1+i)^n} \right]$$

例如，某个小型企业网站预计在今后 5 年内每年需要支出 10000 元维护费用，如果年利率为 8%，那么将来这 5 年的维护费用合起来，相当于现在投资多少？

这里已知 $n=5$，$i=0.08$，$A=10000$ 元，套入上述普通年金现值计算公式可以计算出

$$P_R = 10000 \times (1.08^5 - 1)/(0.08 \times 1.08^5) = 39930$$

即未来 5 年的维护费用合起来相当于现在投资 39930 元。

e. 资金存储年金。资金存储年金是已知终值求年金，即已知若干年后需要的资金数额，求每年应等额存款的数额，其计算公式为

$$A = F \frac{i}{(1+i)^n - 1}$$

例如，某个小型企业网站预计在 5 年后累计投入 58666 元维护费用，如果年利率为 8%，那么相当于未来这 5 年每年投入多少维护费用？

这里已知 $n=5$，$i=0.08$，$F=58666$ 元，套入上述资金存储年金计算公式可以计算出

$$A = 58666 \times 0.08/(1.08^5 - 1) = 10000$$

即未来 5 年内每年的维护费用要 10000 元。

f. 投资回收年金。投资回收年金是已知现值求年金，即指在固定贴现率和期数的情况下，对一笔投资现值，每年回收的等额年金值。计算公式

$$A = P \frac{i(1+i)^n}{(1+i)^n - 1}$$

例如，某个小型企业网站投入 39930 元用于今后 5 年的维护，如果年利率为 8%，那么未来这 5 年每年可使用的维护费用是多少？

这里已知 $n=5$，$i=0.08$，$P=39930$ 元，套入上述投资回收年金计算公式可以计算出：

$$A = 39930 \times 0.08 \times 1.08^5/(1.08^5 - 1) = 10000$$

即未来 5 年内每年可使用的维护费用是 10000 元。

④ 净现值（NPV） 净现值是反映项目计算期内获利能力的动态指标，计算方法是将项目期内各年的现金流出（包括投资费用、经营成本）和现金流入（各种收益）进行比较后，计算出各年的净流入（净收入），然后按要求的投资收益率（折现率）折算为它们的现值，再计算这些净收入现值之和，得出该项目的净现值 NPV，然后以净现值作为评价指标来衡量投资项目的经济效益。

净现值的计算公式为

$$NPV = \sum_{t=0}^{n} A_t \frac{1}{(1+i_0)^t} = \sum_{t=0}^{n} (B_t - C_t) \frac{1}{(1+i_0)^t}$$

式中　A_t——第 t 年的净现金流量；
　　　B_t——第 t 年收入额；
　　　C_t——第 t 年支出额；
　　　n——项目寿命期；
　　　i_0——期望的投资收益率或贴现率。

NPV 指标的评价准则是：当折现率取标准值时，若 $NPV \geq 0$，则该项目是合理的；若 $NPV < 0$，则是不经济的。

⑤ 内部收益率（IRR）　内部收益率是项目计算期内各年净现金流量现值累计等于零时的折现率，它计算净现值 $NPV = 0$ 时的收益率 i 是多少，即

$$NPV = \sum_{t=0}^{n} A_t \frac{1}{(1+i)^t} = 0$$

内部收益率反映的是计算期内项目的收益率是多少。它是评价项目盈利性，进行动态分析时比较普遍采用的一个数据，反映项目对占用资金的一种补偿、报酬和恢复能力。

内部收益率的评价准则是：当行业或部门的基准收益率为 i_0 时，若 $IRR \geq i_0$，则投资项目可以接受；若 $IRR < i_0$，项目就是不经济的。对两个投资相等的方案进行比较时，IRR 大的方案较 IRR 小的方案可取。

内部收益率和净现值一样，考虑到了货币的时间价值，但两者有所不同。采用净现值法，先要选定贴现率，而后计算该投资项目的净现值是多少；而采用内部收益率法，所要知道的是用多大的贴现率进行贴现，才能使净现值等于零。

⑥ 动态投资回收期　考虑到资金的时间价值后，投入资金回收的时间即为动态投资回收期 T_d，其计算公式为

$$T_d = \frac{-\lg\left(1 - \frac{Pi}{A}\right)}{\lg(1+i)}$$

式中　A——投产后年收益；
　　　P——原始投资额。

相应的项目动态投资收益率为

$$E_d = \frac{1}{T_d}$$

动态投资回收期和动态投资收益率的评价准则是：当动态投资回收期 $T_d \leq T_{标}$ 或动态投资收益率 $E_d \geq E_{标}$ 时，项目投资是可行的；若 $T_d > T_{标}$ 或 $E_d < E_{标}$，则项目投资是不可行的。

例如，某企业的总投资为 4900 万元，投产后每年的产值为 990 万元，企业年经营成本为 450 万元。试求其投资回收期。

如果不考虑时间因素，投资回收期 T 可由总投资额和年利润值算出，即

$$T = 4900/(990 - 450) = 9 \text{ 年}$$

如果考虑资金的时间价值，假设年利率为 10%，按动态投资回收期公式可计算出 T_d

$$T_d = -\log[1 - 4900 \times 0.1/(990 - 450)]/\log(1 + 0.1) = 25 \text{ 年}$$

可见，不考虑时间因素的投资回收期是 9 年，可以认为经济效益可取，而考虑了资金的时间价值之后，投资回收期就变成 25 年，从经济效益看可能就是不可取的了。

(3) 项目财务基本数据的预测

项目财务基本数据的预测是整个财务评价的基础，其数据预测的准确性，将直接影响财务评价投资决策的准确性。

① 项目总投资预测　项目总投资按其经济用途可分为固定资产投资和流动资金投资。

固定资产投资包括可以计入固定资产价值的各项建设费用支出，以及不计入交付使用财产价值内的应核销投资支出（如不增加工程量的停、缓建维护费）；流动资金由储备资金、生产资金、产成品资金、结算及货币资金几部分组成。

项目总投资额 ＝ 固定资产投资 ＋ 固定资产投资贷款利息 ＋ 流动资金

② 项目总成本费用预测　项目总成本费用是指项目在一定时期内生产和销售产品而花费的全部成本和费用。总成本费用是反映项目所需物质资料和劳动力消耗的主要指标，是预测项目盈利能力的重要依据。

总成本费用 ＝ 外购材料 ＋ 职工工资 ＋ 职工福利费 ＋ 固定资产折旧 ＋ 修理费 ＋ 租赁费 ＋ 摊销费 ＋ 财务费 ＋ 税金 ＋ 其他费用

③ 销售收入和税金的预测　销售收入是指拟建项目建成投产后，其产出的各种产品和服务销售所得的财务收入。

销售收入 ＝ 产品销售量×产品销售价格

在项目的经济评价中，所涉及和考虑的税金包括销售税金及附加和所得税两部分。其中销售税金及附加包括增值税、营业税、资源税、消费税、城市建设维护费及教育费附加，它们不计入成本而从销售收入中扣除，是企业在计算利润前须向国家交纳的税金，而所得税直接从利润中扣除。税金的预测可根据以上所预测得到的销售量和销售收入以及销售收入乘以相应的税率得到。

④ 利润的预测　通过利润的预测，可以估算拟建项目投产后，每年可以实现的利润和企业每年可以留存的利润额。

利润总额＝产品销售收入－总成本费用－销售税金及附加

税后利润＝利润总额－所得税

税后利润一般可以按下列顺序进行分配：按税后利润的 10% 提取法定盈余公积金，提取公益金，最后向投资者分配利润。

(4) 现金流量估算表

现金流量估算表是指将项目寿命周期内每年的现金流入量和现金流出量及两者之间差额列成的表格。项目现金流量表反映了项目寿命期内现金的流入和流出，表明该项目获得现金和现金等价物的能力，可以反映项目在寿命期内的盈利或偿债能力。现金流量表一般由现金流入、现金流出和净现金流量 3 部分组成。

① 现金流入　现金流入是指项目建成投产后所取得的一切现金收入，它主要包括以下几个来源。

a. 销售收入：此项是投资项目现金流入的主要来源。

b. 回收固定资产余值：是指固定资产报废后的残值减去清理费用的净残值。为了简化测算，一般项目的净残值率为 3%～5%，中外合资企业项目的净残值率为 10% 以上，它在项目计算期最后一年回收。

固定资产余值 = 固定资产原始值×固定值产净残值率

c. 回收流动资金：在建设期和生产期该项资金的流入为零，当项目寿命周期结束时，可以收回垫支的流动资金，从而形成现金流入的一项重要内容。

② 现金流出　现金流出是指一个项目从项目开始建设到寿命终了的全过程中，为该项目投入的所有资金。

现金流出＝固定资产投资＋流动资金＋经营成本＋销售税金及附加＋所得税

经营成本＝总成本费用－折旧－流动资金利息－摊销费

③ 净现金流量　是指现金流入量与现金流出量之间的差额，它是项目寿命周期内的历史净收益。当它为负值时，表示该项目在该年现金流入量小于现金流出量；反之，表示现金流入量大于现金流出量。

净现金流＝现金流入－现金流出

3.3.2　经济可行性分析的内容

电子商务项目的经济可行性分析主要是进行投入成本估算和产出效益评估，并根据上述成本、收益分析，确定项目建设的经济可行性，同时也可以估算出整个项目的投资回收期。

(1) 项目投入成本估算

电子商务项目在整个生命周期的概念、规划、实施和收尾各个阶段以及项目建成后的运营过程中需要投入大量的人力、物力和财力，期间人员、技术、设备和材料等的投入构成了电子商务的成本。根据信息系统成本分析的方法，可以将电子商务系统的成本分为规划建设成本与运行管理成本两部分，如表3-1所示。

表 3-1　电子商务系统的成本

规划建设成本	系统规划费用	调查分析
		方案设计
	系统建设费用	软硬件购置费用
		ISP 服务费用
		系统开发费用
运行管理成本	运行费用	网站推广费用
		人员费用
		耗材费用
		域名、通信线路等费用
		安全费用
	管理费用	系统完善费用
		系统纠错费用
		数据更新费用
		岗位培训费用

(2) 项目产出效益评估

企业通过电子商务项目获得的效益可以从直接经济效益和间接经济效益两方面进行分析。

① 直接经济效益　直接经济效益是指电子商务系统建成运行后所产生的经济效益。电子商务的直接经济效益主要包括以下几部分。

a. 降低管理成本。电子商务通过使用电子手段、电子货币等，大大降低了管理的书面形式的费用。

  b. 降低库存成本。大量的库存意味着企业流动资金占用，仓储面积的增加。利用电子商务可以有效地管理企业库存，降低库存成本，这是电子商务企业的生产和销售环节中最突出的一个特点。

  c. 降低采购成本。利用电子商务进行采购，可以提高劳动效率和降低采购成本。

  d. 降低交易成本。虽然企业从事电子商务需要一定的投入（如域名、软件系统、硬件系统的维护费用），但是与其他销售形式相比，使用电子商务进行交易的成本将会大大降低。

  e. 时效效益。通过电子商务能够使商务周期加快，使商家提前回笼资金，加快资金周转，使单位时间内一笔资金能从事多次交易，从而增加年利润。

  f. 扩大销售量。通过电子商务，企业的产品可以打破地域的限制，有更多的市场空间和交易机会，能够扩大销售量，为企业获取更多的利润。

  g. 销售广告版位。电子商务系统的网站可以出售广告版位来获得利润，这需要电子商务系统的网站知名度高。

  ② 间接经济效益 间接经济效益是指电子商务系统通过对相关业务的积极影响而获取的收益。间接经济效益的估算要困难得多。因为电子商务系统通过提高管理水平、增强反应和应变能力等方式，使企业的许多部门和岗位都受益，这其中有的是有形的，有的是无形的，要对此做出准确估计的难度相当大。电子商务的间接效益主要包括以下几个方面。

  a. 提高工作效率和管理水平所带来的综合效益。

  b. 提高企业品牌知名度所带来的综合效益。

  c. 实施电子商务后，由于信息迅速、准确的传递而获得的收益。

  d. 企业通过 Internet 为客户提供产品的技术支持，一方面可以为企业节约客户服务费用，另一方面可以提高客户服务水平和质量。

  (3) 确定项目的经济可行性

  根据上述成本估算和效益评估，采用合适的财务评价方法来确定项目在经济上是否可行。

  值得指出的是，电子商务系统的效益并不仅仅体现在可以货币化的直接经济效益上，不是所有的投资都有足够的直接经济效益，甚至都未必有直接经济效益，有时候难以货币化的间接经济效益比前者要大得多。例如，银行投巨资更新了安全系统，但是这个直接经济效益就不好计算。只能说提高了抗风险的能力，提高了在客户心目中的形象，从而增加了销售额。这个效益可以定性地说，但是很难定量地评估。您能够算出每年因此减少了多少金额被盗？您能够算出每年因此而增加了多少客户以及多少金额的存款？所以，不是所有的项目都有足够的直接经济效益，甚至有的都没有直接经济效益。

  即便是同样的电子商务系统，应用在不同行业的企业，其产生的效益也是不同的。例如银行、餐饮、物业管理等属于服务行业的企业，直接经济效益可能相对比较难以评估，或者评估出来的直接效益可能不是很大；而如果是制造业，由于有制造环节，有库存，那么一般来说这个直接经济效益可能就会比较可观，往往是即使不考虑间接效益，这个回报也已经很大了。

  但这并不是说直接经济效益不大项目就不可行。企业需要根据间接效益的情况进行综合评估。比如由于直接效益不显著，银行就不投资在安全系统上，这个决策显然是有问题的。因为银行有这个策略，有这个需求，能够带来许多间接的效益，对长远发展有好处，因而也是可行的。

所以进行电子商务项目的可行性分析，一定要认真考虑项目能产生什么效益，既可以是直接效益，也可以是间接效益。这个效益的点一定要把握好，否则企业管理层不会通过项目立项，使本来可行的项目胎死腹中。例如某大型企业要上一个物流系统，在经济可行性分析中，对项目的效益主要是提到应用了这个物流系统以后，将提高物流的工作效率：以前主要是手工输入，将来是无线条形码机器扫描；以前是人工打单，将来是机器自动生成和打印等。该企业的高层认为投资这么大，只取得这样一些间接效益，主要的好处只是"自动化"和"减少人工"，判定这样的投资不合理，不合算，要求重新考察项目的可行性。物流和IT部门经重新考察，修订了投资的策略和目的，提出的新报告补充并细化了效益内容，如通过快速的物流系统能够降低库存2~3天，相当于多少资金；通过自动化的系统能够全面实现自动的"先进先出"，减少物料过期，根据过去的历史数据，相当于每年减少多少金额的物料损耗等。这个调整后的报告再次向企业高层进行汇报的时候，很快就获得了通过。

说到底，直接效益和间接效益并不是一个单一的关系，而是相互影响的，对于电子商务项目来说往往间接收益的比重反而更大，因而在确定项目的经济可行性时要认真分析、综合考虑，才能得出客观、准确的结论。

3.3.3 案例

芬芳网上鲜花店经济可行性分析

建设芬芳网上鲜花店可以取得多方面的收益来源。

（1）网上销售带来的业务量的增加

网上鲜花店能够突破距离地域的限制，吸引广州市天河区以外的鲜花需求人群，为花店带来新的业务增长点。

（2）网上销售带来的成本节约

通过网上销售，可以减少鲜花在门店存储的损耗，也可以减少鲜花流通成本。每支花在网上销售的成本可以减少20%~30%，销售成本的节约也是增加了花店的收益。

（3）品牌增值带来的收益

网站提供的在线订购和个性化服务功能实现了实体花店不能做到的事情，更好地满足了客户的需求，对提升"芬芳"的形象，实现品牌增值将产生积极的作用。

（4）加盟服务带来的收益

对于配送能力不能达到的广州市区以外的地区，"芬芳"计划采用加盟策略。在网站成功运营，有一定的品牌知名度以后，可以吸引其他鲜花店加盟，在带来服务收益的同时，与加盟店共同做大鲜花市场，实现共赢。

芬芳网上鲜花店的建设成本包括系统规划、软硬件系统购买、网站系统开发、网站推广、网站运营/维护等几部分费用。

芬芳鲜花店的年收入在70万左右，网站开始阶段的投入适中，相比网站的收益，花店的投资还是值得的。

3.4 电子商务项目的实施可行性分析

实施可行性分析是指对实施电子商务而采取的业务流程重组、人力资源调整、行业利益分配等方面因素进行分析，从而得出在业务实施方面项目是否可行的结论。

3.4.1 实施可行性分析的内容

电子商务项目的实施可行性主要可以从内部管理和外部环境两个方面加以分析。

（1）内部管理可行性

内部管理可行性是确定企业是否在内部管理方面具有电子商务系统开发和运行的基础条件，可考虑的因素包括：
- 企业领导、部门主管对电子商务项目建设是否支持，态度是否坚决；
- 业务管理基础工作如何，企业现行业务流程是否规范；
- 电子商务系统的开发运行可能导致企业部门利益调整，如它降低了某个部门的贡献，而目前的激励机制是基于部门的，那么这些部门能否接受，是否配合，会产生多大的阻力；
- 企业管理人员和业务人员对电子商务的应用能力和认可程度如何，新系统的开发运行导致业务模式、数据处理方式及工作习惯的改变，他们能否接受。

（2）外部环境可行性

电子商务系统是在社会环境中运行的，除了技术因素与经济因素之外，还有许多社会环境因素对项目的发展起着制约的作用。因此还要从外部环境上分析电子商务项目的可行性。外部环境可行性分析可考虑的因素包括：
- 准备开发的系统是否可能违反法律，比如有些商务活动在一个国家是合法的，但在另外一个国家就可能是非法的，在不同的国家开展电子商务时，需要了解不同国家的法律；
- 准备开发系统是否符合政府法规或行业规范要求；
- 外部环境的可能变化对准备开发系统的影响如何；
- 网上客户对系统提供的功能、性能和内容等诸多方面是否满意；
- 企业合作伙伴（供应商、代理商）对本企业开展电子商务是否支持，合作伙伴的利益是否受到影响，是正面还是负面影响，程度如何？如果是负面影响他们可能采取什么行动，反过来又会对本企业产生哪些副作用，怎样避免或减低这些副作用。比如企业开展网上销售，不可避免会面临网上渠道和网下渠道的价格冲突问题：互联网面向全国，而线下渠道中的不同区域代理商的价格可能有差异，线下的代理商本来就有"窜货"的现象，互联网加剧了这个过程。

3.4.2 案例

芬芳网上鲜花店实施可行性分析

从业务实施的角度分析，建设芬芳网上鲜花店有以下几项有利条件。

① 网上鲜花店预期效益明显，总经理高度关注并支持，对项目实施是一个非常有利的条件。

② "芬芳"有五年的实体花店运作经验，货源保障可靠，有成熟的配送流程和队伍，广州市区内能够按照客户要求按时配送，网上花店只要求在销售业务流程的接单和客户服务环节做一些变动，其他方面基本不变，不涉及供应商和内部人员的利益调整，业务流程整合难度不大。

③ 花店员工大多是30岁以下的年轻人，会上网及进行基本的电脑操作，经过短期培训即可掌握网上业务操作。

④ 网上花店的主要业务是在线销售鲜花、礼品，符合国家有关法律法规及行业规范要求。

思考题

1. 可行性研究包括几种类型？具体研究内容是什么？有什么区别和联系？
2. 可行性研究一般要经过哪几个步骤？每个步骤具体要做些什么工作？
3. 电子商务项目技术可行性分析的主要任务是什么？应从哪几个方面进行分析？
4. 什么是静态评价方法？包括哪几种指标？
5. 什么是资金的时间价值？怎样计算资金的时间价值？
6. 电子商务项目的投入成本包括哪些内容？产出效益可以从哪些方面进行评估？
7. 电子商务项目的实施可行性分析包括哪些主要内容？
8. 请对"网上礼品店"项目进行技术可行性分析。
9. 请对"网上礼品店"项目进行经济可行性分析。
10. 请对"网上礼品店"项目进行实施可行性分析。

第 4 章 电子商务项目总体规划

4.1 项目总体规划概述

4.1.1 电子商务项目总体规划的概念

(1) 电子商务项目总体规划的定义

广义上理解,规划是指人类基于对研究对象变化规律的认识,根据现存条件,对未来活动有意识、有系统地安排的过程。具体到电子商务项目,其总体规划是指企业为实现将核心业务转向电子商务,明确电子商务的目标定位,设定电子商务的商务模式、业务流程和盈利方式,设计支持这种核心业务转向的电子商务系统的体系结构,并说明系统各个部分的结构及其组成,为后续设计开发工作提供指导。

(2) 为什么要进行电子商务项目总体规划

电子商务自兴起至今已有很多年,开展电子商务的企业成功与失败的都不在少数,并不是所有的电子商务系统都获得了成功。这就表明电子商务的实施过程是存在一定风险的,产生风险主要有两个方面的原因。

首先,企业电子商务的实施一般会涉及商务模式的变更和业务流程的更新,实际上意味着企业商务活动的转型,这种转型牵涉到来自于企业内部和外部的多种因素,不是一蹴而就的,通常需要经历一个过程。如果不能正确认识这样一个过程而盲目行事,项目实施就会产生很大风险。因此,需要结合企业的实际情况,合理划分这一过程中的每个阶段,并对各阶段的实施进行统筹安排,从而降低企业实施电子商务的风险。

其次,电子商务是企业依托网络、现代信息技术开展的商务活动,而信息技术的飞速发展,对电子商务系统的构造、企业电子商务的实施都产生了很大的挑战,从而产生技术风险。

为了降低电子商务的风险,争取项目得以成功实施,企业在电子商务系统建造前首先要制定总体规划,明确系统的目标、范围、规模、实施方式等内容,形成一个轮廓性、框架性的方案。

(3) 电子商务项目总体规划的特点

电子商务的规划工作是整个项目的起始阶段,这项工作的好坏将直接影响到项目的成败。清楚地认识这项工作的特点,将有助于人们提高规划工作的科学性和有效性。电子商务项目总体规划的特点如下。

① 电子商务项目总体规划是从战略层次做出的规划。在规划中对未来电子商务系统的描述是概要性的、逻辑性的,并不阐述系统实现的细节和技术手段。

② 电子商务项目总体规划是企业业务流程再造的过程。总体规划需从电子商务的本质

出发考察企业的商务活动的合理性，重新设计、再造电子商务环境下企业的业务流程，使企业与合作伙伴、企业与客户间形成一个新的、互动的整体，以提高供应链的整体价值。这使得电子商务系统所要处理的企业核心商务逻辑与传统的商务逻辑相比发生了重大的变化。

③ 电子商务项目总体规划是一个集商务模式设计和信息系统开发于一体的过程。传统信息系统的规划所面对的是企业内部的信息处理过程，它强调的是企业信息流的改善。而电子商务总体规划是对信息流、资金流和物流的综合规划，它不但强调内部环境，也强调企业间的协作，包括和外部系统进行信息交换和接口的相关内容。

④ 电子商务项目总体规划是商务、管理和技术相结合的过程。总体规划是利用信息技术来支持管理决策和开展商务应用的总体方案。

4.1.2 电子商务项目总体规划的任务

电子商务总体规划实质上是指企业的电子商务策略，或者说企业如何利用电子商务系统开展商务活动，它对于企业开展电子商务具有决定性的作用。电子商务总体规划的主要任务包括以下几个方面。

(1) 明确电子商务的目标定位

《孙子兵法》上说："知己知彼，百战不殆"。商场如战场，企业要想打赢电子商务这场商战，首先就应该明确电子商务的目标定位。

对于企业而言，其商务目标是为了最大限度地、持续地扩大利润空间，增加企业收入。企业将核心业务转向电子商务正是为了提高核心竞争力，实现上述目标。然而要将商务活动转向电子商务牵涉到内外部一系列环境的变化，是一项复杂的系统工程，不仅要投入很多资源，还具有一定风险。为了确保项目成功，在项目开展前期就需要做到知己知彼，分析调查企业、市场和竞争对手的情况，以了解市场的各种特点，熟悉竞争对手的现状，明白企业客户的电子商务需求，在此基础上为电子商务系统确定合适的定位，制定可行的目标，指明电子商务系统在整个建设过程中的发展方向、规模和发展进程。

(2) 制定电子商务的商务规划

企业开展电子商务的最终目的就是盈利，盈利的方式多种多样，不同的商务模式直接关系企业构造电子商务系统所采取的策略和电子商务系统的基本功能，也决定了相应的盈利方式。企业要根据电子商务的目标和定位来制定商务规划，确定企业适用的商务模式、核心业务流程和获利方式，概括地说，商务规划就是确定企业在电子商务时代如何做生意。

(3) 制定电子商务的技术规划

电子商务技术规划是在确定了电子商务模式后，结合电子商务的特点，规划实现这一商务模式的技术手段，确定未来电子商务系统体系结构的逻辑框架，明确体系结构各组成部分的内容。简单地讲，技术规划就是规划企业将采用哪些电子手段做生意。

4.2 项目目标定位

电子商务项目在需求分析阶段从企业自身、目标客户和市场竞争等几方面分析了企业存在哪些电子商务需求，项目定位是要确定项目实施将满足其中哪些需求，而项目目标则要明确项目实施后可以收到什么效果。

4.2.1 电子商务项目的定位

定位这个词是由艾尔·里斯和杰克·屈劳特于 1972 年提出来的，他们说："定位并不是你对一件产品本身做什么，而是你在有可能成为你的顾客的人的心目中做些什么。也就是说，你得给你的产品在他们的心中定一个适当的位置。"对于消费者来说，不同商标的产品在他们心目中会占据不同的位置，这就是产品的定位。

定位论的提出开创了一个新的时代，随着这一概念的广为传播并为人们所接受，定位论逐步由传播战略层面发展到企业战略层面。Michael Porter 在《竞争论》一书中指出企业战略的实质就是"定位"。企业可以以特定产品的种类为基础进行"定位"，比如格兰仕的战略曾经专注于生产和研发微波炉；企业也可以以特定的顾客群的全部需求或大多数需求为基础进行"定位"，比如宜家家居就定位于为在意价格、不需要服务、喜爱变化的年轻人提供家居方面的完整产品系列。

因此，电子商务项目的定位是指企业转向电子商务后将经营什么产品或从事什么服务，服务对象是谁，通俗地说就是企业的电子商务做什么，为谁做。如芬芳网上鲜花店主要提供网上鲜花、礼品的订购服务，主要服务对象是网上年轻的白领人群，网站的定位就是为年轻的白领人群提供方便、时尚的网上鲜花、礼品订购服务。

电子商务项目的定位要根据需求分析的结果，结合企业自身的优势、目标客户的需要以及市场竞争状况来确定。

一旦项目的定位确定后，一系列策划活动就可以在这个基础上展开。以美国西南航空公司为例，它的战略定位是提供特定航线、低成本、便捷的航空交通服务，在这个方向下，它以不断地缩短登机时间，不提供贵宾舱等不必要的服务，仅购买波音 737 飞机，从而提高维修的效率，强化竞争优势。这些精简的活动围绕着战略"定位"展开，并不断强化战略"定位"，从而使其他航空公司完全无法与之竞争。

4.2.2 电子商务项目的目标

电子商务项目目标是指企业实施电子商务后可以达到的可度量的目的，即项目建成运行后要达到什么样的目的和效果。

（1）制定电子商务项目目标的原则

制定电子商务目标应遵循目标管理普遍使用的 SMART 原则。SMART 是 Specific（明确具体）、Measurable（可度量）、Attainable（可实现）、Realistic（现实性）和 Time bound（有时限）5 个英文单词首字母的缩写。

① 目标应具体明确，做到 Specific（S）。制定目标要清楚地说明要达到的目的，不要模棱两可。作为目标，具体明确是最基本的要求，如果没有明确的目标，就好像盲目地在一条路上走，会给人找不到方向的感觉。

② 目标应该有一组确定的指标作为日后衡量是否达到的依据，是可度量的，做到 Measurable（M）。目标的定量化是使目标具有可检验性的最有效的方法。如芬芳网上鲜花店第一阶段的目标是"从网站运营起一年内为推广期，利用多种宣传手段以及优惠措施，实现访问量 500 人次/天，用户注册量 5000 人，花店销售收入增长 10%。"这一目标就指明了 3 个量化指标作为一年后目标检查的依据，十分明确具体。

当然，对于总体目标，由于时间跨度长，可能难以数量化，具有一定的模糊性。此时，可以用定性化的术语来表达其达到的程度,如"芬芳网上花店的总体目标是成为珠三角地区有影响力的鲜花网上销售企业",这里使用了"珠三角地区有影响力"这一定性化的术语表明网上花店要达到规模。

③ 目标应是在付出努力的情况下可以实现的,做到 Attainable (A)。设定的目标必须是在能力范围内可以达到的,同时又要在能力范围内稍稍设定得高一点儿,具有挑战性,这样才能激起斗志,取得更大的进步。如果设定的目标过于保守,就很难激起领导或投资人的兴趣。

④ 在设定目标时,要切实地考虑其现实性,做到 Realistic (R)。理想和目标既有一定的联系,又相互区别。理想是我们想要追求的,但未必能成为现实,而目标则是能不断地逐步实现的,所以制定目标不能过于理想化。如果将芬芳网上鲜花店第一阶段(网站运营一年内)的目标设定成"销售收入增长 100%",那显然是不现实的。

⑤ 目标是有时间限制的,做到 Time bound (T)。目标是在一定时间内需要完成的任务,是有时间限制的。没有时间限制就没有办法检验是否按预期实现了目标。如芬芳网上鲜花店第二阶段的目标是:推广期结束后两年内为发展期,主要目标是提升"芬芳"品牌知名度,发展和稳固本地市场,提高市场占有率,利用多种营销手段,实现花店销售收入增长 100%。这一目标明确了第二阶段要在"推广期结束后两年内"这一时间段内实现花店销售收入增长 100%的目标。

(2) 制定电子商务项目目标的方法

制定电子商务项目目标应在细致周密调查研究的基础上进行。对于规模较大、建设周期较长的项目,应首先制定一个总体目标,然后将这个总体目标分解为若干个阶段性的分期目标,以便于项目的控制与管理。

总体目标是一种宏观目标,它是对企业全局的一种总体设想,它的着眼点是整体而不是局部。它是从宏观角度对企业的未来的一种较为理想的设定。如"芬芳网上鲜花店的总体目标是成为珠三角地区有影响力的鲜花网上销售企业",这一总体目标提出了芬芳鲜花店实现电子商务转向的总任务和总要求,所规定的是整体发展的基本方向。因此,总体目标是高度概括的。

制定电子商务项目目标的主要过程如下。

(1) 确定实施电子商务项目要达到什么目的

电子商务能够达到的目的可以概括为以下几种:

① 通过电子商务,企业的产品可以打破地域的限制,产生更多的市场空间和交易机会,扩大销售量,增加销售收入;

② 通过电子商务产生满足顾客需要的新增值服务或新产品,增加销售收入;

③ 通过电子商务改善企业的销售方式和渠道,降低企业的分销成本;

④ 通过电子商务变更企业的采购方式,降低企业的采购成本;

⑤ 通过电子商务使企业的信息流、实物流和资金流的融合更加紧密、快捷,缩短商业周期,降低时间成本;

⑥ 通过电子商务提高企业品牌知名度,树立企业形象;

⑦ 通过电子商务提高客户服务水平,开展个性化服务,提高客户的忠诚度;

⑧ 通过电子商务促进企业既有信息资源的整合,提升企业信息化的水平,提高企业的效率;

⑨ 通过电子商务与合作伙伴形成虚拟的、更为紧密的企业联盟或共同市场，提升企业供应链的价值。

(2) 明确什么时候，在什么程度上实现上述目的

要做到这一点，必须全面衡量企业的能力与条件，掌握有哪些内外部可用资源，看清当前和未来可能的发展趋势，以制定现实可行的目标。

4.2.3 案例

芬芳网上鲜花店的目标定位

芬芳鲜花店的主要业务是销售鲜花、礼品，网上花店定位于年轻的白领人群，为他们提供方便、时尚的网上鲜花、礼品订购服务。

芬芳网上鲜花店的总体目标是成为珠三角地区有影响力的鲜花网上销售企业，实现这一目标可分为三个阶段。

① 第一阶段：从网站运营起一年内为推广期，利用多种宣传手段以及优惠措施，实现访问量500人次/天，用户注册量5000人，花店销售收入增长10%。

② 第二阶段：推广期结束后两年内为发展期，主要目标是提升"芬芳"品牌知名度，发展和稳固本地市场，提高市场占有率，利用多种营销手段，实现花店销售收入增长100%。

③ 第三阶段：发展期结束后的两年内为扩张期，主要目标是借助"芬芳"的品牌知名度，将业务扩展到广州以外的地区，利用品牌效应，邀请异地花店加盟，进行连锁经营，使网上销售规模迅速上升，最终使花店成为珠三角地区有影响力的网上鲜花销售企业。

4.3 项目商务规划

商务规划就是确定企业业务转向电子商务后的运营方式，包括三项主要任务：确定电子商务模式、分析电子商务流程以及明确电子商务盈利方式。

4.3.1 电子商务模式

(1) 商务模式与电子商务模式

商务模式（Business Model）是企业管理领域的术语，迄今为止，无论是商务模式，还是电子商务模式，都没有一个统一的定义，不同的专家、学者和企业有不同的看法。

北卡州立大学教授Michael Rappa从宏观角度出发，认为商务模式就其最基本的意义而言是指做生意的方法，是一个公司赖以生存的模式——一种能够为企业带来收益的模式。商务模式规定了公司在价值链中的位置，并指导其如何赚钱。这一定义突出了电子商务模式是企业赢利的手段和在价值链中的定位。

MIT信息系统研究中心主任Peter Weil从电子商务各参与角色角度，认为商务模式是对一个公司的消费者、顾客、结盟公司与供应商之间关系角色的叙述，这种叙述能够辨认主要产品、信息和金钱的流向，以及参与者能获得的主要利益。

欧洲学者Paul Timmers从电子商务模式的组成要素方面阐释其构成，认为商务模式是一种关于企业产品流（服务流）、资金流、信息流及其价值创造过程的运作机制，它包括三

个要素：①商务参与者的状态及其作用；②企业在商务运作中获得的利益和收入来源；③企业在商务模式中创造和体现的价值。电子商务模式则是通过电子市场反映产品流、服务流、信息流及其价值创造过程的运作机制。

美国学者 Allan Afuah 和 Christopher L·Tucci 博士认为，商务模式具体体现了公司现在如何获利，以及在未来长时间内的计划。它可以归结概括为一个系统，这个系统包括价值、规模、收入来源、定价、关联活动、整合运作、各种能力、持久性等部分以及各部分之间的连接环节和系统的"动力机制"。电子商务模式也是一个系统，它也包括了上面所说到的各个部分，而且在电子商务模式中更为突出的一点是它利用了互联网的特性来获利。

综合以上观点，可以将电子商务模式总结为：电子商务模式是运用网络信息技术，与价值链上的各合作成员整合相关的流程，最终满足客户的需要，并给企业带来赢利的方式。通俗地讲，电子商务模式就是电子商务时代企业做生意的方式，其关键点是指出价值的创造过程及各参与者在此过程中扮演的角色和收益来源。

(2) 电子商务模式的分类方式

电子商务时代是一个创新的时代，至今已经诞生了许多商务模式，而且还在不断产生新的创新模式。为了便于研究各种电子商务模式的运作特点，专家学者从不同的角度对电子商务模式进行总结归类，大致存在以下几种分类方式。

① Paul Bambury 基于新旧模式差异将电子商务模式分为移植模式和禀赋模式两大类，移植模式是指那些在真实世界当中存在的、并被移植到网络环境中的商务模式，也就是俗称的"鼠标＋水泥"模式；禀赋模式则是在网络环境中特有的、与生俱来的商务模式，如腾讯的 QQ 和百度的搜索等网络创新模式。

② 麦肯锡管理咨询公司从控制论的角度出发，认为存在三种新兴电子商务的商业模式，即销售方控制的商业模式、购买方控制的商业模式和中立的第三方控制的商业模式。这种分类在一定程度上反映了卖方、买方以及第三方中介在市场交易过程中的相对主导地位，体现了各方对交易的控制程度。

③ Crystal Dreisbach 和 Staff Writer 基于 Internet 的商务功用，将电子商务模式划分为基于产品销售的商务模式、基于服务销售的商务模式和基于信息交付的商务模式三类。

④ 按照商务活动运作方式，电子商务模式可分为完全电子商务和不完全的电子商务。完全的电子商务是指完全通过电子方式实现整个交易过程。不完全的电子商务则是指整个交易过程没有完全电子化，例如商务洽谈、产品搜索通过电子手段完成，而支付过程采用传统方式实现。

⑤ 基于商务活动的交易对象，电子商务模式可分为企业对消费者（B2C）、企业对企业（B2B）和消费者对消费者（C2C）三种基本模式。B2C 是指企业和普通消费者双方之间的交易，B2B 是指企业和企业双方之间的交易，C2C 是指普通消费者双方之间的交易。

(3) 常见的电子商务模式

在上述电子商务模式的分类方式中，业内较多采用基于交易对象的分类方式，因而我们在基于商务活动交易对象的基础上来了解常见的电子商务模式。

① 企业对消费者模式（简称为 BtoC、B2C） B2C 的交易双方是企业和普通消费者，借助互联网实现企业与消费者之间的各种商务活动、交易活动、金融活动和综合服务活动，是消费者利用互联网直接参与经济活动的形式。通过网上交易平台，可以大大节省客户和企业双方的时间，提高交易效率。

B2C 模式根据其核心业务的特点还可以进一步细分为以下几种亚模式。

a. 网上直销模式。这种模式下生产厂家直接通过网络销售自己的产品，如美国的 Dell 电脑。通过网上直销，企业可以根据客户的需求以销定产，同时由于没有分销商、批发商这些环节，因而省去了渠道费用。

b. 网上商店模式。这种模式下商家通过网络经销其他厂商的产品，它与传统零售模式的区别是用虚拟的店面陈列代替实体商场，消费者节省了去店面购买商品的时间以及其他成本，商家的主要收入来源于低价买进商品，高价卖出产品，赚取产品差价。网上商店主要有两种情况：一种是纯网络型零售企业，这类企业从网络起家，较早进入 B2C 电子商务领域，没有实体商店，如美国的亚马逊、中国的当当书店等；另一种本身是传统的零售企业，开设网上商店是对现有实体店面的补充，销售的是同样的产品，目的是拓展业务，网上网下并行运营，如美国的沃尔玛、中国的北京西单商场等。

c. 网上商城模式。这种模式是由第三方企业建立 B2C 电子商务平台，通过市场运作，邀请符合条件的商家到平台上开设 B2C 商店，如同在大型购物中心（mall）租用场地开设商店一样。如淘宝商城、新浪商城都属于这种模式。

由于网上商城大多是大型门户类网站组织建设的，其天生就有巨大的流量，能为其中的 B2C 商店带来网上人气；同时平台提供的专业服务可以帮助商家低成本运营 B2C 网上商店，因而到第三方平台上开设 B2C 商店销售产品是中小企业开展网上经营的快速、高效方式。

d. 连锁经营模式。连锁经营模式实际上是 B2B 和 B2C 两种电子商务模式的整合。这种模式的思想是以 B2C 为基础，以 B2B 为重点，将两个商务流程衔接起来，从而形成一种新的电子商务模式。

这种模式在 B2C 模式中引入 B2B 模式，把连锁企业作为销售渠道的下游引进，实现网上企业接单，异地连锁企业配送，从而有效地解决了企业配送能力不足的问题。

如上海环球鲜花礼品（全国）速递网（http://www.hq1818.com），总部地址在上海市古北新区，与各地鲜花礼品店进行连锁经营，使配送范围可以到达全国 30 多个省市区，并承诺当天订花当天送达。上海环球鲜花礼品（全国）速递网通过与各地的鲜花店合作嫁接，成功地解决了物流配送的问题，既充分发挥了自己的特长，又与其他花店结成了战略联盟，各司其职，各尽所能，互不冲突，共同获益，为用户提供了很好的异地送花平台。

e. 内容提供模式。这种模式下企业通过网络提供各种数字化内容服务，包括新闻、热点和各种有价值的信息，以及音乐、游戏等娱乐内容，消费者在网上订阅或支付后直接浏览或消费。新浪等门户网站、人民网等专业媒体、盛大等游戏网站、新东方等教育网站都属于这种模式。要想成为一个成功的内容提供商，关键是要拥有对消费者来说有价值的信息内容。

内容提供商主要通过广告和向消费者收费来盈利。

f. 网上服务模式。这种模式主要被企业用来提供职业介绍、航空火车订票、医院预约挂号、旅游服务预约等网上服务。服务提供商通过网络向消费者提供比传统服务更有价值、更便利、更省时、成本更低的服务，使消费者在方便的同时大大提高了效率。51job 等人才网站、携程等旅游网站都采用这种模式。服务种类的多样性使网上服务所拥有的市场机会十分巨大，并与实际商品的市场机会一样有潜力。

以上第 1 至第 4 种亚模式主要面向具有物理形状的实体产品的网络零售，其特点是产品的查询、订购、付款等活动可以在网上进行，但最终的交付不能通过网络实现，还是用传统的方法完成。网络零售的盈利主要体现在两个方面,一是扩大商品销售范围和销售规模直接获利,二是降低各种费用间接获利。第 5 和第 6 种亚模式主要面向无形的虚体产品,其最大特点就是产品以数字化的形式表现和存在,因而其查询、订购、付款、交付等一系列活动都可以通过网络直接完成。

② 企业对企业模式(简称为 BtoB、B2B) B2B 的交易双方都是企业,指的是企业与企业之间依托互联网等现代信息技术手段进行的交易、信息、服务等商务活动。包括企业与供应商之间的采购,企业与产品批发商、零售商之间的供货,企业与仓储、物流公司的业务协调等。B2B 是电子商务的主流,大宗的交易多属于这一类型。

a. 企业自建电子商务平台模式。此种模式是企业利用自身的信息资源建立的电子商务平台,在上面发布一些与企业及产品相关的信息,并进行产品或服务的交易活动。

企业自建商务平台可以分为两个方向,即上游和下游。生产商或商业零售商与上游的供应商可以形成供货关系,比如 Dell 电脑公司与上游的芯片和主板制造商就是通过这种方式进行合作;生产商与下游的经销商可以形成销货关系,比如 Cisco 与其分销商之间进行的交易。

企业建立电子商务平台,通过网络能够实现订单交互、库存信息交互、结算信息交互等,大大提高信息共享水平,提高交易活动效率,降低交易活动的成本,实现对采购和供应的有效管理和及时响应。

b. 第三方 B2B 电子商务平台模式。这种方式由买方和卖方之外的第三方建立电子商务平台,利用其掌握的资源优势,吸引有关中小企业利用这个平台了解供需信息,与潜在客户进行在线交流和商务洽谈等工作。第三方 B2B 电子商务平台又分为两种类型:一种是综合性平台,它提供多个行业与领域的电子商务服务,如阿里巴巴、慧聪网、环球资源网、中国供应商等;另一种是行业垂直性平台,它定位于某一特定专业领域,提供专业的电子商务服务,如中国化工网、中国医药网、中国纺织网等。

我国的中小企业具有数量众多、行业分布广、历史短、相对离散、动态交易等特点,在开展电子商务方面由于受到人才、资金等方面的限制,与大型企业相比有一定差距。而第三方 B2B 电子商务平台使得中小企业开展电子商务变得简便可行,为中小企业提供低成本、专业化的电子商务应用服务,有利于中小企业提高效率、扩展市场,已成为目前中小企业应用电子商务的最主要模式。

第三方 B2B 电子商务平台通过会员费、广告费和竞价排名等方式盈利。

③ 消费者对消费者模式(简称为 CtoC、C2C) C2C 的交易双方均为个人消费者,是消费者个人对消费者个人的电子商务模式。C2C 的运作模式是为买卖双方搭建交易平台实现个人对个人的网上交易活动,采用 C2C 模式的主要有易趣、淘宝、拍拍等公司。

在中国的 C2C 市场,免费是一个重要的驱动因素。起初易趣控制着中国近 90% 的 C2C 客户群,但是坚持收费的易趣很快就抵挡不住淘宝的免费攻势。许多卖家通过易趣展示商品,最终在淘宝交易。易趣苦心经营建立起的客户群,就这样替别人"做嫁衣裳"。为了适应激烈的市场竞争环境,易趣也开始了免费策略,对用户终身免收包括高级店铺和超级店铺在内的店铺费,也不再收取商品登录费、店铺使用费等费用。淘宝证明了免费是目前 C2C 的商业模式。在中国,C2C 的商业模式可能会发生变化,不再以收取登录费为主,而更多的是通过交易佣金等方法盈利。

(4) 确定电子商务模式的方法

要确定企业采用哪一种电子商务模式，需要对企业的商务对象类别、核心业务特点以及未来的市场定位、产品服务方式等因素进行综合分析后作出决定。

首先考虑企业的商务对象：如果企业的商务对象以普通消费者为主，那么其未来商务模式可初步定为B2C模式；如果企业的商务对象以企业为主，那么其未来的商务模式就要重点考虑B2B模式。

其次要综合分析企业核心业务的特点、未来的市场定位、产品服务方式等因素，确定是否适用初定的商务模式，应该采用其中哪一种亚模式，是否需要其他亚模式补充等，最后确定企业的电子商务模式。

例如美国的 Dell 电脑（http://www.dell.com.cn），通过互联网在线销售 Dell 品牌的电脑，其中既有面向普通消费者的家用电脑，又有面向企业的商用电脑。这时就不能简单地将面向企业的商用电脑销售确定为 B2B 模式，而要仔细分析销售业务的特点是在线零售性质，还是网上批量销售，再决定使用哪种电子商务模式。

又如上海环球鲜花礼品（全国）速递网（http://www.hq1818.com）开设 B2C 网上商店开展鲜花销售业务，实体店在上海，由于配送能力和范围有限，要扩大经营范围，在全国开展业务就必须解决物流配送问题。为此该企业在网上商店模式的基础上辅以连锁经营模式，成功地解决了物流配送问题，既充分发挥了自己的特长，又与其他花店结成了战略联盟，为用户提供了很好的异地送花平台。

4.3.2 电子商务业务流程

（1）业务流程分析的内容

电子商务模式是企业利用网络信息技术开展商务活动的方式，它是在传统的商务活动中引入电子化手段，革新企业传统商务过程中不同环节而形成的。它以传统的商务过程为基础，但是与传统商务活动有较大差异。因而在确定了商务模式后，还要进行业务流程分析，确定要用怎样的业务流程来实现这一商务模式。

业务流程分析首先要了解现有业务的具体处理过程，然后根据电子商务目标定位的要求，修改和删除其中不合理部分，进行业务流程优化，构造适应于电子商务模式的核心业务流程。业务流程分析主要包括以下内容。

① 原有流程的分析。分析原有业务的整个处理过程，了解原有业务流程，确认各个处理过程是否具有存在的价值，哪些过程不尽合理，需要进行改进或优化。

② 业务流程的优化。原有业务流程中不尽合理的部分，或者与电子商务活动不相适应的过程，可以按业务流程重构的原则进行优化。

③ 确定新的业务流程，以文字说明电子商务下的核心业务流程，并绘制业务流程图。

下面以某公司分销业务为例说明业务流程分析的内容。

（1）原有的分销业务流程

① 分销商接受代理商的订单

这一阶段是从分销商将代理商的一个采购的意向变成实际订单的过程。当代理商有一个采购需求的时候，和分销商通过电话、传真或者面对面的方式洽谈价格，核实是否有现货等事宜，确认后，填写订单、盖公章，然后传真订单给相应的分销商业务人员，业务人员凭借该订单开具销售单据，交给商务人员办理，商务人员将该票据信息输入内部 ERP 系统，进行审核信用、查验库存数量等工作，如果信用和库存数量有问题，该订单失败；如果没有问题，ERP 系统打印出提货票据。这一步对几乎所有的分销型公司，都是一个复杂的流程，根据麦肯锡公司的调查，国内的分销商完成这一步骤大约要花一个半小时的时间。对分销商和代理商来讲，都是很大的时间耗费。

② 准备配送

分销商将提货票据进行内部处理，准备配送。由于受运力的限制，不可能做到一单一送，要积攒到相当货量时送出。

③ 货物配送阶段

由于配送的是几家客户的货物，而且是按订单产生的先后顺序——送达，不是按照最佳线路配送，同时还受到交通状况的制约，往往要花更长的时间。这样多次的订货，代理商需要分销商不断地提供诸如货物发出时间、订单详细信息、资金往来明细、信用状况查询等信息。在上述环节中，分销商和代理商希望耗时越短越好，而且可以在最短的时间内提供跟订单有关的所有信息。而从订单到配送的时间耗费，就成为了客户满意度的最重要的衡量指标。

(2) 实施电子商务后新的分销业务流程

① 代理商通过 Internet 登录到分销业务网站，在网上查询产品等信息；
② 选购产品，生成网上订单；
③ 该订单通过接口服务器自动传输到公司后台 ERP 系统；
④ 几秒钟后，代理商的界面上就返回了系统自动处理后的订单状态；
⑤ 合格订单会通过 ERP 系统自动发送到库房，由其统一备货和发货。

在上述过程中代理商还可以随时获得交易中的各种信息，如货物发出时间、资金往来对账表等，即便订单填写出现了失误，也可以立刻从交易系统中得到提示。这样不但一个订单的处理速度大大的提高，同时由于交易数据可以立刻反馈在系统中，后续的商务操作也大大简化，从而有效解决了分销业务中代理商向分销商采购商品的订单处理效率及服务信息传递的问题。

(2) 业务流程图的绘制方法

业务流程图是一种描述企业内各部门之间业务关系、作业顺序和管理信息流向的图表，是描述和分析系统业务流程的重要工具。业务流程图的基本图形符号非常简单，只有 5 个，如图 4-1 所示，其意义和作用解释如下。

① 业务处理单位，用圆圈符号表示，里面注明某项业务发自或交由处理的部门或单位；
② 业务处理功能描述，用方框符号表示，里面注明该环节处理的业务内容；
③ 业务过程联系，用箭头线符号表示，用于连接业务处理过程，箭头说明业务处理顺序或管理信息的流向；
④ 存储文件，用右侧不封口的方框符号表示，里面注明存储信息的内容；
⑤ 输出的信息，用报表符号表示，里面注明在此输出什么信息（如报表、报告、文件和图形等）。

例如某企业采购业务的流程可用图 4-2 表示。

4.3.3 电子商务盈利方式

互联网作为信息传递工具，在发展初期是采用共享和免费策略发展起来的，目前网上依然存在许多免费的应用项目，如免费邮箱、免费信息、免费视频、免费交易场所（淘宝、易

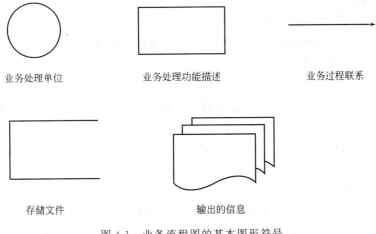

图 4-1　业务流程图的基本图形符号

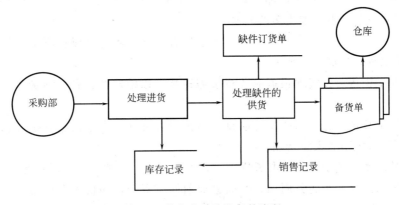

图 4-2　某企业采购业务的流程

趣），这些免费的项目吸引了大量网民的眼球，这些免费策略对培育和发展网上市场起到了巨大的作用。

然而，"天下没有免费的午餐"，免费只是吸引眼球、培育市场的策略，企业上网的最终目的还是要盈利。策划一个电子商务项目如果没有明确的盈利模式，是不会得到领导或投资方认可的。

那么什么是盈利模式呢？盈利模式研究和关注的是企业的利润来源、生成过程及产出形式。它与销售模式和营销模式既有区别又有关系，最根本的区别在于：销售关注的是"如何卖货"，营销关注的是"如何满足市场需求"，而盈利关注的是"如何赚钱"。在实施盈利模式的企业里，产品、服务是基础，品牌是工具，营销是过程，盈利才是根本。

下面介绍几种电子商务常见的盈利方式，企业实施电子商务时应结合自身情况，综合应用各种可能的方式来实现项目盈利。

（1）网络广告收费

网络广告是电子商务企业盈利的比较普遍的方式，其种类繁多，形式多样。从文字广告、网页广告、Banner（旗帜）、LOGO（图标）广告，到 Flash 多媒体动画、竞价广告等，多种多样。门户网站（如新浪、搜狐）、搜索引擎网站（如 Google、百度）等大型网上企业主要依靠网络广告盈利。

任何网上企业都可以网络广告作为收入来源，其前提是网站要有较高的流量和知名度，最好是某一类型的专业浏览群体,这就具备了网络广告收费的条件。

网络广告通常有两种收费方式。

① CPM(cost per thousand impressions):按浏览量定价,广告条每显示1000次(印象)为基准的收费模式。其计算公式为:

$$广告费用=(CPM×含有广告页面的访问次数)/1000$$

② CPC(cost-per-click):按点击量定价,根据网络广告被点击的次数收费的定价模式。关键字广告、竞价广告一般采用这种定价模式。

(2) 网上销售获利

网上销售是企业或个人转向电子商务基本的盈利方式,国外的亚马逊、Dell电脑,国内的当当网、卓越网等都是通过网上销售盈利。

网上销售的盈利方式主要体现在两个方面,一是增加收入直接获利,二是降低成本间接获利。具体分析的话,不同企业网上销售的盈利可能来自于以下一个或几个方面。

① 通过网上销售,企业的产品可以打破地域的限制,有更多的市场空间和交易机会,能够扩大销售量,为企业获取更多的利润。

② 通过网上销售,企业用虚拟的店面陈列代替实体商场,可以在不增加经营场地的情况下增加经营品种,拓展经营范围。

③ 利用网上销售可以实现根据业务量按需进货,以销定产,有效地管理企业库存,降低库存成本。

④ 通过网上直销,企业的产品可以直接与消费者见面,由于没有分销商、批发商这些环节,因而可以大大节省渠道费用。

⑤ 网上销售使用电子手段、电子货币等,大大降低了管理的书面形式的费用。

⑥ 网上销售能够加快商务周期,使商家提前回笼资金,加快资金周转,使单位时间内一笔资金能从事多次交易,从而增加年利润。

(3) 注册会员收费

这种方式通常是由企业首先建立电子商务服务平台,提供相应的服务,并通过市场运作,吸引大量的企业和个人使用平台的服务,并收取会员费盈利。阿里巴巴等B2B网站、51job等招聘类网站、九天等音乐类网站都使用了这种模式。

例如阿里巴巴的B2B网站可以帮助中小企业了解市场信息,进行贸易洽谈,其会员锁定在商家之间,收取中国供应商、诚信通两种会员费,中国供应商会员费分为每年4万和6万两种,诚信通的会员费每年2800元。对于商家来说,支付的会员费用相对于获得的商业利益只是很小的数目,对企业来说就比较容易接受。

会员收费取得成功的前提是能为客户提供高于会员费的有价值服务。

(4) 信息内容收费

信息内容是网络企业为满足客户需要而专门定制的一种专业性很强,有一定的实用性和实效性的电子读本,比如分别针对金融系统、房地产系统和汽车、建材、化工、环保等行业编辑的各种参考电子文本,这种文本还可以配合印刷品出现。订阅者一般一次订阅就是半年或者一年,用户付费后方能凭网络媒体所给的网络通行证(密码)浏览或定期收阅信息。这种信息的收费一般都比较高,人民网、新华网目前都开展了这项业务。

信息内容要想成功收费,必须做到市场定位准确,信息质量高,内容独特性高(即信息内容不是在网上和一般媒体和资料上能找到的),付款机制方便完善,消费者付费观念健全,内容不易被仿冒及复制。

（5）软件（或者 MP3 音乐等）下载

软件（或者 MP3 音乐等）下载可以说是网上零售的一部分，只是其销售的产品为软件（或者 MP3 音乐等），可以在线直接下载，而无需物流的运输过程。现在国内的软件（或者 MP3 音乐等）下载多为免费的形式，有许多的软件公司更是利用互联网的优势进行在线升级服务，这也是促进与用户互动的良好方法。

由于消费能力和消费习惯的不同，英文网站的软件（或者 MP3 音乐等）下载较大比例都是收费软件，即使是共享也是有使用期限的，这为许多的实用性小软件提供了良好的销售平台。

（6）短信、彩信、铃声等移动运营服务

近几年兴起的互联网短信、彩信（MMS）、铃声下载，不仅为手机用户带来了更周到的服务和更精彩的铃声彩信（MMS），也为各大网站提供了一个非常良好的人气赚利润的盈利方式。如果网站拥有较好的流量，也可以通过与专业短信铃声的 SP 提供网站进行合作，获得一些盈利。

（7）互联网上网服务

互联网的发展离不开各种上网服务，比如企业网站建设、域名注册、服务器虚拟主机租用服务、网站推广服务（搜索引擎优化）、网站运营咨询服务等。随着互联网的应用普及，将有越来越多的企业需要上网服务。提供互联网上网服务，收取相应服务费用也是可行的盈利方式。

4.3.4 案例

芬芳网上鲜花店商务规划

（1）商务模式

芬芳网上鲜花店的商务对象以普通消费者为主，主要采用网上商店＋连锁经营的 B2C 电子商务模式。

（2）主要业务流程

芬芳网上鲜花店的业务流程如图 4-3 所示，主要业务流程为：

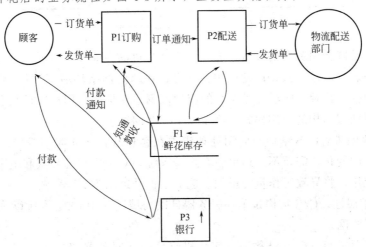

图 4-3　芬芳网上鲜花店的业务流程

① 顾客选择要购买的鲜花礼品，并可进行个性化的设计或定制；
② 顾客下订单；
③ 顾客支付货款；
④ 网站把订单通知物流部门；
⑤ 物流部门配送；
⑥ 通知顾客配送成功

(3) 盈利方式

芬芳网上鲜花店主要通过在线销售鲜花、礼品，可以争取更多的交易机会、扩大销售量，从而增加花店的收入。此外，根据客户的订单按需进货可大大降低鲜花的损耗，节约成本，提高花店的综合效益。

4.4 项目技术规划

在确定了电子商务的模式和盈利方式后，紧接着就要制定技术规划，确定采用什么技术手段来实现电子商务活动。技术规划包括两项主要任务：确定电子商务系统的体系结构和选择电子商务系统的技术路线。

4.4.1 系统的体系结构

（1）信息系统的分层结构

① C/S 两层结构　传统的基于网络的信息管理系统基本上是采用客户机/服务器（C/S）的两层结构，由客户机来完成数据录入、业务处理和结果显示，服务器负责数据的存储和管理，如图 4-4 所示。

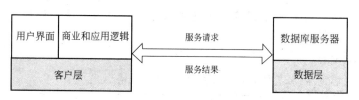

图 4-4　传统 C/S 两层结构

这种结构能够降低服务器的负载，充分利用客户机的性能实现分布式计算，比较适合于规模较小、用户较少、单一数据库的应用在安全、快速的网络环境下（例如局域网）运行。随着 Internet 的推广普及，电子商务系统的应用范围不断扩张，用户数目和类型具有很大的不确定性，这种两层结构的应用模式产生了以下一些问题。

a. 维护升级困难。C/S 结构的应用处理集中在客户端，因此应用逻辑的任何变化都将导致客户端软件的变化，需要不断地更新客户端系统，对于用户的数量和范围巨大且不断扩张的电子商务应用，将导致工作量的增加，造成维护升级困难。

b. 缺乏可扩展性。C/S 结构是单一服务器且以局域网为中心的，所以难以扩展至大型企业广域网或互联网。

c. 数据安全性不好。C/S 结构下，客户机直接访问服务器端的数据库，对数据库的各种操作使系统安全性难以得到保障。

② B/S 三层结构 面对 C/S 两层结构存在的问题，为了适应电子商务的发展，基于 Web 的客户机/服务器（B/S）三层结构逐渐发展起来，如图 4-5 所示。

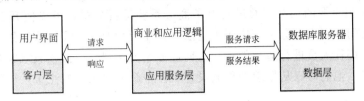

图 4-5 B/S 三层结构

B/S 三层结构比两层结构增加了一个应用服务层（应用服务器），将商业和应用逻辑从客户机移到了应用服务器上。这时客户机上只需安装互联网上广为使用的 Web 浏览器，负责处理与用户的交互，从而变成了一个简单的图形交互工具，绝大部分的应用处理功能都在应用服务器上完成，从而使所有用户可以共享商业和应用逻辑，应用服务器成为了整个系统的核心，为系统提供事务处理和安全控制。

三层结构与两层结构相比具有以下优势。

a. 可管理性好。B/S 结构实现了系统的分散应用与集中管理，整个系统的主要管理工作集中在应用服务层，业务逻辑的修改对客户层没有影响，系统的客户层基本实现了"零管理"。

b. 可扩展性强。由于系统的业务处理完全在应用服务层完成，对于环境和应用条件经常变动的情况，只要对应用服务层实施相应的改变，就能够达到目的。

c. 安全性高。应用服务层上的安全服务作为一个公用服务被所有应用调用，因此不必为每一个应用编写安全服务，整个系统的安全数据工作只能由安全服务来访问，各个客户机无法直接访问到数据库，这样大大提高了系统的安全性。

③ 多层结构 随着电子商务的高速发展，B/S 三层结构的应用服务层所承担的功能也不断增加，软件复杂度越来越高，这样就有必要将它进行分层处理，由三层结构演变为多层结构。一般可将三层结构中的应用服务层细分为应用表达层（也称 Web 服务层）和业务逻辑层。前者负责系统的表示逻辑，后者负责系统的业务逻辑。此外，在客户层与应用表达层之间、业务逻辑层与数据层之间都可以插入一个中间件层，以优化整个系统的性能，提高系统的并发处理能力。如图 4-6 所示。

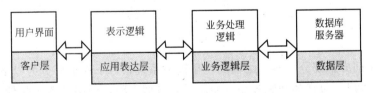

图 4-6 N 层结构示意

多层结构的优点包括以下几个方面。

a. 可实现高度的可扩展性。应用表达层、业务逻辑层、数据层的每一层次都可以由多台计算机组成，通过计算机系统集群（Cluster）技术，实现自动的负载均衡，以提高系统的处理能力和对客户端的响应速度。当业务量增加时，企业可以分析电子商务系统的处理"瓶颈"处于哪一个层次，然后在该层次上增加新的机器设备，而整个应用系统基本上不需做大的改动，较好地解决了电子商务系统的客户群不确定性的问题。

b. 可提高系统的灵活性。通过将系统划分成不同的层次，可增强整个系统的模块化程度，提高系统的灵活性。

c. 可方便人力资源的调配。通过对电子商务系统进行分层，可以使开发工作在具有不同专长的人员之间进行合理分工。应用表达层可以主要由精通 Web 页面设计的美工设计人员来完成，并由编程人员进行适当的补充；而业务逻辑层则由业务领域专家与编程人员互相配合来共同完成，他们可以从繁琐的界面设计工作中解脱出来，专注于系统的业务逻辑的实现等工作。

d. 可实现高度的代码重用。通过采用基于组件的开发方法，将电子商务系统的业务逻辑封装在业务逻辑层的一个个业务组件之中，可以实现高度的代码重用。基于组件的开发方法可以将来自各方的应用组件装配在一起，甚至可以直接使用其他公司提供的商品化的业务组件，简化了系统开发，提高了电子商务系统建设的工作效率。

（2）电子商务系统的体系结构

电子商务系统的体系结构是一种基于互联网的多层结构，如图 4-7 所示。它是从逻辑角度展现未来企业电子商务系统的组成结构框架，包括电子商务系统的层次结构、与内部信息管理系统的关系以及与外部系统之间的接口。电子商务系统体系结构能够帮助技术人员从整体上把握电子商务系统的组成和构造，为后续电子商务系统的设计和集成提供依据。

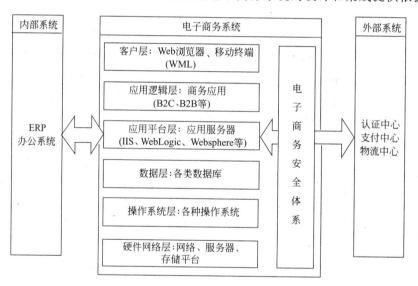

图 4-7 电子商务系统体系结构

图 4-7 中中间方框部分为多层结构的电子商务系统，自下而上可分为以下几个层次。

① 硬件网络层 包括各种服务器（如应用服务器、数据库服务器、邮件服务器）、存储设备和网络设备（如路由器、交换机）等硬件环境，是电子商务系统中必备的基础设施。

② 操作系统层 包括 Unix 类、Linux 类、Windows NT/Server 等主流的操作系统，对下层各种硬件设备进行调度和管理，对上层应用提供支持，是电子商务系统中必备的层次。

③ 数据层 包括 Oracle、DB2、MYSQL、MS SQL Server 等关系型数据库管理系统，负责电子商务系统数据的存储和管理。

④ 应用平台层 包括 Bea WebLogic、IBM WebSphere、Microsoft IIS 等应用服务器软件，为应用逻辑层的应用软件提供支持服务。应用服务器还可以实现负载均衡，提高系统的

可靠性和可扩展性。

⑤ 应用逻辑层　是电子商务系统的核心部分，需要根据企业运作的业务逻辑编写相应的应用程序，如 B2C、B2B 应用程序。

应用逻辑层还可以进一步细分为应用表达和业务逻辑两个层次。

a. 应用表达层接收来自客户层的用户输入，并将其发送到业务逻辑层的业务组件，由它们来对其进行处理；然后根据业务逻辑层的处理结果生成适当的 Web 页面，向客户层提供满足用户需求的画面美观、布局合理的 Web 页面。

b. 业务逻辑层主要用于处理电子商务系统的业务逻辑，它接受应用表达层发来的请求，根据业务逻辑的要求访问数据层的有关数据，进行相关处理。

⑥ 客户层　客户层直接面向用户，负责为广大用户提供企业电子商务系统的操作界面。客户层有多种支持工具，如 Web 浏览器、支持 Wml 的移动终端、Java 客户机等，最常见的情形是一个 Web 浏览器，在少数情况下，出于安全性或特殊功能要求的考虑，企业电子商务系统的客户端程序也可以是用某种编程语言（如 VC、Java 等）编写的独立应用程序，用户必须通过某种途径获取该客户端程序，并将其安装在自己的机器上，才能访问企业的电子商务系统，例如中国银行的"电子钱包"程序以及一些网上炒股系统的客户端程序都是这种情况。

⑦ 电子商务安全体系　这里竖形的方框表示电子商务的安全非常重要，贯穿于系统的各个层次，并实现与外部系统的安全隔离。包括防火墙、入侵检测、VPN、安全加密、身份认证、权限管理和安全管理制度等各层次的安全措施。

在以上层次结构中，下面四层（硬件层到应用平台层）构成了电子商务系统的支持平台，涉及网络软硬件选型及系统集成工作，将在第 5 章"电子商务平台系统设计"部分确定其选型内容和集成方式；应用逻辑层是结合企业的电子商务业务而开发的应用系统，将在第 5 章"电子商务应用系统设计"部分设计其具体功能。

图 4-7 左边方框为企业内部信息管理系统，如 ERP、办公系统等，双箭头表示与电子商务系统以某种形式相连接，进行数据交换；右边方框为与电子商务系统相关的外部系统，如物流中心、支付中心等，双箭头穿过电子商务安全体系，表示电子商务系统与外部系统之间必须采取安全措施进行连接和数据交换。

在实际规划电子商务系统体系结构时，应以图 4-7 所示体系结构为基础，结合企业的实际情况进行设计，包括以下主要内容。

① 规划电子商务系统的组成结构。无论电子商务系统的规模大小，图 4-7 所示各个层次都是必备的，但各层次需要配备软硬件设备种类会有所不同。对于比较庞大的系统，应用平台层和应用逻辑层还可以细分为更多的层次。

② 确定与内部系统的关系。如果电子商务系统与企业内部信息系统之间需要资源共享或数据交换，就要按照图 4-7 所示画出左边的内部系统，并说明内部系统的组成和需要整合的内容。内部系统一般是指企业内部既有的信息系统，如 ERP 系统、企业办公系统等，与这类系统整合或接口的方式可以由企业单方面界定。本节案例中的芬芳网上鲜花店没有既有的企业信息系统，所以在设计体系结构时可以省略左边的内部系统，如图 4-8 所示。

③ 明确与外部系统的接口。如果电子商务系统涉及与外部应用系统的业务交互或数据交换，就要按照图 4-7 所示画出右边的方框，说明需要与哪些外部系统发生什么样的业务关系。电子商务系统与外部系统的接口大致可分为两种类型：一种是与企业合作伙伴之间的接

口（如物流中心等），这类接口一部分是 EDI 或 XML 之类标准化的，也有相当部分是非标准化的，需要企业与其合作伙伴协商确定；另一种是与公共信息基础设施之间的接口（如支付中心、认证中心等），这类接口一般具有标准化的形式，常常由对方（如银行）来提供标准，企业需要满足相关标准的要求，同时接口的数据交换时序、流程等也具有标准的规范要求。本节案例中的芬芳网上鲜花店需要进行网上支付，因而在右边的方框中注明支付中心，说明系统与外部支付中心要进行业务交互，应设计支付接口，如图 4-8 所示。

4.4.2 系统的技术路线

（1）主流技术路线的种类

目前电子商务系统的主流技术路线主要有两类：一是基于 Java 技术的 J2EE 体系结构；一是基于 .net 技术的体系结构。

J2EE 全名 Java 2 Platform Enterprise Edition（Java 2 平台企业版），是 Sun 公司综合许多 IT 巨头如 IBM、HP 等所定义出来的企业级信息应用系统的规范；.net 是微软推出的互联网应用平台，选择 .net 平台就意味着选择 Windows，J2EE 和 .net 是两种完全不同的技术体系。

（2）主流技术路线的特点

① 在基本理念上

J2EE 强调开放性。J2EE 是一系列规范，而不是产品，任何符合这一规范的产品都是 J2EE 兼容的，当开发商完成了符合 J2EE 规范的软件时，其客户可以依据其喜好和实力来选择不同的应用服务器和操作系统平台，从基于开放源代码的免费软件到高端满足 B2B 需求的商业套件来搭建自己的应用体系。J2EE 的开放性使之得到了广泛的支持，BEA、IBM、Oracle 等公司都相继开发了符合 J2EE 的应用服务器，不过用户在开发应用时要付出较多的代价。

.net 强调与 Windows 平台的集成性。在产品的集成性上，微软的产品和解决方案集成性方面很好，方便、好学、易用，无论是操作系统还是开发工具，.net 向开发者尽量屏蔽低层复杂结构，在与开发工具的结合上有优势，尤其在面向使用者的前端，不过这种良好的集成性有一个前提，那就是从底层的操作系统一直到开发工具，所要集成的都是微软的产品，否则就恰恰相反，跨平台集成是微软的软肋，在后端的集成也比较弱。

② 在技术成熟度和市场份额方面

J2EE 是 1999 年提出来的，凭借其开放性等技术优势，在企业级应用方面掌握着重要的市场份额，其强项是开发企业级的后端核心应用，在银行业和电信业有许多成熟的企业级应用案例。

.net 是 2000 年提出来的，所具有的优势是好学、易用，能够快速开发基于用户界面的前端应用，其市场大多是部门级的应用，而在企业级应用中不是很理想。

③ 在操作系统支持方面

J2EE 所使用的 Java 代码可以运行在多种操作系统上，包括 Windows、各种版本的 Unix、各种 Linux 发行版本、MacOS、BeOS，跨平台是 J2EE 的一大特点。

微软的 .net 只能在 Windows 上运行。

④ 在数据库访问应用方面

J2EE 通过实体 EJB 来完成，基于容器管理的实体 EJB 使开发更快捷，管理更方便。

.net 的数据访问工具则由基于 XML 的 ADO.NET 代替了基于 COM 组件的 ADO，可以处理极其丰富的数据源，但很明显限制了在有超大数据量和有网络瓶颈的应用中的使用。

（3）主流技术路线的选择

电子商务系统选择哪种技术路线，要结合企业的实际情况：

① 要看哪种技术更适合企业的电子商务发展战略和目标定位；

② 要看企业现有的信息系统更适合与哪种技术相集成；

③ 要看企业现有的技术资源、技术水平和技术实力对哪种技术路线更熟悉。

4.4.3 案例

芬芳网上鲜花店技术规划

（1）系统体系结构

芬芳网上鲜花店的体系结构是一种基于互联网的多层结构，如图 4-8 所示。

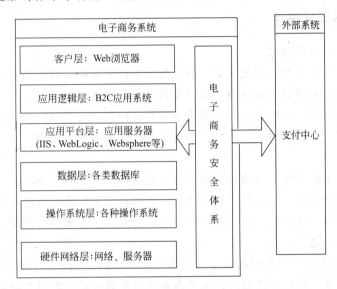

图 4-8 芬芳网上鲜花店的体系结构

① 硬件网络层　包括服务器（应用服务器、数据库服务器）、路由器、交换机等硬件设备，具体内容将在"软件选型方案"中确定。由于网站初始规模不大，因而可以将应用服务器和数据库服务器部署在同一台物理服务器上。

② 操作系统层　部署 Unix/Linux、Windows NT/Server 之类的主流操作系统，考虑到花店的应用基础较弱，因而操作系统应选择稳定易用的产品，具体内容将在"软件选型方案"中确定。

③ 数据层　支持 Oracle、SQL Server 等关系型数据库管理系统，具体内容将在"软件选型方案"中确定。

④ 应用平台层　支持各种应用服务器软件，为应用逻辑层的应用软件提供支持服务。具体内容将在"软件选型方案"中确定。

⑤ 应用逻辑层　针对"芬芳"在网上开展的鲜花订购业务而开发的 B2C 应用系统，具体功能将在"网站应用系统设计"中确定。

⑥ 客户层　采用 HTML、Java script、XML 等先进的互联网技术，支持标准网页浏

览器。

⑦ 网站安全体系　包括防火墙、数据加密、身份认证、权限管理和制度管理等各层次的安全措施，具体内容将在"网站安全设计"中阐述。

此外，网上鲜花店的网上支付功能将与外部支付系统建立 SSL 连接，以实现安全支付。

（2）技术路线选择

目前主要的技术路线有 .net 技术路线（Windows 平台）和 J2EE 技术路线（Unix 平台以及 Linux 平台）。综合"芬芳"的发展战略、目标定位和技术实力，考虑到经济性和易用性，我们选用 Windows 平台的技术路线。

4.5　电子商务网站域名规划

4.5.1　电子商务网站概述

（1）电子商务网站的概念

电子商务离不开互联网，因此在电子商务系统中，商务网站就是最基础的建设，在互联网上建立商务网站是目前电子商务最基本的实现形式。商务网站在互联网上存放了大量的信息并提供了相应的服务，通常人们通过浏览器在互联网上访问不同的商务网站，进行一定的信息交互，如查询产品信息、下订单、资金确认、物流运输等，进而完成一次商务活动的全过程。

商务网站是从事电子商务活动的基础平台，是企业树立形象、展示产品或服务的窗口，是实现现代化办公的标志，是商务活动中交易双方信息交汇与传递的重要渠道，也是企业与用户进行交互的界面。利用商务网站开展业务是电子商务企业的基本特征。

（2）电子商务网站的特点

① 商务性　商务性是商务网站最基本的特性。商务网站的主要目的就是提供买卖交易的服务、手段和机会。就商务性而言，电子商务可以扩展市场，增加客户数量。通过将网上交易信息存入数据库，企业或商家能记录下每次交易的商品名称、品种、数量、金额、购买时间和购买形式等数据，这样，就可以通过统计和分析这些数据随时获知其各种商品的销售情况以及顾客的消费倾向。

② 服务性　在电子商务环境中，服务质量的好坏在很大程度上可以成为商务活动成败的关键。因此，企业的商务网站为客户提供了极为方便的服务，这不仅使客户受益，同时也使企业获得了更大的效益。

企业或商家通过其网站可向世界范围内的客户提供全天候不间断的服务，使得客户能够方便地、随时随地得到过去较为费事才能得到的服务。例如现在有了电子银行，存取资金账户，查看一张信用卡的收支情况，或查看贷款过程、利率等信息，都可以随时随地在网上方便地完成，这大大地提高了服务效率和服务质量。

③ 集成性　商务网站的集成性首先表现在网站本身集成了许多新技术和新概念，同时保留了传统商务活动的一些过程、方法和手段。电子商务与传统商务并不是对立的，应该把电子商务看成是传统商务的扩展和延伸。

商务网站的集成性还在于处理商务活动时的整体性和统一性，它能很好地规范商务活动的工作流程，将人工操作和电子信息处理集成为一个不可分割的整体。这样不仅可以提高人力和物力的利用，同时也提高了系统运行的严密性。

④ 可扩展性 要保证企业商务活动的正常开展，商务网站就必须具有可扩展性。互联网上有数以百万计的客户，如果网站在客户访问的高峰期不能迅速地予以响应和处理，将会造成系统的拥塞，客户的访问速度就会急剧下降，从而导致失去大批当前的和潜在的客户，并使网站和企业的声誉受损。

对于一个商务网站来说，可扩展的系统才是稳定的系统。若能根据业务发展和技术更新的需要，方便灵活地扩展网站的功能与增加新的服务，就可进一步地提升网站和企业的形象与效益。

⑤ 安全性 商务网站的安全性是商务活动的核心问题。商务网站面临着社会层面和技术层面上的众多安全隐患。就技术层面而言，国际上多家公司联合开展了安全电子交易的技术标准与解决方案的研究，并发表了 SET（安全电子交易）和 SSL（安全套接层）等协议标准，使企业能够建立一种安全的电子商务环境。就社会层面而言，要求政府部门高度重视电子商务的安全，增加社会的诚信程度，建立第三方的认证机构，并制定相对完善的电子商务法律等。

⑥ 协调性 商务活动需要买方与卖方、供货方与销售方以及商务伙伴之间的多方协调，同时涉及与银行、保险、物流等诸多行业的协调。因此，企业的商务网站必须能够很好地与客户及合作伙伴交互，能够为客户提供方便友好的交易界面及信息反馈渠道，能够与有关金融机构协调解决好数字认证和电子支付问题，并能够与物流部门协调好商品的配送和及时为客户送货的问题。为了提高效率，许多组织都提供了交互式的协议，电子商务活动可以在这些协议的基础上进行。

（3）商务网站与电子商务系统的关系

对于传统企业来说，尽管电子商务系统大多以网站作为服务客户的窗口，但是电子商务系统与网站两者是不可等同的。电子商务系统是基于互联网并支持企业价值链增值的信息系统，而网站仅仅是这一系统的一个部分或者是技术手段之一。

电子商务系统作为一个整体，不仅包括企业开展商务活动的外部电子化环境，而且包括企业内部商务活动的电子化环境，这两部分必须结合起来才能满足企业在互联网上开展商务活动的需要。

因此，可以将网站视为企业电子商务系统的一个重要组成部分。需要说明的是，企业的电子商务系统因企业的规模、服务方式不同而使其功能差异很大，但绝大多数的电子商务系统都是利用网站与客户进行交互的。另一方面，一些企业电子商务系统的规模较小且商务处理功能很弱，例如，仅仅实现企业形象宣传功能，因此，这时的电子商务系统从外部就表现为网站的形式。

企业内部信息系统的各种信息通过网站向外发布，改变了原先企业信息利用率不高、资源无法被外界获得的局面。没有网站的电子商务系统是不完整的，而将企业电子商务系统等同于企业的网站也是不够全面的。

4.5.2 电子商务网站的域名

（1）域名的概念及格式

企业要建立网站，在互联网上开展商务活动，首先必须注册网上门牌号，也就是申请域名,以便网上客户能够找到企业。

实际上,互联网是使用 IP 地址来定位的。IP 地址由四段 255 以内的十进制数组成,中间以小数点间隔,如 210.72.5.1。互联网上的每台主机都对应唯一的 IP 地址,由于数字形式的 IP 地址难以记忆,于是人们便使用文字形式来代替 IP 地址,这就是域名地址。

域名是互联网中用于解决地址对应问题的一种方法,一个完整的域名由两个或两个以上部分组成,各部分之间用英文的句号"."隔开,从右往左依次称为一级域名(顶级域名)、二级域名、三级域名等。如域名 microsoft.com 由两部分组成,其中 com 为一级域名,microsoft 为二级域名。

(2) 域名的分类

顶级域名可分为通用顶级域名、国家顶级域名和国际顶级域名三种。

① 国际顶级域名适用于国际性组织,以 int 为其域名。

② 国家顶级域名根据网络所属国别划分,用国家的两个字母缩写来表示,例如 cn 代表中国,常见的国家或地区顶级域名如表 4-1 所示。

③ 通用顶级域名根据网络类别划分,常见的通用顶级域名如表 4-2 所示。

表 4-1 常见国家或地区顶级域名

ar	阿根廷	cn	中国	it	意大利	eg	埃及
au	澳大利亚	hk	中国香港	jp	日本	gr	希腊
at	奥地利	in	印度	fi	芬兰	nl	荷兰
br	巴西	ie	爱尔兰	fr	法国	sg	新加坡
ca	加拿大	il	以色列	de	德国	us	美国

表 4-2 常见通用顶级域名

域 名	意 义	域 名	意 义
com	商业组织	mil	军事部门
edu	教育机构	net	网络支持中心
gov	政府部门	org	非营利性组织

由于传统的通用顶级域名如 .com、.net、.org 等资源有限,出现了供不应求的情况,为此,ICANN(互联网名称与数字地址分配机构)于 2000 年 11 月推出了新的顶级域名,其各自的用途如下。

.biz——用来替代 .com 的顶级域,适用于商业公司(注:biz 是 business 的习惯缩用);

.info——用来替代 .com 的顶级域,适用于提供信息服务的企业;

.name——专用于个人的顶级域;

.pro——专用于医生、律师、会计师等专业人员的顶级域(注:pro 是 professional 的习惯缩用);

.coop——专用于商业合作社的顶级域(注:coop 是 cooperation 的习惯缩用);

.aero——专用于航空运输业的顶级域名;

.museum——专用于博物馆的顶级域名。

(3) 域名的商业价值

域名一旦注册后,就表示企业拥有了自己的网上门牌号码。每一个域名的所有权是属于注册者的,一般都用企业的名称缩写或其知名品牌注册,如世界软件巨头——美国微软的域名（www.microsoft.com）就是用其公司名称"microsoft"注册的。一个企业对域名从注册到使用的全过程拥有相应的法律权利，是受到法律保护的知识产权。在电子商务时代，一个没有域名的企业，就像一个没有名字的人。根据《中国互联网络域名注册暂行管理办法》规定，凡注册时发生相同域名申请时，按照先来先注册的原则处理。如果一个知名度高的企业，其域名被其他企业或个人抢先注册后，企业将无法在网上以自有的品牌域名来从事一切商务活动。由于域名比商标有更强的唯一性，所以很可能你在网上注册域名时，会遇到一个与你使用相同商标的另一行业不同产品的企业已经注册。因为商标法规定，在不同类行业或产品之间可以使用相同商标名称，如长城牌计算机与长城牌皮鞋，熊猫牌电器与熊猫牌洗衣粉等，但在域名注册时，却只允许存在一个。因此，谁最先注册谁就拥有了这个商标在网上的域名权，而后来者虽然还可以在市场上使用原有商标，但在网上却永远失去使用该域名的权利，可见域名巨大的商业价值。

4.5.3 域名的设计方法

（1）域名设计的思路

① 域名设计要简洁明了，只有简单的域名才便于记忆、有利于宣传推广。让人听过或看过一次便留下深刻印象的域名，其价值是显而易见的。因此从视觉方面考虑，域名设计尽量避免多个连续相同或类同的字母，如 nhumv、CGGCO，这种域名让人看得眼花缭乱。从发音方面考虑，尽量采用单音节或双音节的组合，如 bar、nosame、qiye 等。

② 域名要与企业的整体形象和企业特色的服务或产品的特征结合起来，这样做才会为企业带来最佳宣传效果。比如，看到 chinatea.com 就立刻想到是中国茶叶网站，看到 cars.com 很容易就想到是汽车业务网站，看到 buy、ebuy、netbuy、buyeasy、buygoods 等就很容易联想到是网上零售网站。这些域名在行业或品牌方面已经帮企业树立了一面独特的旗帜，使它在商业活动中起到更大的作用，其效果不言而喻。

③ 企业要充分利用域名的形象扩展功能，具备超前的公关意识，这样做可在无形中提高企业的市场知名度。如用友软件公司除了把 www.ufsoft.com.cn 作为公司正式的网上标识外，还注册了 asponline.com.cn、mynetasp.com.cn 等域名。用友这么做等于间接地把用友公司塑造成为该领域企业中的网上权威代表，因为对于一个不了解 ASP 市场运作的用户而言，很自然地就会把使用该域名的企业当作是了解相关业务的窗口，由此会引发宣传上"潜移默化"般的积极效应。

④ 把握差异原则，增强域名的形象识别力。如果企业具有悠久的历史或广泛的社会影响，那么使用已广为人知的缩写，更有助于网站形象的推广，如肯德基快餐店的 KFC.com 和赛迪公司的 CCID.com，就可作为榜样。反之，如果企业的事业尚处于开拓阶段，就不要使用没有约定俗成含义的缩写，以免模糊了网站的形象识别。这种情况下，企业完全可以利用已通用的行业或产品的简称以做到借势扬名，例如，人们习惯将个人电脑简称为 PC，相关企业可以使用 PCshow.net、PChome.net、PCinchina.com、PCbirds.com、PConline.com.cn 等作为企业的域名。

（2）域名设计的常见类型

① 数字型 域名全部由阿拉伯数字组成，国内最早启用数字域名的是网易 163，3721 和 8848 这两个域名也是有很高知名度的数字型域名，3721 是不管三七二十一，寓意中国人上网真容易，8848 是世界第一峰——珠穆朗玛峰的高度，寓意 8848 要做中国 B2C 网站的领头羊。

用数字域名注册的多为中国人，由于中国语言的丰富性，使得数字也具有特殊意义。0 是灵，1 是要，2 是儿，3 是生，4 可以是死，也可以是世世代代的"世"，还可以是"发"，因为在音乐简谱里，4 是 fa。5 是吾，6 是六六大顺的"顺"，7 是妻，8 是发，9 是久。

当然数字不只包含中文意思，还有英文意思，如 2 是 to，4 是 for，这样就出现了 B2B、B2C、X2X，而其中最出名的是 4u，即 for you，如主页空间的 home4u，个人搜索引擎的 search4u，还有提供 flash 音乐的 music4flash.com。

② 拼音型　采用国人熟悉的拼音作为域名。这种网站大多数是面向国内的，一般直接使用域名中文名称的汉语拼音，如广为人知的找到啦 zhaodaola.com、洪恩在线 hongen.com，也有能够体现网站类型的拼音型域名，如拍卖网的 paimai.com、招聘网的 zhaopin.com。不过由于南方人的读音不准，拼的时候可能会出现问题，比如新华网 xinhuanet.com，南方人就不知道是要读 xin 还是 xing，前面说的找到啦网站，在南方也会被人拼成 zaodaola.com。

③ 单词型　域名使用英文单词组合，是最普通的一种域名，随处可见，这种域名既可体现网站的内容，又不会与别人重复，如 download.com、hotmail.com、chinabyte.com、findtoys.com 等。

④ 组合型　域名使用数字、拼音、单词或缩写的组合。这种类型的组合比较多，如数字加英文的 51job、51go、51love、51dn 等，利用"51"的谐音译成"无忧"，这种搭配可谓独具匠心。再如英文加拼音的 chinaren，读音"china 人"，有一种中西合璧的感觉。其他如 iloveu（"我爱你"）、book4sale（开门见山，向人表示出售书籍）、mycar（给人亲切的感觉）等都是很好的组合域名。

⑤ 谐音型　取这种域名要有一定的想象力。这种域名很有趣，所以会留在网民的印象中，如实达的所有网 soyou.com、易趣 eachnet.com，这两个域名巧妙地利用英文的读音来做文章，特别是易趣，易趣的意思是交易的乐趣，巧妙地用英文变成了 each——易趣，而 eachnet 还有一个意思是每个人的网。再如 IT 思维——itsway.com，这个域名也很巧妙。从谐音上理解，sway 变成思维；从词义理解，itsway 是 IT 的路；从网站内容理解，网站是以评论 IT，讨论 IT 发展之路的文章为内容的；从文学上理解，思维这个词就很雅，而且一看就知道网站是写评论的；从外国人的角度上讲，itsway 也让它们知道这是一个 IT 内容为主的网站，IT's way 就明白告诉他们这是 IT 文学网站。

4.5.4　案例

芬芳网上鲜花店域名规划

芬芳网上鲜花店的域名应该简单直观、容易记忆。由于花店的目标市场主要是国内客户，所以设计了三个拼音型和数字型的国内域名，包括 www.fenfang.com.cn、www.51flower.com.cn 和 www.51buyflower.com.cn。计划三个域名同时注册使用，将 DNS 指向同一台主机。

思考题

1. 什么是电子商务项目总体规划？为什么要进行电子商务项目总体规划？

2. 电子商务项目总体规划包括哪些任务？
3. 制定电子商务项目目标应遵循哪些原则？怎样制定电子商务项目目标？
4. 什么是电子商务模式？电子商务模式有哪些分类方式？
5. B2C 模式可以进一步细分为哪几种亚模式？它们是怎样运作的？
6. 怎样进行电子商务业务流程分析？
7. 结合多层结构的概念来描述电子商务系统的体系结构。
8. 目前电子商务系统的主流技术路线有哪些种类？它们各有什么特点？
9. 联系实际说明电子商务网站域名设计的思路。
10. 请制定"网上礼品店"项目的总体规划。

第 5 章　电子商务系统设计

在电子商务系统中，商务网站是最基础的建设，绝大多数的电子商务系统都是利用网站与客户进行交互的，在互联网上建立商务网站是目前电子商务最基本的实现形式。本章主要以电子商务网站建设为例论述电子商务系统的设计。

5.1　电子商务网站平台系统设计

电子商务网站平台系统的设计主要包括网站的网络结构设计、安全设计以及网站平台硬件、软件的选型和集成的方法。一个电子商务系统运行的成功与否，与电子商务平台系统的设计息息相关。如果网站的网络结构，或者网站平台的软件、硬件没有选择好，当系统运行起来的时候，就会出现网站访问响应不好、满足不了网站用户的需求、网站某些功能不能实现或达不到需要的标准等问题。

5.1.1　网站网络结构设计

一个完整的电子商务网站平台系统一般由网站服务器（包括 Web 服务器、数据库服务器）、Intranet 和 Internet 网络接入等几个部分组成，其网络拓扑结构如图 5-1 所示，其中包括服务器（Web、数据库）、工作站、交换机、防火墙、路由器等。路由器实现本地网和互联网的连接；防火墙从逻辑上将内部网和外部网分开，从而保证了内部网络安全；Web 服务器、数据库服务器和工作站放在内部网络，并通过交换机相连接，Web 服务器负载太高的时候可以用几台服务器作集群，提供 Web 服务。

在实际建设电子商务网站的时候，可以有多种不同的建站方案，不同的方案所需成本相差很多，能提供的服务也不相同，目前主要有虚拟主机、主机托管和自建网站三种方式可供选择，使用哪种方式取决于时间限制、设备资源、特殊需求以及预算等因素。

① 虚拟主机　是使用特殊的软硬件技术，把一台计算机主机分成一台台"虚拟"的主机，每一台虚拟主机都具有独立的域名和 IP 地址（或共享 IP 地址），具有完整的 Internet 服务器的功能。在同一硬件、同一操作系统平台上，运行着为多个用户打开的不同服务器程序，互不干扰；而每个用户拥有自己的一部分系统资源（IP 地址、文件存储空间、内存、CPU 时间等）。虚拟主机之间完全独立，在外界看来，每台虚拟主机是完全一样的。这种方式建立网站比较容易，不仅节省购买机器和租用专线的费用，同时网站使用和维护的技术问题由服务提供商负责，企业就可以不用担心技术障碍，也不必聘用专门的管理人员。但缺点是使用这种方式企业自主性不强，企业需要的特别的功能由于系统的限制而不能实现。

② 主机托管　就是客户将购置的网络服务器放置在 Internet 数据中心的机房，由客户自己进行维护，或者是由其他的签约人进行远程维护，每年支付一定的费用。如果企业想拥有自己独立的网络服务器，同时又不想花费更多的资金进行通信线路、网络环境、机房环境

的投资,更不想投入人力进行 24 小时的网络维护,可以尝试主机托管服务。主机托管的特点是投资有限,周期短,无线路拥塞之忧。这种方式适用于技术实力欠缺的企业构建中型网站。

③ 自建机房　在企业内部构建网站平台,开发网站系统以及建立一条直接的 Internet 连接。这种方式的好处是企业自己管理整个电子商务网站,放置自己想放的任何软件,随时对服务器进行各种的操作,但 Internet 连接和服务器维护都要企业自己负责,投资和费用比较高。

一般来说,对于中小型企业,多数采取虚拟主机或主机托管的建站方式;对于大型企业,则采用自建机房的方式。

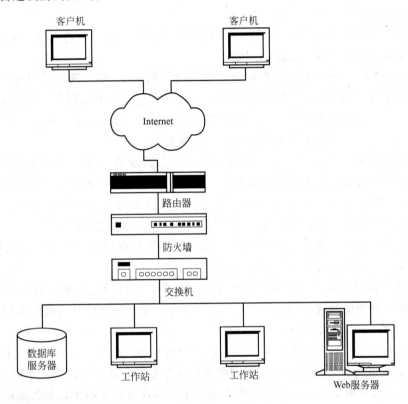

图 5-1　网络拓扑结构

5.1.2　网站安全设计

现今电子商务面临的问题中很重要的一个就是安全问题,要成功运营一个电子商务系统,电子商务网站的安全设计是电子商务系统设计中很重要的一部分。

(1) 电子商务网站面临的安全威胁

电子商务以开放的 Internet 网络环境为基础,其重要技术特征是利用 IT 技术来传输和处理商业信息。网络的全球性、开放性、无缝连通性、动态性和共享性,使得任何人都可以自由地接入,这样电子商务传输过程中的信息安全就存在着先天不足。同时,开放性、共享性是一柄双刃剑,使得电子商务存在着各种各样的安全隐患,因此,电子商务在这样的环境中,时时处处会受到安全的威胁。

电子商务面临的安全威胁主要有下列几个。

① 客户端威胁　对客户机的威胁主要来自活动内容，是指在页面上嵌入的对用户透明的程序，它可完成一些动作。由于活动内容是可以在客户机上运行的程序，它就有可能破坏客户机。因此活动内容给客户机带来了严重的安全威胁。活动内容有多种形式，最知名的活动内容形式包括 cookies、Java 小应用程序、JavaScript、VBScript 和 ActiveX 控件，另外还有图片、浏览器插件和电子邮件附件。

cookie 是 Web 站点用来存储用户相关信息的一种工具。当访问者进入一个 Web 站点时，该站点向访问者的计算机发送一个小型的文本文件（cookie），以便当下次再访问该站点时，以前存储的信息能够被快速载入。正是通过这个特点，有恶意的程序可以潜入计算机使存在 cookie 里的信用卡号、用户名和口令等信息泄密或者利用 cookie 将客户机端的文件泄密，甚至破坏存储在客户机上的文件。

Java 小应用程序随网页下载到客户机，只要浏览器兼容 Java，它就可在客户机上运行，这就意味着非常可能发生破坏安全的问题。

ActiveX 控件是一些软件组件和对象，可以将其插入到 Web 网页或其他应用程序中。当浏览器下载了嵌有 ActiveX 控件的页面时，它就可在客户机上运行了。ActiveX 控件的安全威胁是：一旦下载后，它就能像计算机上的其他程序一样执行，能访问包括操作系统代码在内的所有系统资源，这就会对客户机的安全构成威胁。

② 通信信道威胁　互联网是客户机连到服务器上的传输信道，互联网最初建立的主要目的不是为了安全传输，而是提供冗余传输，即防止一个或多个通信线路被切断。在互联网上传输的信息，从起点到目标节点之间的路径是随机选择的，到达之前会通过很多中间节点，根本就无法保证信息传输时的安全，从而产生通信信道的安全威胁。

a. 对完整性的安全威胁：也叫主动搭线窃听，当未经授权方改变了信息流时就构成了对完整性的威胁。破坏他人网站就是破坏完整性的例子。

b. 对即需性的安全威胁：也叫拒绝服务安全威胁，其目的是破坏正常的计算机处理或完全拒绝处理。例如将网站访问速度大大降低，就会影响访问该网站人群的数量，对于一些即时性交易，会产生毁灭性的打击。

c. 对保密性的安全威胁：在通信信道截取保密信息加以破解，看到了不应看到的信息。

③ 服务器端威胁　客户机、互联网和服务器这个电子商务链上的第三个环节是服务器。对企图破坏或非法获取信息的人来说，服务器有很多弱点可以被利用，如数据库和数据库服务器。

a. 对 WWW 服务器的安全威胁。因为 WWW 服务器软件支持服务器的方便使用，非常复杂，所以也有很多的安全漏洞。如果 WWW 服务器提供在高权限下运行，破坏者就可利用高权限进行破坏和攻击。

b. 对数据库的安全威胁。在电子商务中数据库除了存储产品信息外，还可能保存有价值的信息或隐私信息，如果被破坏或泄漏，就会造成重大的损失。

c. 对 WWW 服务器的物理威胁。即作为关键的物理资源，受到物理的破坏。

（2）网站安全设计

要建立一个安全的电子商务网站，防止电子商务系统受到攻击，可以在硬件网络级和软件级两个层次进行网站的安全设计。

① 硬件网络级安全设计　网站硬件网络级别的安全，主要包括网络安全和服务器安全。

a. 网络安全。网络方面的安全可以采用以下的安全设计。

- 在网络边界部署硬件防火墙对网络进行安全保护，阻止网络上恶意访问者的攻击。
- 在网络内部部署入侵检测系统进行主动防御，及时发现可能的攻击。
- 采用虚拟专网（VPN）技术，在 Internet 上利用隧道技术建立一条安全稳定的通路，使远程用户、公司分支机构、公司的合作伙伴和企业内部的网络建立安全可靠的连接，并且能够进行安全可靠的数据通信。

b. 服务器安全。服务器安全方面，可以采用以下的安全设计。

- 采用服务器双机热备份保障电子商务系统和数据安全。双机热备份也称服务器镜像备份，由两台在软件和硬件配置上都完全一样的服务器组成，分为一主一备，并且主、备服务器间彼此镜像。当主服务器发生故障时，由主服务器迅速装载处理日志到备份服务器，备份服务器将接管事务处理日志并继续完成主服务器的操作。当主服务器修复可用时，再把数据库恢复到主服务器上工作。这种方法优点是快捷、可靠，排除故障的方法简单，自动化程度高。
- 采用冗余磁盘阵列技术提高数据的容错能力。
- 采用有硬件安全加密措施的服务器以避免文件被窃取和篡改。
- 使用不间断电源（UPS），UPS 的作用不仅仅是停电时可使用 UPS，还有更重要的原因，比如功率调节、避免文件系统受到损坏。

② 软件级安全设计　软件级别的安全设计主要包括操作系统的安全设计和应用软件的安全设计。

a. 操作系统安全设计。在选择操作系统的时候要注意选择健壮性高、可扩展性和可维护性好、可移植性强的操作系统，对操作系统可以采取以下安全设计。

- 使用强度高的密码。要提高安全性，最简单的方法之一就是使用不会被蛮力攻击轻易猜到的密码。蛮力攻击是指这样一种攻击：攻击者使用自动系统来尽快猜中密码，希望不用多久就能找出正确的密码。
- 使用数据加密。可以采用不同级别的数据加密方法对操作系统中的数据进行保护。数据加密方法有很多，从使用密码工具对文件逐个加密，到文件系统加密，直到整个磁盘的加密。采用哪种加密方法，要根据实际情况来决定。
- 加密敏感通信。可以使用加密系统来保护通信，避免被人窃听。例如针对电子邮件的支持 OpenPGP 协议的软件，针对即时通信（IM）客户软件的 Off The Record 插件，针对使用像 SSH 和 SSL 这些安全协议的持续通信的加密隧道软件等。

b. 应用软件安全设计。应用软件可以分为购买的软件和开发的软件两个方面。

- 对于购买的软件，要了解软件的安全设置以及安全漏洞，及时打好补丁。
- 对于开发的软件，要求软件开发方提供完整的软件安全体系，从操作权限、功能权限、内容权限、通信加密等方面保障软件的安全。

5.1.3　硬件选型

5.1.3.1　服务器选择

（1）服务器相关技术介绍

现有的网站服务器一般采用小型机或者 PC 服务器。小型机与 PC 服务器英文里面这两种服务器都称为 "Server"，小型机是国内的习惯称呼。

PC 服务器主要是指基于 Intel 处理器的架构，是一个通用开放的系统。而小型机则不同，它使用 RISC、MIPS 等处理器，各公司小型机的处理器都不相同，I/O 总线也不相同，这意味着小型机的硬件大部分是专用的。小型机的操作系统一般是基于 Unix，各个版本的 Unix 系统也不相同。因此，小型机是封闭专用的系统。使用小型机的用户一般是看中 Unix 系统的安全性、可靠性和专用服务器的高速运算能力。

① 小型机及其相关技术　一般而言，小型机是中、高端 Unix 服务器的一种俗称，一般采用 RISC 架构的处理器。随着 Internet 和电子商务的发展，大多数企业的业务系统，特别是关键性业务需要一年 365 天、7×24 小时连续运作。这对服务器的运行提出了更高的要求。无论采用传统的集中式处理，还是客户机/服务器方式，还是当今流行的三层架构，小型机都是业务数据处理的核心。而如何适应并满足不断变化、增强的网络应用需求成为服务器技术发展要面临的重要课题。小型机的重要厂商，如 SUN、HP、IBM、SGI 等采纳新技术，不断加强性能和容量，以保持领先地位。主要技术包括 64 位处理器及 64 位操作系统、快速可扩充互联技术、大内存及高性能的集群以及高带宽的 I/O 技术等，而大规模 SMP、集群、NUMA、模块化设计和硬件分区功能是 Unix 高端技术的发展趋势。

a. SMP 技术。对称多处理（SMP）技术是相对非对称多处理技术而言的，是当前应用十分广泛的 CPU 并行处理技术。在这种架构中，多个处理器运行操作系统的单一复本，并共享内存和一台计算机的其他资源。所有处理器都可以平等地访问内存、I/O 和外部中断。

在非对称多处理系统中，任务和资源由不同的处理器进行管理，有的 CPU 只处理 I/O，有的 CPU 只处理操作系统提交的任务。显然，非对称处理系统是不能实现负载均衡的。在对称多处理系统中，系统资源被系统中所有 CPU 共享，工作负载能够均匀地分配到所有可用处理器上。

SMP 系统中技术难点主要是要解决处理器抢占内存以及内存同步两个问题。现在的 SMP 系统基本上都采用增大服务器 Cache 容量的办法来减少抢占内存问题，采用侦听算法来保证 Cache 中的数据与内存的数据同步的问题。

b. 集群技术。集群（Cluster）技术是近几年兴起的发展高性能计算机的一项技术。它是一组互相独立的计算机，利用高速通信网络组成一个单一的计算机系统，并以单一系统的模式加以管理，目的是提供高可靠性、可扩充性和抗灾难性。

一个服务器集群包含多台拥有共享数据存储空间的服务器，各服务器通过内部局域网相互通信。当一台服务器发生故障时，它所运行的应用程序将由其他服务器自动接管。在大多数模式下，集群中所有计算机拥有一个共同的名称，集群内任何一个系统上运行的服务都可以被所有的网络客户使用。采用集群系统通常是为了提高系统的稳定性和网络中心的数据处理能力以及服务能力。

常见的集群技术有服务器镜像技术、应用程序错误接管集群技术、容错集群技术。

c. NUMA 技术。非均匀存储访问（NUMA，又称为分布式内存存取）技术是目前被各厂商广泛采用的新技术。目前的 64 位 Unix 并行服务器可以分为两类：分布式共享存储结构（DSM）和集群系统。非均匀存储访问（NUMA）是一种并行模型，属于 DSM 这一类。它是由若干通过高速专用网络连接起来的独立节点所构成的系统，各个节点可以是单个的 CPU 或一个 SMP 系统。NUMA 的物理内存分布在各个不同的节点上，在一个处理器存取远程节点的数据。因为比存取同一点的局部数据路径要远些，时间要长些，所以称为非均匀存储访问。

d. 模块化结构。模块化服务器主要包括计算模块、I/O 模块和海量存储器模块。这些模块协同工作，构成一个模块化服务器系统。在一个模块化服务器系统中，可以分别对每一个模块进行升级、故障查找或更新，同类模块也可以随时加入到模块化服务器中，以便对系统进行扩展。

模块化服务器最大的好处是可以保护客户的投资。它是一种可伸缩的服务器，客户可以随着业务的需要，通过向服务器中添加各种模块，扩展服务器系统。它的另一个显著优点是维护管理十分方便，模块化服务器增强了系统的可用性和容错性。

e. 硬件分区。硬件分区是将一台服务器的硬件分割成多个分区的体系结构。将服务器配置的处理器、内存和 I/O 控制器等硬件资源分配给多个分区，让各分区上运行不同的操作系统。利用系统的硬件分区功能，系统可以同时为多种不同的操作系统提供支持，从而满足不同客户对相同物理硬件不断增长的需求。系统分区最初是静态的，当资源从一个分区迁移到另一个分区时，这两个分区中的应用和操作系统需要停止，在操作控制台对系统重新配置后，应用和操作系统才可以重新启动。随着操作系统进一步完善，在支持热插拔和热添加能力的同时，也为动态分区提供了所需要的支持基础。使得资源可以在各个分区之间移动而不会影响这一分区中的应用运行。

② PC 服务器及其相关技术　PC 服务器在外形设计、内部结构、基本配置、操作界面和操作方式，甚至价格上都与高档 PC 相仿。它的主要优点是具有和 PC 一样的兼容性，如配置显示器和硬盘等部件时与 PC 一样，基本上可以任意选择。但与 PC 相比，PC 服务器的软硬件都是用于优化和管理服务器的专用产品，在保证应有速度和性能的前提下具有高扩充性、高可用性、高稳定性，独有的容错能力、冗余结构。另外，在磁盘空间、监测功能、工具软件和管理软件等方面都与 PC 有比较大的区别。

与 PC 服务器相关的几个主要技术如下。

a. SMP 技术，即对称多处理技术，由 RISC 架构处理器的 Unix 服务器上发展而来，二者技术特点基本相仿。

b. SCSI 技术，即小型计算机系统接口，相对 IDE 接口，SCSI 接口具备如下的性能优势：独立于硬件设备的智能化接口，减轻了 CPU 的负担；多个 I/O 并行操作，传输速度快。

c. RAID 技术，即廉价冗余磁盘阵列。由于磁盘存取速度跟不上 CPU 处理速度的发展，从而成为提高性能的一个瓶颈。RAID 技术利用磁盘分段、磁盘镜像、数据冗余技术来提高磁盘存取速度，同时提供磁盘数据备份、提高了系统可靠性。目前 RAID 一般分为 RAID0-6 七个级别。

d. EMP (Emergency Management Port)，紧急管理接口，是服务器主板上所带的一个用于远程管理服务的接口。通过这个接口可以使用控制软件远程管理服务器，解决服务器的许多硬件故障。

e. ASR 技术，即 Auto Server Restart，在服务器宕机时可以自动重新启动服务器，使系统立即恢复和运行。

(2) 服务器的选型原则

① 可靠性高、安全性好。电子商务系统要求 7×24 小时不间断工作，而且系统处理的数据很多是企业敏感的商务数据。为此，服务器必须具备非常良好的可靠性和安全性。在选择服务器时，应当注意服务器是否支持诸如自动系统恢复、动态系统重新配置、模块化结构、冗余或可热更换关键部件、在线升级等特性。

② 可扩展性好。当系统负荷增大到一定程度，可能需要对系统进行扩展。这种扩展可以通过两种方式实现：一种方式是增加系统的配置，例如增加内存、更换 CPU、增加系统外部存储设备等；另一种方式是通过增加服务器，建立服务器集群来满足增长的要求。不管是哪种方式，都要求服务器硬件本身具有可扩展的结构（例如冗余插槽、托架、电源等）。

③ 网络吞吐量以及网络接口能力高。由于支持电子商务系统的服务器必须在大量用户访问的情况下仍然能够具备良好的响应时间，所以在选择服务器时，对其吞吐能力的要求可能比其计算速度的要求要更高。此外，服务器的网络适配器类型以及插槽的数量差别也很大，在选择时，需要注意选择网络适配器和接口都比较多的产品。

④ 开放的体系结构。服务器是否具有开放的体系结构直接影响到系统日后的升级换代和维护问题。专用系统结构的计算机设备具有良好的整体性能，但是专有的结构意味着在系统升级时，用户只能选择生产厂商提供支持，而且由于熟悉专用结构的人员比较有限，系统维护也有一定风险。

5.1.3.2　数据存储选择

网络设计方案中如果没有相应的数据存储备份解决方案，就不算是完整的网络系统方案。计算机系统不是永远可靠的，一旦重要的数据被破坏或丢失，就会对企业造成重大的影响，甚至是难以弥补的损失。目前可以选择的数据存储产品主要有磁盘阵列、磁带机与磁带库、光盘库等。

（1）磁盘阵列

磁盘阵列就是 RAID 冗余磁盘阵列技术。它是通过磁盘阵列与数据条块化方法相结合，以提高数据可用率的一种结构。RAID 的优点在于三个方面即可用性、容量及性能。利用 RAID 技术于存储系统的好处主要有：通过把多个磁盘组织在一起作为一个逻辑卷提供磁盘跨越功能；通过把数据分成多个数据块并行写入/读出多个磁盘以提高访问磁盘的速度；通过镜像或校验操作提供容错能力。

RAID 可分为 RAID 级别 0 到 RAID 级别 6，通常称为 RAID 0、RAID 1、RAID 2、RAID 3、RAID 4、RAID 5、RAID 6，每一个 RAID 级别都有自己的强项和弱项。下面介绍几个常用的 RAID 级别的特点。

① RAID 0　RAID 0 并不是真正的 RAID 结构，没有数据冗余。RAID 0 连续地分割数据并并行地读/写于多个磁盘上。因此具有很高的数据传输率。但 RAID 0 在提高性能的同时，并没有提供数据可靠性，如果一个磁盘失效，将影响整个数据。因此 RAID 0 不可应用于需要数据高可用性的关键应用。

② RAID 1　RAID 1 通过数据镜像实现数据冗余，在两对分离的磁盘上产生互为备份的数据。RAID 1 可以提高读的性能，当原始数据繁忙时，可直接从镜像拷贝中读取数据。RAID 1 是磁盘阵列中费用最高的，但提供了最高的数据可用率。当一个磁盘失效，系统可以自动地交换到镜像磁盘上，而不需要重组失效的数据。

③ RAID 3　RAID 3 使用单块磁盘存放奇偶校验信息。如果一块磁盘失效，奇偶盘及其他数据盘可以重新产生数据。如果奇偶盘失效，则不影响数据使用。RAID 3 对于大量的连续数据可提供很好的传输率，但对于随机数据，奇偶盘会成为写操作的瓶颈。

④ RAID 5　RAID 5 没有单独指定的奇偶盘，而是交叉地存取数据及奇偶校验信息于所有磁盘上。在 RAID 5 上，读/写指针可同时对阵列设备进行操作。提供了更高的数据流量。RAID 5 更适合于小数据块随机读写的数据。RAID 3 与 RAID 5 相比，重要的区别在于

RAID 3 每进行一次数据传输，需涉及所有的阵列盘。而对于 RAID 5 来说，大部分数据传输只对一块磁盘操作，可进行并行操作。在 RAID 5 中有"写损失"，即每一次写操作，将产生四个实际的读/写操作，其中两次读旧的数据及奇偶信息，两次写新的数据及奇偶信息。

（2）磁带库

磁带库是像自动加载磁带机一样的基于磁带的备份系统，它能够提供同样的基本自动备份和数据恢复功能，但同时具有更先进的技术特点。它的存储容量可达到数百拍字节（PB，1PB=1024×1024 GB），可以实现连续备份、自动搜索磁带，也可以在驱动管理软件控制下实现智能恢复、实时监控和统计，整个数据存储备份过程完全摆脱了人工干涉。磁带库不仅数据存储量大得多，而且在备份效率和人工占用方面拥有无可比拟的优势。

（3）光盘库

光盘库实际上是一种可存放几十张或几百张光盘并带有机械臂和一个光盘驱动器的光盘柜。光盘库也叫自动换盘机，它利用机械手从机柜中选出一张光盘送到驱动器进行读写，它的库容量极大。光盘库的特点是：安装简单、使用方便，并支持几乎所有的常见网络操作系统及各种常用通信协议。

在网络海量存储备份系统中，磁盘阵列、磁带库、光盘库等存储设备因其信息存储特点的不同，应用环境也有较大区别。磁盘阵列主要用于网络系统中海量数据的即时存取；磁带库更多的是用于网络系统中海量数据的定期备份；光盘库则主要用于网络系统中海量数据的访问。另外还可以选择 DAS、NAS、SAN 等网络存储技术。

5.1.3.3 路由器选择

（1）路由器相关技术

路由器（Router）用于连接多个逻辑上分开的网络，所谓逻辑网络是代表一个单独的网络或者一个子网。当数据从一个子网传输到另一个子网时，可通过路由器来完成。

① 路由协议　典型的路由选择方式有两种：静态路由和动态路由。静态路由是在路由器中设置的固定的路由表。除非网络管理员干预，否则静态路由不会发生变化。由于静态路由不能对网络的改变作出反应，一般用于网络规模不大、拓扑结构固定的网络中。静态路由的优点是简单、高效、可靠。在所有的路由中，静态路由优先级最高。当动态路由与静态路由发生冲突时，以静态路由为准。

动态路由是网络中的路由器之间相互通信，传递路由信息，利用收到的路由信息更新路由器表的过程。它能实时地适应网络结构的变化。如果路由更新信息，表明发生了网络变化，路由选择软件就会重新计算路由，并发出新的路由更新信息。这些信息通过各个网络，引起各路由器重新启动其路由算法，并更新各自的路由表以动态地反映网络拓扑变化。动态路由适用于网络规模大、网络拓扑复杂的网络。

静态路由和动态路由有各自的特点和适用范围，因此在网络中动态路由通常作为静态路由的补充。

② 路由器分类　从能力上，路由器可分为高端路由器和低端路由器，背板交换能力大于 20Gbit/s，包交换能力大于 20Mbit/s 的路由器称为高端路由器；包交换能力小于 1Mbit/s 的路由器称为低端路由器。从结构上分，路由器可分为模块化结构与非模块化结构，通常高端路由器为模块化结构，低端路由器为非模块化结构。从网络位置划分，路由器可分为核心路由器与接入路由器，核心路由器位于网络中心，通常使用高端路由器，要求快速的包交换能力

与高速的网络接口，通常是模块化结构；接入路由器位于网络边缘，通常使用中低端路由器，要求相对低速的端口以及较强的接入控制能力。从功能上划分，路由器可分为通用路由器与专用路由器，一般所说的路由器为通用路由器，专用路由器通常为实现某种特定功能对路由器接口、硬件等作专门优化。

（2）路由器的选择原则

路由器品牌型号众多，选择路由器主要遵循以下原则。

① 类型要对口实用　根据性能和价格，路由器可分为低端、中端和高端三类。低端路由器是许多局域网用户首先需要考虑的品种，这类路由器也是局域网用户接触最多的一种产品。如果局域网中包含的主机很多，需要处理和传输的信息量很大，就应该考虑选择中端路由器。与低端路由器相比，中端路由器支持的网络协议多、速度快，能处理各种局域网类型，支持多种协议，包括IP、IPX和Vine，还能支持防火墙、包过滤以及大量的管理和安全策略以及VLAN（虚拟局域网）。高端路由器只出现在某个行业或者系统的主干网上，实现企业级网络的互联。由于高端路由器工作的特殊性，因此对它的选择要求是速度和可靠性第一，而价格则处于次要地位。

路由器设备的端口选择也是很重要的，常见的路由器端口至少应包含局域网端口和广域网端口各一个。广域网接口主要包括同步并口和异步串口，大部分路由器同时具备这两种端口，具体主要有E1/T1、E3/T3、DS3、通用串行口（可转换成X.21 DTE/DCE、V.35 DTE/DCE、RS-232 DTE/DCE、RS-449 DTE/DCE、EIA530 DTE）、ATM接口、POS接口等网络接口。

② 功能要强大实在　局域网中信息的传输速度往往是用户最为关心的问题，因此选择好路由器的传输速度也就成为用户必须认真考虑的问题。目前10/100Mbps自适应路由器已成为主流，一般的路由器都能够提供全部或部分10/100Mbps端口，单纯提供10Mbps端口的路由器已逐渐淡出市场。如果企业对于局域网的传输速度要求较高，那么还是应该选用千兆位交换路由器，因为这些路由器的光接口速度可以达到622Mbps、2.5Gbps甚至10Gbps。

路由器功能的强大不仅仅体现在路由器所能达到的传输速度，现在不少路由器带有了智能管理功能，这种路由器的每一个端口都可以由网络操作员从路由器管理控制台上来配置、监视、连通或解释，这样网络管理人员就可以减轻网络维护的工作。因此，如果局域网规模较大，就应该考虑使用带有智能管理功能的路由器。路由器的控制管理以及稳定安全方面的功能也是用户的选择参考目标。

路由器的控制管理功能还包括数据通道功能和控制功能。而数据通道功能包括转发决定、转发以及输出数据链路调度等，一般由硬件来完成；控制功能一般用软件来实现，包括与相邻路由器之间的信息交换、系统配置、系统管理等。

③ 对尺寸和品牌也要考虑　如果企业建设的局域网规模很大，需要用到接线柜时，就要考虑路由器与其他网络设备在尺寸上是否配套。

5.1.3.4　交换机选择

（1）交换机及其分类

交换机是构建网络平台的"基石"，又称网络开关。它也属于集线器的一种，但是和普通的集线器在功能上有较大区别。普通的集线器仅起到数据接收、发送的作用，而交换机则可以智能地分析数据包，有选择地将其发送出去。举个例子来说，我们发出了一批专门发给某个人的数据包，如果是在使用普通集线器的网络环境中，则每个人都能看到这个数据包。

而在使用了交换机的网络环境中，交换机将分析这个数据包是发送给谁的，之后将其进行打包加密，此时只有数据包的接收人才能收到。

局域网交换机又分为机架式交换机、固定配置式带/不带扩展槽交换机。机架式交换机是一种插槽式的交换机，这种交换机扩展性较好，可支持不同的网络类型，如以太网、快速以太网、千兆以太网、ATM、令牌环及 FDDI 等，但价格较贵。固定配置式带扩展槽交换机是一种有固定端口并带少量扩展槽的交换机，这种交换机在支持固定端口类型网络的基础上，还可以支持其他类型的网络，价格居中。固定配置式不带扩展槽交换机仅支持一种类型的网络，但价格最便宜。

（2）交换机选择原则

对用户而言，局域网交换机最主要指标是端口配置、数据交换能力、包交换速度等。因此，在选择交换机时要注意以下事项：

① 交换端口的数量；
② 交换端口的类型；
③ 系统的扩充能力；
④ 主干线连接手段；
⑤ 交换机总交换能力；
⑥ 是否需要路由选择能力；
⑦ 是否需要热切换能力；
⑧ 是否需要容错能力；
⑨ 能否与现有设备兼容，顺利连接；
⑩ 网络管理能力。

5.1.3.5　防火墙选择

（1）防火墙及其分类

防火墙是基本的网络安全设备，它在企业内网与因特网间执行一定的安全策略，所有从因特网流入或流向因特网的信息都将经过防火墙，所有流经防火墙的信息都应接受检查。防火墙能极大地提高一个内部网络的安全性，并通过过滤不安全的服务而降低风险。由于只有经过精心选择的应用协议才能通过防火墙，所以服务器网络环境变得更安全。如防火墙可以禁止诸如众所周知的不安全的 NFS 协议进出受保护网络，这样外部的攻击者就不可能利用这些脆弱的协议来攻击内部网络。防火墙同时可以保护服务器网络免受基于路由的攻击，如 IP 选项中的源路由攻击和 ICMP 重定向中的重定向路径。

根据防御方式的不同，防火墙产品又可分为包过滤型防火墙、应用级网关型防火墙和代理服务型防火墙。

① 包过滤型防火墙　数据包过滤技术是在网络层对数据包进行选择、过滤，选择、过滤的标准是以网络管理员事先设置的过滤逻辑（即访问控制表）为依据的。防火墙通过检查数据流中每个数据包的源地址、目的地址、所用端口号、协议状态等信息，来确定是否允许该数据包通过。包过滤型防火墙的优点是效率比较高。

② 应用级网关型防火墙　应用级网关是在网络应用层上建立协议、实现过滤和转发功能的。它针对特定的网络应用服务协议，采用不同的数据过滤逻辑，并在过滤的同时对数据包进行必要的分析、登记和统计，形成报告，大大提高了网络的安全性。应用级网关型防火墙的工作流程如图 5-2 所示。

图 5-2　应用级网关型防火墙的工作流程

应用级网关型防火墙和包过滤型防火墙有一个共同的特点，它们仅仅依靠特定的逻辑判定是否允许数据包通过。一旦满足逻辑，则防火墙内外的计算机系统就建立起直接的联系，防火墙外部的用户便有可能直接了解防火墙内部的网络结构和运行状态，从而使非法访问和攻击容易得逞。

③ 代理服务型防火墙　代理服务也称链路级网关（Circuit Level Gateways）或 TCP 通道（TCP Tunnels），也有人将它归于应用级网关一类。它是针对包过滤和应用级网关技术存在的缺陷而引入的防火墙技术，其特点是将所有跨越防火墙的网络通信链路分为两段。防火墙内外计算机系统间应用层的"链接"由代理服务器实现，外部计算机的网络链路只能到达代理服务器，从而起到隔离防火墙内外计算机系统的作用。此外，代理服务器也对过往的数据包进行分析、注册登记，形成报告。当发现被攻击迹象时，代理服务器会向网络管理员发出警报。使用代理服务型防火墙的网络结构如图 5-3 所示。

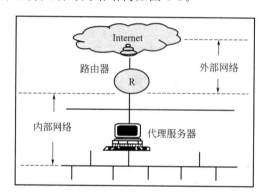

图 5-3　使用代理服务型防火墙的网络结构

应用级网关型和代理服务型防火墙大多是基于主机的，价格比较贵，但性能很好，其安装和使用也比采用数据包过滤技术的防火墙复杂一些。

(2) 防火墙的选择原则

防火墙作为网络安全体系的基础和核心控制设备，选择时应注意下面几个方面。

① 防火墙的安全性能　防火墙作为一种安全防护设备，是众多攻击者的目标，所以安全性能非常重要。防火墙安全性包括三个方面：自身安全性、访问控制能力和抗攻击能力。

a. 自身安全性。主要是指防火墙系统的健壮性，防火墙系统本身应该是难以攻入的。好的防火墙会具备双机备份功能，在实现上不应存在高风险的安全漏洞。

b. 访问控制能力。主要指访问控制的粒度和控制强度。控制粒度是指能控制哪些内容，比如地址、协议、端口、时间、用户等。控制强度是指应该限制的内容必须全部阻断，应该通过的内容不应该有任何阻断。

c. 抗攻击能力。即防火墙对各种攻击的抵抗能力。防火墙应该能够抵御以下类型的攻击：拒绝服务攻击、预攻击扫描、IP 假冒攻击、邮件攻击、口令攻击等。

用户在选择防火墙时，缺乏专门的测试工具和手段，自行判断这些性能比较困难，可以根据第 3 方认证和评测来辅助判断。

② 防火墙的网络性能　防火墙是个网络设备，作为影响网络性能的瓶颈，防火墙产品的网络性能是用户选购时必须重点考察的指标。在保证安全的基础上，应该最大程度减少对网络性能的影响。一般的衡量指标包括最大吞吐量、延迟、转送速率、丢包率、缓冲性能以及访问控制规则对防火墙性能的影响。吞吐量是指防火墙在不丢包的情况下能够达到的最大速率，通常将它作为衡量防火墙网络性能的指标。

③ 防火墙的功能　选购防火墙时还应该考虑防火墙的各项功能，包括地址转换、IP/MAC 绑定、静态和动态路由、地址路由、代理、双机热备份、负载均衡等。用户首先要明确自己需要什么功能，并且要确定这些功能都要达到什么效果，然后再寻找相应的设备。

④ 易管理性和灵活性　易管理性是指最终用户方便地配置、管理防火墙的手段。如果配置管理非常复杂，会给设备安装的维护带来很多困难。管理方面应该注意界面的友好性，设置应该通俗易懂。灵活性主要体现在易于升级、支持大量协议、功能可扩展 3 个方面。灵活性是和具体环境密切结合的，往往需要在不同用户环境里考虑。

5.1.4　软件选型

5.1.4.1　网络操作系统选择

（1）主要的网络操作系统介绍

目前比较流行的服务器操作系统主要有 Windows 系列包括 Windows 2000/2003 server、Unix、Linux。

① Windows 服务器操作系统

a. Win2000/Advanced Server。Win2000 系列服务器操作系统秉承了 Windows 一贯直观易用的优良传统，并在原有的基础上实现了速度与功能的提升，在安全上也修补了所有以往的后门，是目前为止 Windows 服务器操作系统中市场使用最普遍的一款服务器，为 Windows 市场份额的直线提升立下了汗马功劳。但随着时间的推移，Windows 一贯的后门失守现象也越来越多地呈现在大众的面前，而且目前 Microsoft 公司也已经停止此系列产品的销售与系统升级服务，不免使得很多仍执着跟随的朋友产生了很多遗憾。

优点：操作直观，易于使用，功能随着时代的发展具有大幅的提升，管理更加全面，相对 NT 版本，当单个线程不响应时，其他线程的处理仍然可以继续进行，系统无需重启，现代社会的很多应用仍然能够实现。

缺点：由于是在原有完整 NT 内核的基础上对所有的高端功能应用进行开发的，系统的稳定与安全性有部分的削弱；Microsoft 已停止对 Win2000 系列服务器进行销售与升级服务支持。

b. Win2003/Advanced Server。Win2003/Advanced Server 继承了有史以来最具人性化的 WinXP 界面，对于原由内核处理技术进行了更大程度的改良，在安全性能上相对以前版本也有很大的提升，在管理功能上增加了许多流行的新技术，目前在 Windows 系列服务器中，其实际应用的比例与 2000 系列服务器产品基本相当。

优点：操作易用性是除了 XP 以外最人性化的版本，安全性是目前为止 Windows 全系列服务器产品中最好的，线程处理速度跟随硬件的发展有不小的提升，管理能力也有不小的提升，是目前 Windows 服务器中主流产品。

缺点：安全性能仍有待更加完善，由于管理功能的增加，需要处理的线程更加繁杂，如果使用同样的硬件，2000 系列比 2003 系列产品在处理速度上会稍快。

② Linux 操作系统　Linux 操作系统核心最早是由芬兰的 Linus Torvalds 1991 年 8 月在芬兰赫尔辛基大学上学时发布的（那年 Torvals 25 岁），后来经过众多世界顶尖的软件工程师的不断修改和完善，Linux 得以在全球普及开来，在服务器领域及个人桌面版得到越来越多的应用，在嵌入式开发方面更是具有其他操作系统无可比拟的优势，并以每年 100% 的用户数量递增，显示了 Linux 强大的力量。

Linux 是一套免费的 32 位多用户操作系统，运行方式与 Unix 系统很像，但 Linux 系统的稳定性、多工能力与网络功能已是许多商业操作系统无法比拟的，Linux 还有一项最大的特色是源代码完全公开，在符合 GNU GPL（General Public License）的原则下，任何人皆可自由取得、散布、甚至修改源代码。

与其他操作系统相比，Linux 还具有以下特色。

a. 采用阶层式目录结构，文件归类清楚、容易管理

b. 支持多种文件系统，如 Ext2FS、ISOFS 以及 Windows 的文件系统 FAT16、FAT32、NTFS 等。

c. 具有可移植性，系统核心只有小于 10% 的源代码采用汇编语言编写，其余均是采用 C 语言编写，因此具备高度移植性。

d. 可与其他的操作系统如 Windows98/2000/XP 等并存于同一台计算机上。

就 Linux 的本质来说，它只是操作系统的核心，负责控制硬件、管理文件系统、程序进程等。Linux Kernel（内核）并不负责给用户提供强大的应用程序，没有编译器、系统管理工具、网络工具、Office 套件、多媒体、绘图软件等，这样的系统也就无法发挥其强大功能，用户也无法利用这个系统工作，因此有人便提出以 Linux Kernel 为核心再集成搭配各式各样的系统程序或应用工具程序组成一套完整的操作系统，经过如此组合的 Linux 套件即称为 Linux 发行版。

国外封装的 Linux 以 Red Hat（又称为"红帽 Linux"）、OpenLinux、SuSE、TurboLinux 等最为成功。

a. Red Hat Linux（http://www.redhat.com）。

Red Hat 是个商业气息颇为浓厚的公司，不仅开创了 Linux 商业软件，也于 1999 年在美国科技股为主的那斯达克成功上市，Red Hat 渐渐被视为 Linux 商业界龙头。

Red Hat 是目前销售量最高、安装最简便、最适合初学者的 Linux 发行版，也是目前世界上最流行的 Linux 发行套件，它的市场营销、包装及服务做得相当不错，自行开发了 RPM 套件管理程序及 X 桌面环境 Gnome 的众多软件并将其源代码回馈给 Open Source community。

也正是因为 Red Hat 的方便性，安装程序将系统的构架或软件安装方式全部做了包装，用户学到的都是 GUI 界面（图形用户界面）上输入一些设置值的粗浅知识，至于软件安装了哪些文件、安装到哪个文件目录、系统作了哪些设置，使用者则一无所知，一旦真正遇到系统程序发生问题时，要解决问题也就比较困难。

b. Caldera OpenLinux（http://www.caldera.com）。

Caldera 将 OpenLinux 这套系统定位为容易使用与设置的发行版，以集成使用环境与最终用户办公环境，容易安装使用与简便管理为系统目标，有望成为最流行的公司团体台式 Linux 操作系统，适合初学者使用，全部安装需要 1GB 的硬盘空间。

Caldera 有自行研发的图形界面的安装程序向导，安装过程可以玩俄罗斯方块，提供完整的 KDE 桌面环境，附赠功能强大的商业软件，如 StarOffice、图形界面的硬盘分割工具 Partition Magic 等。

c. SuSE Linux（http://www.SuSE.com）。

SuSE 是欧洲最流行的 Linux 发行版，而且 SuSE 是软件国际化的先驱，让软件支持各国语系，贡献颇丰，SuSE 也是用 RPM 作为软件安装管理程序，不过 SuSE 并不适合新手使用，提供了非常多的工具软件，全部安装需 4.5GB 的硬盘空间，安装过程也较为复杂。

③ Unix 操作系统

Unix 是较早广泛使用的计算机操作系统之一，它的第一版于 1969 年在 Bell 实验室产生，1975 年对外公布，1976 年以后在 Bell 实验室外广泛使用。

Unix 操作系统是一种非常流行的多任务、多用户操作系统，应用非常广泛。Unix 的主要特点如下。

a. 多任务（Multi-tasking）。Unix 是一个多任务操作系统，在它内部允许有多个任务同时运行。而 Dos 操作系统是单任务的操作系统，不能同时运行多个任务。早期的 Unix 操作系统的多任务是靠分时（time sharing）机构实现的，现在有些 Unix 除了具有分时机制外，还加入了实时（real-time）多任务能力，用于像实时控制、数据采集等实时性要求较高的场合。

b. 多用户（Multi-users）。Unix 又是一个多用户操作系统，它允许多个用户同时使用。在 Unix 中，每位用户运行自己的或公用的程序，好像拥有一台单独的机器。Dos 操作系统是单用户的操作系统，只允许一个用户使用。

c. 并行处理能力。Unix 支持多处理器系统，允许多个处理器协调并行运行。

d. 管道。Unix 允许一个程序的输出作为另外一个程序输入，多个程序串起来看起来好像一条管道一样。通过各个简单任务的组合，就可以完成更大更复杂的任务，并极大提高了操作的方便性。

e. 功能强大的 Shell。Unix 的命令解释器由 Shell 实现。Unix 提供了三种功能强大的 Shell，每种 Shell 本身就是一种解释型高级语言，通过用户编程就可创造无数命令，使用方便。

f. 安全保护机制。Unix 提供了非常强大的安全保护机制，防止系统及其数据未经许可而被非法访问。

g. 稳定性好。在目前使用的操作系统中，Unix 是比较稳定的。Unix 具有非常强大的错误处理能力，保护系统的正常运行。

h. 强大的网络支持。Unix 具有很强的联网功能，目前流行的 TCP/IP 协议就是 Unix 的缺省网络协议，正是因为 Unix 和 TCP/IP 的完美结合，促进了 Unix、TCP/IP 以及 Internet 的推广和普及。

Unix 和其他操作系统不同，Unix 的生产厂家很多，由于历史的原因，不同厂家生产的 Unix 有一些细微区别，这就产生了不同的 Unix 流派。Unix 服务器操作系统最初是由 AT&T 与 SCO 两家公司共同推出，由于看到其系统的高稳定性与安全性，并且对于大型文件系统、大型数据库系统的支持，使得在服务器领域具有卓越硬件研发功力的 SUN 与 IBM 两家公司也忍不住诱惑，加入其中，并且在其服务器操作系统推出不久，就借助其在服务器硬件领域的市场，推动了两家服务器操作系统赶超 Unix 创始人的局面。主要的流派如下。

a. SCO SVR、BSD Unix。由 SCO 公司开发的 Unix SCO SVR 和由 AT&T 主导的 BSD Unix 能够支持所有 Unix 系统都能实现的网络大型文件系统、数据库系统的支持，并且随着时代发展，能够支持越来越多的软件应用。此外，由于 Unix 系列的所有系统都属于非开源代码，而其系统的技术研发层面没有得到更多的推广，在外界对其知晓并不是很多的情况下，其本来就高高在上的系统稳定性与安全性地位就更加显得无法动摇。

优点：系统安全性与稳定性犹如业界无法动摇的泰山，能够支持大型文件系统与数据库系统，处于技术创始人地位的两位元老级 Unix，一直在业界受到无数人狂热的追捧。

缺点：所有操作都需要输入代码式的命令触动，人性化显得非常差，这样也绊住了其对于中低端服务器市场的发展；虽然厂家位于技术创始人的地位，而且产品对于应用软件的支持一直都有所改善，但是临到后来，因为其本身的高端服务器操作系统定义，深层的技术研发没有得到更多的推广，导致这些改善的结果并未有太大的起色。

b. SUN Solaris、IBM-AIX。SCO 与 AT&T 属于创业始祖，SUN 与 IBM 属于后来居上者。这两者的服务器产品市场占有率稍高，服务器厂商对于自身的服务器操作系统支持比较足够，从而使这两种服务器的市场占有率和技术含量起了很大的推动力。

优点：支持大型文件系统与数据库，传承了 Unix 一贯的高性能及系统安全性、稳定性，对于系统应用软件的支持比较完善。

缺点：沾染了 Unix 系操作系统的通病，人性化界面不好；由于 IBM-AIX 属于非开源代码，技术层面未能得到有效推广，使得相关维护人员的雇佣成本比较高，不利于在占有率更多的中低端市场的进一步推广与普及；SUN 对于源代码的开放时日尚短，目前也还没有享受到开源代码比较新颖的技术创新推动；两者面向企业的服务器端都是采取收费服务的方式，用户在享受两家硬件产品高稳定性、高安全性及服务器操作系统技术支持服务时，要付出较高的代价。

(2) 选择网络操作系统时要考虑的因素

① 成本问题　价格是选择网络操作系统的一个主要因素。拥有强大的财力和雄厚的技术支持能力当然可以选择安全可靠性更高的网络操作系统。但如果不具备这些条件，就应从实际出发，根据现有的财力、技术维护力量，选择经济适用的系统。同时，选择网络操作系统时，也要和现有的网络硬件环境相结合，在财力有限的情况下，尽量不购买需要很大程度地升级硬件的操作系统。在购买成本上，免费的 Linux 占有很大的优势。尽管购买操作系统的费用会有所区别，但对于一个网络来说，从长远看购买网络操作系统的费用只是整个成本的一小部分。网络管理的大部分费用是技术维护的费用，国际上通常认为人员费用在运行一个网络操作系统的花费中占到 70%。所以，网络操作系统越容易管理和配置，其运行成本越低。一般来说，Windows NT/2000/2003 server 比较简单易用，适合于技术维护力量较薄的网络环境中。而 Unix 由于其命令比较难懂，易用性则稍差一些。

② 网络操作系统的稳定性和可靠性　网络操作系统的稳定性及可靠性是一个网络环境持续高效运行的有力保证。Windows 的网络操作系统，一般只用在中低档服务器中，因为其在稳定性和可靠性方面比 Unix 要逊色很多。而 Unix 主要的特性是稳定性及可靠性高。

③ 网络操作系统的安全性　操作系统安全是计算机网络系统安全的基础。一个健壮的网络必须具有一定的防病毒及防外界侵入的能力。从网络安全性来看，Unix 的安全性也是有口皆碑的（Linux 也是 Unix 的变种）；但 Windows NT/2000/2003 server 则存在着比较大的安全漏洞。无论安全性能如何，各个操作系统都自带有安全服务。

④ 可集成性与可扩展性　可集成性就是对硬件及软件的容纳能力。硬件平台无关性对系统来说非常重要。现在一般构建网络都有多种不同应用的要求，因而具有不同的硬件及软件环境，而网络操作系统作为这些不同环境集成的管理者，尽可能多地管理各种软硬件资料就是用户对网络操作系统的要求。Unix 系统一般都是针对自己的专用服务器和工作站进行优化，其兼容性较差。Windows NT/2000/2003 server 对 PC 服务器兼容性很好。

可扩展性就是对现有系统的扩充能力。当用户应用的需求增大时，网络处理能力也要随之增加、扩展，这样可以保证用户在早期的投资不至于浪费，也为今后的发展打好基础。

⑤ 维护的难易程度　从用户界面和易用性来看，Windows NT/2000/2003 server 网络操作系统明显优于其他的网络操作系统。

在最终选择购买时，最重要的还是要和自己的网络环境相结合起来。如中小型企业网站建设中，多选用 Windows NT/2000/2003 Server；做网站服务器和邮件服务器时多选用 Linux；而在安全性要求很高的情况下，如金融、银行、军事及大型企业网络上，则推荐选用 Unix。

5.1.4.2　数据库软件选择

(1) 常用数据库软件介绍

目前比较流行的数据库主要有 SQL Server、MYSQL 和 Oracle，在不同的平台这几种数据库有不同适用的空间。

① SQL Server　SQL Server 是美国 Microsoft 公司推出的一种关系型数据库系统。SQL Server 是一个可扩展的、高性能的、为分布式客户机/服务器计算所设计的数据库管理系统，实现了与 Windows 系列操作系统的有机结合，提供了基于事务的企业级信息管理系统方案。其主要特点如下。

a. 高性能设计，可充分利用 Windows 的优势。

b. 系统管理先进，支持 Windows 图形化管理工具，支持本地和远程的系统管理和配置。

c. 强壮的事务处理功能，采用各种方法保证数据的完整性。

d. 支持对称多处理器结构、存储过程、ODBC，并具有自主的 SQL 语言。SQL Server 以其内置的数据复制功能、强大的管理工具、与 Internet 的紧密集成和开放的系统结构为广大的用户、开发人员和系统集成商提供了一个出众的数据库平台。

因为 SQL Server 是以 Windows 为核心的微软产品，包括界面技术、面向对象技术、组件技术等，在微软的软件中很多都可以互相调用，而且配合得非常密切。因此如果用户使用的是 Windows 操作系统，那么 IIS、SQL Server 就应该是最佳的选择

② MYSQL　MySQL 是在 Linux 操作系统上广泛使用的数据库系统，支持大部分的操作系统平台。它是完全网络化的跨平台关系型数据库系统，同时是具有客户机/服务器体系结构的分布式数据库管理系统。它的设计思想快捷、高效、实用，具有功能强、使用简便、管理方便、运行速度快、安全可靠性强等优点，由于它不支持事务处理，所以速度比一些商业数据库快 2~3 倍，而且用户还可以使用多种编程语言编写访问 MySQL 数据库的程序。另外，MYSQL 的源代码是公开的，在 Unix 等操作系统上是免费的，在 Windows 操作系统上，可免费使用其客户机程序和客户机程序库。

③ Oracle　Oracle 是美国 Oracle 公司研制的一种关系型数据库管理系统，是一个协调服务器和用于支持任务决定型应用程序的开放型 RDBMS。它可以支持多种不同的硬件和操作系统平台，从台式机到大型和超级计算机，为各种硬件结构提供高度的可伸缩性，支持对称多处理器、群集多处理器、大规模处理器等，并提供广泛的国际语言支持。Oracle 是一个多用户系统，能自动从批处理或在线环境的系统故障中恢复运行。系统提供了一个完整的软件开发工具 Developer2000，包括交互式应用程序生成器、报表打印软件、字处理软件以及集中式数据字典，用户可以利用这些工具生成自己的应用程序。Oracle 以二维表的形式表示数据，并提供了 SQL（结构式查询语言），可完成数据查询、操作、定义和控制等基本数据库管理功能。Oracle 具有很好的可移植性，通过它的通信功能，微型计算机上的程序可以同小型乃至大型计算机上的 Oracle 相互传递数据。Oracle 属于大型数据库系统，主要适用于大、中型应用系统，或作为客户机/服务器系统中服务器端的数据库系统。

④ DB2 数据库　DB2 数据库是 IBM 公司研制的一种关系型数据库系统。DB2 主要应用于大型应用系统，具有较好的可伸缩性，可支持从大型机到单用户环境，应用于 OS/2、Windows 等平台下。DB2 提供了高层次的数据利用性、完整性、安全性、可恢复性，以及小规模到大规模应用程序的执行能力，具有与平台无关的基本功能和 SQL 命令。DB2 采用了数据分级技术，能够使大型机数据很方便地下载到 LAN 数据库服务器，使得客户机/服务器用户和基于 LAN 的应用程序可以访问大型机数据，并使数据库本地化及远程连接透明化。它以拥有一个非常完备的查询优化器而著称，其外部连接改善了查询性能，并支持多任务并行查询。DB2 具有很好的网络支持能力，每个子系统可以连接十几万个分布式用户，可同时激活上千个活动线程，对大型分布式应用系统尤为适用。

（2）数据库软件选择的原则

数据库软件选择最基本的原则就是确定网站的需求和要求，选择最合适的数据库。

在选择数据库系统之前需要做一个充分的需求分析。有人常常做完分析之后会发现，虽然自己原本打算购买一个昂贵的服务器数据库系统，但是实际分析得出一个简单的数据库系统更加符合自己的需求。当然也有人会在分析中发现隐藏的需求而需要安装一个可升级的服务器数据库系统。

一般来说在对数据库的需求做分析的时候要问如下的问题：

数据库需要执行什么样的任务？

数据库的数据量大概有多少？

数据修改更新的频率是多少？谁会负责进行修改数据更新？

谁将负责数据库的技术支持？

网站的开发工具采用哪种？

数据库将运行在什么样的服务器平台上？硬件软件配置如何？

企业购买数据库服务器软硬件的预算？

数据库的安全性以及可靠性要求如何？

是否通过网络提供数据访问权限？如果是的话，需要什么级别的访问权限？

当完全回答了以上问题之后，就可以开始针对具体的数据库软件进行评估了。如果网站有很复杂的需求，数据量大，数据安全性、可靠性要求比较高，那么可能会需要一个精密复杂的多用户服务器平台（如 SQL Server 或 Oracle）来支持自己的数据维护。如果数据库服务器采用 PC 服务器以及 Windows 系列操作系统，则可以采用 SQL Server 数据库软件；如果数据库服务器采用小型机以及 Unix 系统，则可以采用 Oracle 或者 DB2 等数据库软件，如果数据库服务器采用 Linux 则可以采用 MYSQL 数据库软件。

5.1.4.3　Web 服务器软件选择

（1）常用 Web 服务器（应用服务器）软件介绍

① Microsoft IIS　Microsoft 的 Web 服务器产品为 Internet Information Server（IIS），IIS 是允许在公共 Intranet 或 Internet 上发布信息的 Web 服务器。IIS 是目前最流行的 Web 服务器产品之一，很多著名的网站都是建立在 IIS 的平台上。IIS 提供了一个图形界面的管理工具，称为 Internet 服务管理器，可用于监视配置和控制 Internet 服务。

IIS 是一种 Web 服务组件，其中包括 Web 服务器、FTP 服务器、NNTP 服务器和 SMTP 服务器，分别用于网页浏览、文件传输、新闻服务和邮件发送等方面，它使得在网络（包括互联网和局域网）上发布信息成了一件很容易的事。它提供 ISAPI（Intranet Server API）作为扩展 Web 服务器功能的编程接口；同时，它还提供一个 Internet 数据库连接器，可以实现对数据库的查询和更新。

② Apache　Apache 源于 NCSAhttpd 服务器，经过多次修改，成为世界上最流行的 Web 服务器软件之一。Apache 是自由软件，所以不断有人来为它开发新的功能、新的特性、修改原来的缺陷。Apache 的特点是简单、速度快、性能稳定，并可做代理服务器来使用。本来它只用于小型或试验 Internet 网络，后来逐步扩充到各种 Unix 系统中，尤其对 Linux 的支持相当完美。

Apache 是以进程为基础的结构，进程要比线程消耗更多的系统开支，不太适合于多处理器环境，因此，在一个 Apache Web 站点扩容时，通常是增加服务器或扩充群集节点而不是增加处理器。到目前为止 Apache 仍然是世界上用得最多的 Web 服务器，世界上很多著名的网站都是 Apache 的产物，它的成功之处主要在于它的源代码开放、有一支开放的开发队伍、支持跨平台的应用（可以运行在几乎所有的 Unix、Windows、Linux 系统平台上）以及它的可移植性等方面。

③ iPlanet Application Server　作为 Sun 与 Netscape 联盟产物的 iPlanet 公司生产的 iPlanet Application Server 满足最新 J2EE 规范的要求。它是一种完整的 Web 服务器应用解决方案，它允许企业以便捷的方式，开发、部署和管理关键任务 Internet 应用。该解决方案集高性能、高度可伸缩和高度可用性于一体，可以支持大量的具有多种客户机类型与数据源的事务。

iPlanet Application Server 的基本核心服务包括事务监控器、多负载平衡选项、对集群和故障转移全面的支持、集成的 XML 解析器和可扩展格式语言转换（XLST）引擎以及对国际化的全面支持。iPlanet Application Server 企业版所提供的全部特性和功能，并得益于 J2EE 系统构架，拥有更好的商业工作流程管理工具和应用集成功能。

④ IBM WebSphere　WebSphere 软件平台能够帮助客户在 Web 上创建自己的业务或将自己的业务扩展到 Web 上，为客户提供了一个可靠、可扩展、跨平台的解决方案。作为 IBM 电子商务应用框架的一个关键组成部分，WebSphere 软件平台为客户提供了一个使其能够充分利用 Internet 的集成解决方案。

WebSphere 软件平台提供了一整套全面的集成电子商务软件解决方案。作为一种基于行业标准的平台，它拥有足够的灵活性，能够适应市场的波动和商业目标的变化。它能够创建、部署、管理、扩展出强大、可移植、与众不同的电子商务应用，所有这些内容在必要时都可以与现有的传统应用实现集成。以这一稳固的平台为基础，客户可以将不同的 IT 环境集成在一起，从而能够最大程度地利用现有的投资。

⑤ BEA WebLogic　BEA WebLogic Server 是一种多功能、基于标准的 Web 应用服务器，为企业构建自己的应用提供了坚实的基础。各种应用开发、部署所有关键性的任务，无论是集成各种系统和数据库，还是提交服务、跨 Internet 协作，起始点都是 BEA WebLogic Server。由于它具有全面的功能、对开放标准的遵从性、多层架构、支持基于组件的开发，基于 Internet 的企业都选择它来开发、部署最佳的应用。

BEA WebLogic Server 在使应用服务器成为企业应用架构的基础方面继续处于领先地位。BEA WebLogic Server 为构建集成化的企业级应用提供了稳固的基础，它们以 Internet 的容量和速度，在联网的企业之间共享信息、提交服务、实现协作自动化。BEA WebLogic Server 的遵从 J2EE、面向服务的架构，以及丰富的工具集支持，便于实现业务逻辑、数据和表达的分离，提供开发和部署各种业务驱动应用所必需的底层核心功能。

⑥ Tomcat　Tomcat 是一个开放源代码、运行 servlet 和 JSP Web 应用软件的基于 Java 的 Web 应用软件容器。Tomcat Server 是根据 servlet 和 JSP 规范进行执行的，因此就可以说 Tomcat Server 也实行了 Apache-Jakarta 规范且比绝大多数商业应用软件服务器要好。

Tomcat 是 Java Servlet 2.2 和 JavaServer Pages 1.1 技术的标准实现，是基于 Apache 许可证下开发的自由软件。Tomcat 是完全重写的 Servlet API 2.2 和 JSP 1.1 兼容的 Servlet/JSP 容器。Tomcat 使用了 JServ 的一些代码，特别是 Apache 服务适配器。随着 Catalina Servlet 引擎的出现，Tomcat 第四版号的性能得到提升，使得它成为一个值得考虑的 Servlet/JSP 容器，因此目前许多 Web 服务器都是采用 Tomcat。

(2) 选择 Web 服务器软件的原则

选择 Web 服务器软件时，不仅要考虑目前的需求，还要考虑将来可能需要的功能，因为更换 Web 服务器软件通常要比安装标准软件困难得多，会带来一系列的问题，如页面脚本是否需要更改，应用服务器是否需要更改等。大多数 Web 服务器软件主要是为一种操作系统进行优化的，有的只能运行在一种操作系统上，所以选择 Web 服务器软件时，还需要和操作系统联系起来考虑。

选择 Web 服务器软件时应该考虑的问题主要如下。

① 技术支持　在选择 Web 服务器软件时要考虑所选择的产品是否有很好的技术支持。如果出现问题，能否得到技术支持？技术支持的响应速度怎样？对于自由软件，是否有丰富的资源可供查询？

② 安全　对于 Web 服务器，一个要考虑的重要因素是从 Web 服务器中的安全漏洞被发现到能够提供更新补丁之间平均要经过多长时间。安全漏洞在补丁出现之前常常会成为众所周知的事，这段时间对网站是非常危险的。一般地讲，越是流行的服务器就越容易事先了解到它的问题，也越容易快速地修复。

③ 管理　Web 服务器的管理界面一般有命令行、Telnet、HTML 和基于窗口的应用程序。易管理的 Web 服务器应具有图形用户界面和完善的向导系统或帮助文档，复杂的管理界面可能会引起问题，而且浪费时间，并且可能导致配置错误和安全漏洞。经验丰富的 Web 站点管理员能够配置一个安全有效的服务器，迅速解决出现的问题。如果进行主机托管，IAP 一般会帮助解决出现的问题，也可以向 IAP 的管理员咨询。

④ 功能 有些网站需要 Web 服务器具有一些特殊的功能，比如便捷的用户认证、多媒体流的递送、SSL、支持某种脚本语言等，选择 Web 服务器时，要确认能支持所需要的功能，或者可以加载第三方的软件进行支持。

⑤ 性能 有许多测试 Web 服务器性能的基准。可以对比一下在某特定平台下所能使用的 Web 服务器的功能和性能。

对用户来讲，如何选择最合适的 Web 服务器软件？一个简单方法是视 Web 服务器的硬件平台而定。如果是 PC 服务器，那么有三种合理的搭配方式：Windows NT/2000＋IIS；Linux＋Apache；Solaris for Intel＋iPlanet Web Server，其中前两个是比较流行的解决方案。由于 Linux 和 Apache 都是自由软件，所以该方案就具有最高的性能价格比，但这也不是绝对的，有时需要看网站制作和维护人员的习惯，如果他们最熟悉 Windows 编程，就应该选择第一种方案；相反，如果他们最熟悉 Unix 和 Linux 编程，就应该选择第二种方案。如果选择了 IBM 的 Unix 服务器，比如 RS6000 系列，最好使用 IBM 提供的 WebSphere 套件；如果是 Sun 或 HP 的 Unix 服务器，那么 Netscape 的 iPlanet Web Server 则是最佳选择。除了平台问题，还需要考虑网站规模、可靠性（群集以及负载平衡）、开发环境、内容管理以及安全性等问题。

5.1.4.4 网站开发工具选择

（1）网站开发工具介绍

目前主流的 Web 开发工具有以下几个：PHP，Java，Asp.net。它们各有优缺点，也都有相当多的应用项目。

① PHP PHP 最大的优点是上手快，入门简单。一个生手，只要经过半年的系统学习就可以进行实际的应用开发，甚至可以这样说，一个从事 PHP 半年开发的程序员和一个从事 3 年 PHP 开发的程序员本质上没有太大的区别。

PHP 另一个优点是开源性，因为 PHP 是个完全的开源框架，所以 PHP 社区相当活跃。在实际开发中，一旦项目需求确定，如果你的英语还行，打开 Google，输入自己的项目需求，基本上都可以找到可用的开源项目，因为这些开源项目一般都经过实践的检验，所以健壮性很好。把这些开源项目拿来用在自己的项目中，既保障了健壮性，又极大地提高了开发进度。又因为 Web 开发本质上是个快速开发过程，从需求提出到项目进入实际运行，大都要求在半年以内，所以 PHP 的快速开发就显得意义非凡。

PHP 的缺点最突出的是 PHP 不是完全的面向对象，逻辑层和表现层混合在一起，所以对项目日后的维护非常不利。而且因为 PHP 的不完全面向对象，所以没有成熟的框架可以调用，当项目越来越大的时候，错误频出，越来越难以维护。早先的 eBay 就是采用 PHP 开发的，但随着 eBay 越做越大，就对项目进行了重写。现在的 eBay 是 Sun 公司用 Java 开发的。

② Java Java 的优点是完全的面向对象，又有丰富的类库支持。最重要的是，随着 Java 这许多年的技术积累，已经形成了固定的、成熟的开发框架。后来学习者，如果一旦掌握理解了 Java 框架，接下来要做的就是按部就班地套用框架进行实际应用开发，安全性、健壮性都很好。

③ Asp.net 微软的东西，最大的优点就是有强大的开发工具支持（Visual Studio 2005），所以可以傻瓜式开发 Asp.net 项目，拖来拖去，再加上代码向导，有时候开发一些简单的应用甚至可以不写一行代码。

Asp.net 也是完全面向对象的，为了方便 Win Form 程序员的过渡，提出了 Web Form 的概念，所以普通的桌面程序员可以很快地过渡到 Asp.net 的开发中。又因为都是微软的东西，Asp 程序员也可以很快地过渡到 Asp.net 开发中。Asp.net 完全面向对象，有强大开发工具的支持，所以开发效率相当高。

Asp.net 最大缺点是它的运行依赖于 IIS，也就使得 Asp.net 只能运行在 Windows 平台上，这会大大增加企业后期的升级维护费用。

(2) 网站开发工具的选择原则

一般来说网站开发工具的选择主要根据不同的操作系统平台以及程序开发者的使用习惯来选择。

如果用户使用 Windows 系统和 IIS，则开发工具可以使用 Asp.net；如果用户使用 Linux 系统和 Apache Httpd server，则开发工具可以使用 PHP 等；如果用户使用 Unix 系统则可以使用 Java。

5.1.4.5 防病毒软件选择

(1) 主要防病毒软件介绍

① 诺顿（Norton）防毒软件　塞门铁克公司是全球领先的解决方案供应商，帮助个人和企业确保信息的安全性、可用性和完整性。公司总部设在美国加州的 CUPERTINO，在 40 多个国家设有分支机构。赛门铁克在世界各地拥有数量众多的安全监控中心和安全响应实验室，可以为个人、中小企业以及大型企业用户提供全面的软件、硬件以及专业的信息安全服务。

② Mcafee 防毒软件　McAfee，Inc. 的总部设在加利福尼亚州的圣克拉拉市，是网络安全和可用性解决方案的领先供应商。McAfee 创建出了一流的计算机安全解决方案，可以阻止网络上的入侵，并保护计算机系统免受下一代混合型攻击和威胁。

③ 卡巴斯基防毒软件　卡巴斯基实验室有限股份公司建立于 1997 年，是国际信息安全软件研发销售商。卡巴斯基公司的总部在俄罗斯首都莫斯科，地区公司在英国、法国、德国、荷兰、波兰、日本、美国和中国。

④ 瑞星防毒软件　北京瑞星科技股份有限公司成立于 1998 年 4 月，其前身为 1991 年成立的北京瑞星电脑科技开发部，是中国最早从事计算机病毒防治与研究的大型专业企业。瑞星以研究、开发、生产及销售计算机反病毒产品、网络安全产品和反"黑客"防治产品为主，拥有全部自主知识产权和多项专利技术。

⑤ 江民防毒软件　江民新科技术有限公司成立于 1996 年，是国内著名的信息安全技术开发商与服务提供商，亚洲反病毒协会会员企业。研发和经营范围涉及单机、网络反病毒软件；单机、网络黑客防火墙；邮件服务器防病毒软件等一系列信息安全产品。

(2) 防病毒软件选择的原则

① 先进的查杀病毒技术。选择的反病毒厂商应具有先进的反病毒技术，选择的产品能够查杀当前已知的病毒，并且能够有效拦截和查杀未知病毒。

② 厂商开发、服务的本地化。反病毒厂商在中国具有自己的研发基地和完善的服务网，能快速响应国内的计算机病毒事件和技术支持服务。

③ 安装、操作、管理简单。防病毒具有多种远程安装方式，满足在复杂局域网方便、快速地布置防病毒客户端。

④ 能够实现病毒防护的实时性。能够对病毒可能传播的途径（网络、光驱、软驱、内存）进行实时监控，阻止病毒通过这些途径传播。

⑤ 具备对网络内服务器、工作站等所有计算机的防病毒能力。反病毒产品具有对全系列的操作平台的监控产品，实现网络内的层层布防。

⑥ 具备可实施远程自动分发、自动产品版本及防病毒引擎文件升级等远程控制功能。产品具有全网统一升级功能，实现内部所有防病毒产品的统一升级、自动更新病毒代码和反病毒引擎，保证网内所有防病毒产品具有最新的防病毒能力。

5.1.4.6 服务器防火墙软件选择

服务器一般会有两种使用方式：一种是托管的服务器，或者是在 IDC 租用的服务器，此时需要的是单机防火墙；另外一种是自建机房的服务器，这种一般是作为网络出口的桥头堡，保护整个局域网的安全，这时要使用专门的网关防火墙。

另外，不同的操作系统使用的防火墙也是相去甚远的，目前主流的操作系统是 Windows 和 Linux，下面按照两类操作系统对几款防火墙软件进行介绍。

（1）Windows 系统

目前流行的 Windows 单机防火墙有很多，如 Sygate Personal Firewall Pro、Blackice Server Edition、Zone Alarm、Norton Personal Firewall、Panda Platinum Internet Security、NetPatrol、Tiny Firewall Pro、Agnitum Outpost Firewall Pro、McAfee Personal Firewall、Kerio Server Firewall、Kerio Personal Firewall 等。

Sygate Personal Firewall Pro、Net Patrol 和 Tiny Firewall Pro 由于功能过于强大，在使用的时候必须先在服务器上进行合理的预配置，否则用户可能会无法通过网络来访问服务器；Panda Platinum Internet Security、McAfee Personal Firewall 和 Norton Personal Firewall 中，Norton 是最差劲的，不过它们都属于比较庞大的防火墙，耗费的系统资源较大，不推荐；Kerio Personal Firewall、Zone Alarm 和 Agnitum Outpost Firewall Pro 都更适合个人使用，做服务器防火墙不好；Kerio Server Firewall 是基于 B/S 来控制的，这点或许有它的好处，但是使用起来感觉不如其他的方便。剩下就是 Blackice Server Edition 了，它算设计比较优秀的防火墙软件，但不足就是应用层过滤都相对比较简单，和一般的包过滤没有多少区别（其他的防火墙功能都差不多，都不够强大，除了 Sygate Personal Firewall Pro、Net Patrol 和 Tiny Firewall Pro）。

从使用者的角度出发，下面几款单机版防火墙比较适合于拥有 IDC 服务器的用户。

① BlackICE Server Protection　BlackICE Server Protection 是 ISS 安全公司出品的一款著名的入侵检测系统，拥有强大的检测、分析以及防护功能，而且很容易使用，可以侦察出谁在扫你的端口，在它们进攻电脑之前拦截，保护电脑不受侵害，可以收集入侵者的 IP 地址、计算机名——网络系统地址、硬件地址——MAC 地址，有日志供我们查看。BlackICE 软件曾经获得 PC Magazine 的技术卓越大奖，作为服务器网络防火墙来说，是比较好的选择。

② Cyberwall PLUS-SV　Cyberwall PLUS 是美国网屹公司开发的一套先进的包过滤防火墙产品系列。它具有分布式、主机驻留的体系机构，代表着新一代防火墙的技术潮流。它可以在网络边界、网络内部、服务器和客户端等任何网络结合处设置屏障，同时监测多种网络通信协议，并可实现集中管理，从而形成了一个多层次、多措施、内外统一防范的立体安

全体系。

Cyberwall Plus 系列防火墙包括 Cyberwall Plus 主机防火墙、Cyberwall Plus-AP 保护内部网络防火墙、Cyberwall Plus-IP 包过滤防火墙三种产品，其中 Cyberwall Plus 又包含 Cyberwall Plus-WS 工作站防火墙和 Cyberwall Plus-SV 服务器防火墙两个类别。Cyberwall PLUS-SV 是世界上用于 Windows NT/2000 服务器最优秀的防火墙，对于管理 Windows NT/2000 服务器的管理员来说是必不可少的工具，帮助用户的信息服务器和应用服务器抵御网络的攻击和入侵。

③ KFW 傲盾防火墙服务器版　KFW 傲盾防火墙网站防护版是一款针对各种网站、信息平台、Internet 服务等，集成多种功能模块的安全平台，使用了目前最先进的第三代防火墙技术——数据流指纹检测技术，与企业级防火墙 Check Point 和 Cisco 相同，能够检测网络协议中所有层的状态，有效阻止 DoS、DDoS 等各种攻击，保护服务器免受来自 Internet 上的黑客和入侵者的攻击、破坏。通过最先进的企业级防火墙的技术，提供各种企业级功能，功能强大，齐全，价格低廉，是目前世界上性能价格比很高的网络防火墙产品。

(2) Linux 系统

在 Linux 操作系统上的防火墙软件也很多，有些是商用版本的防火墙，有的则是完全免费和公开源代码的防火墙。大多数 Linux 教程都提到了如何在 Linux 平台中使用 IPCHAINS 来构筑防火墙。

① IPCHAINS　IPCHAINS 是 Linux 下的防火墙软件，其源码可以免费获得，在 REDHAT、蓝点的较新版本中都带有该软件。IPCHAINS 本质上是包过滤器，它检查到达网络接口的 IP 包，根据事先定义好的规则进行修改，然后再转发给其他接口。它能够创建合理过滤步骤，根据用户定义的规则来处理包。这些步骤被"链接"在一起来创建包处理的完整规则体系。这个处理"链条"可以与具体的 IP 地址或者网络地址相结合。IPCHAINS 有两种运行方式：代理服务器和网络地址转换器。

② NAI Gauntlet　NAI Gauntlet 是基于软件的防火墙，支持 NT 和 Unix 系统，目前的最新版本是 Gauntlet Firewall 2.1 for NT/Unix。作为最高类型——基于应用层网关的 Gauntlet 防火墙，集成了 NT 的性能管理和易用性；应用层安全按照安全策略检查双向的通信，具有用户透明、集成管理、强力加密和内容安全、高吞吐量的特性。可应用于 Internet、企业内部网和远程访问。Gauntlet 防火墙具有友好的管理界面，其基于 Java 或 NT 环境，可以运行在 Web 浏览器中，支持远程管理和配置，可从网络管理平台上监控和配置，如 NT Server 和 HP OpenView。Gauntlet 还支持通过服务器、企业内部网、Internet 来存取和管理 SNMP 设备。Gauntlet 防火墙支持流行的多媒体实时服务，如 Real Audio/Video、Microsoft NetShow、VDOlive。

③ Firestarter　Firestarter 防火墙是一款非常优秀的基于 GUI 图形用户界面下的、完全免费的自由软件，它为中小型 Linux 网络的系统管理员提供了良好的安全服务，适用于单机工作站、服务器、小型网络服务器和家用 Linux 系统平台的安全防护，它能胜任在 Linux 下一般的系统安全任务。它使用简单但功能强大，运行时只占用很少的系统资源，它为 Linux 平台提供了快捷有效的安全防护功能。并且在系统出现异常情况时能及时地向管理员通知相关信息，以帮助系统管理员及时地对系统作出相应的处理和反应。

5.1.5 案例

芬芳网上鲜花店平台系统设计

（1）网站网络结构设计

芬芳网上鲜花店采用主机托管方式构建，其网络结构如图 5-4 所示。

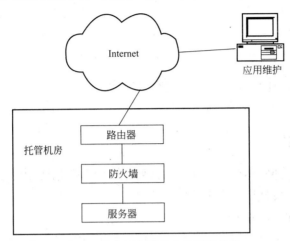

图 5-4 芬芳网上鲜花店的网络结构

（2）网站安全设计

① 硬件网络级安全设计：依靠托管机房的网络安全措施，保护服务器安全。

② 软件级安全设计

a. 在操作系统方面采用高强度密码，以及对核心数据采用加密措施保障系统安全。

b. 在应用软件方面安装防病毒软件和防火墙软件，并且要求应用系统开发商提供完整的应用软件信息安全体系，从操作权限、功能权限、内容权限等方面进行系统的考虑。

（3）硬件选型方案

芬芳网上鲜花店硬件选型方案见表 5-1。

表 5-1 芬芳网上鲜花店硬件选型方案

名 称	型 号	单价（元）	数 量	金额（元）	备 注
服务器	戴尔 PowerEdge 1850(Xeon 3.0G) 1U 机架式	23000.00	1	23000.00	
合计				23000.00	

（4）软件选型方案

① 操作系统：选用易维护性与通用性较好的 Windows2000 Server。

② 数据库系统：选用 Microsoft Sql Server 2000。

③ Web 服务器软件：选用 Microsoft Information Server。

④ 网站应用系统：网站应用系统采用外包形式开发，开发工具与外包方协商确定，建议使用 ASP 开发。

⑤ 防病毒软件：选用 Kill 的防病毒软件。

⑥ 服务器防火墙软件：选用 Kfw 傲盾防火墙服务器版。

⑦ 软件系统费用见表 5-2。

表 5-2　芬芳网上鲜花店软件系统费用

序号	名　称	单价（元）	数量	金额（元）	备　注
1	MS Windows 2000 Server	5000.00	1	5000.00	操作系统
2	MS Sel Server 2000	15000.00	1	15000.00	数据库系统
3	Kill 1000-1999 User Pack(Kill-User-6X-1999)	300	1	300	防病毒软件
4	Kfw 傲盾防火墙企业服务器版	5000	1	5000	防火墙软件
	合计			25300.00	

5.2　电子商务网站应用系统设计

5.2.1　网站形象设计

一个杰出的网站，和实体公司一样，也需要整体的形象包装和设计。准确的、有创意的形象设计，对网站的宣传推广有事半功倍的效果。

（1）网站形象设计的内容

网站的形象设计主要包括标志、色彩、字体及标语等几个方面的设计工作。

① 设计网站的标志（logo）　在设计网站的形象时，首先需要设计制作一个网站的标志。就如同商标一样，网站的标志（logo）是网站特色和内涵的集中体现，是用户对网站形象的清晰记忆。看见 logo 就让大家联想起你的站点。

标志可以是中文、英文字母，可以是符号、图案，也可以是动物或者人物等，例如Google 是用 Google 的英文和中文作为标志，新浪用字母 sina 眼睛作为标志，如图 5-5所示。

图 5-5　Google 和 sina 网站的 logo

标志的设计创意主要来自网站的名称和内容，可以从下面几个方面进行设计。

a. 网站有代表性的人物、动物、花草，可以用它们作为设计的蓝本，加以卡通化和艺术化，例如迪斯尼的米老鼠、搜狐的卡通狐狸、鲨威体坛的篮球鲨鱼。

b. 网站有专业性的，可以以本专业有代表的物品作为标志。比如中国银行的铜板标志，奔驰汽车的方向盘标志。

c. 最常用和最简单的方式是用自己网站的英文或中文名称作标志。采用不同的字体，字母的变形、字母的组合可以很容易制作好自己的标志。例如一个叫"美丽前线"的网站，就可以设计这样一个 logo，以"美丽前线"四字为主体，并在其下标注"Beauty Front Line"，主色为粉红色、底色为白色，其中"美"字设计为女性人型线条，形成美和女性的组合。

② 设计网站的标准色彩　网站给人的第一印象来自视觉冲击，确定网站的标准色彩是相当重要的一步。不同的色彩搭配产生不同的效果，并可能影响到访问者对网站的喜恶。

"标准色彩"是指能体现网站形象和延伸内涵的色彩。例如 IBM 的深蓝色，肯德基的红色条型，Windows 标志上的红蓝黄绿色块，都使我们觉得很贴切、很和谐。

一般来说，一个网站的标准色彩不超过 3 种，太多则让人眼花缭乱。标准色彩要用于网站的标志、标题、主菜单和主色块，给人以整体统一的感觉。至于其他色彩也可以使用，只是作为点缀和衬托，绝不能喧宾夺主。一般来说，适合于网页标准色的颜色有蓝色、黄/橙色、黑/灰/白色三大系列色。

③ 设计网站的标准字体　和标准色彩一样，标准字体是指用于标志、标题、主菜单的特有字体。一般网页默认的字体是宋体。为了体现站点的个性和特有风格，可以根据需要选择一些特别字体。例如，为了体现专业可以使用粗仿宋体，体现设计精美可以用广告体，体现亲切随意可以用手写体等。

④ 设计网站的宣传标语　好的网站宣传标语或者口号可以说是网站的精神。网站的主题或者目标用一句话甚至一个词来高度概括。类似实际生活中的广告金句，例如雀巢的"味道好极了"、麦斯威尔的"好东西和好朋友一起分享"、Intel 的"给你一个奔腾的心"，都会带给网站巨大的收益。

(2) 网页色彩的搭配

① 色彩的基本知识

a. 红、黄、蓝是三原色，其他的色彩都可以用这三种色彩调和而成。网页 html 语言中的色彩表达即用这三种颜色的数值表示，例如：红色是 color(255, 0, 0)，十六进制的表示方法为 (FF0000)，白色为 (FFFFFF)，我们经常看到的"bgColor=♯FFFFFF"就是指背景色为白色。

b. 颜色分非彩色和彩色两类。非彩色是指黑、白、灰系统色。彩色是指除了非彩色以外的所有色彩。

c. 任何色彩都有饱和度和透明度的属性，属性的变化产生不同的色相，所以至少可以制作几百万种色彩。

d. 色环。色彩按"红→黄→绿→蓝→红"依次过渡渐变，就可以得到一个色彩环。色环的两端是暖色和寒色，中间是中性色，如图 5-6 所示。

图 5-6　色环

e. 色彩的心理感觉。不同的颜色会给浏览者不同的心理感受。

红色：是一种激奋的色彩。刺激效果，能使人产生冲动、愤怒、热情、活力的感觉。

绿色：介于冷暖两种色彩的中间，显得和睦、宁静、健康、安全的感觉。它和金黄、淡白搭配，可以产生优雅、舒适的气氛。

橙色：也是一种激奋的色彩，具有轻快、欢欣、热烈、温馨、时尚的效果。

黄色：具有快乐、希望、智慧和轻快的个性，它的明度最高。

蓝色：是最具凉爽、清新、专业的色彩。它和白色混合，能体现柔顺、淡雅、浪漫的气氛（像天空的色彩）。

白色：具有洁白、明快、纯真、清洁的感觉。

黑色：具有深沉、神秘、寂静、悲哀、压抑的感觉。

灰色：具有中庸、平凡、温和、谦让、中立和高雅的感觉。

每种色彩在饱和度、透明度上略微变化就会产生不同的感觉。以绿色为例，黄绿色有青春、旺盛的视觉意境，而蓝绿色则显得幽宁、阴深。

② 网页色彩的搭配　网页制作用彩色还是非彩色好呢？根据专业的研究机构研究表明：彩色的记忆效果是黑白的 3.5 倍。也就是说，在一般情况下，彩色页面较完全黑白页面更加吸引人。

通常的做法是：主要内容文字用非彩色（黑色），边框、背景、图片用彩色。这样页面整体不单调，看主要内容也不会眼花。

a. 非彩色的搭配。黑白是最基本和最简单的搭配，白字黑底、黑底白字都非常清晰明了。灰色是万能色，可以和任何色彩搭配，也可以帮助两种对立的色彩和谐过渡。如果实在找不出合适的色彩，可以用灰色试试，效果绝对不会太差。

b. 彩色的搭配。色彩千变万化，彩色的搭配是重点。

网页色彩搭配的原理主要如下。

- 色彩的鲜明性。网页的色彩要鲜艳，容易引人注目。
- 色彩的独特性。要有与众不同的色彩，使得大家的印象强烈。
- 色彩的合适性。就是说色彩和想要表达的内容气氛相适合。如用粉色体现女性站点的柔性。
- 色彩的联想性。不同色彩会产生不同的联想，蓝色想到天空，黑色想到黑夜，红色想到喜事等，选择色彩要和网页的内涵相关联。

网页色彩搭配的技巧主要如下。

- 用一种色彩。这里是指先选定一种色彩，然后调整透明度或者饱和度，说得通俗些就是将色彩变淡或加深，产生新的色彩，用于网页。这样的页面看起来色彩统一，有层次感。
- 用两种色彩。先选定一种色彩，然后选择它的对比色，整个页面色彩丰富但不花哨。
- 用一个色系。简单地说就是用一个感觉的色彩，例如淡蓝、淡黄、淡绿、或者土黄、土灰、土蓝。确定色彩的方法各人不同。
- 用黑色和一种彩色。比如大红的字体配黑色的边框，黄色图案配黑色框等。

在网页配色中，忌讳的主要如下。

- 不要将所有颜色都用到，尽量控制在三种色彩以内。
- 背景和前文的对比尽量要大，绝对不要用花纹繁复的图案作背景，以便突出主要文字内容。

5.2.2　网站功能设计

5.2.2.1　电子商务网站功能设计分析

对电子商务来说，网站是顾客和商家进行交易互动的平台，以更好地满足客户的需求。网站要使这个互动功能变得更加顺畅，从而能让商家吸引并留住更多的客户。所以，网站的功能设计要满足商家的商业规划和对消费者购买决策提供相应的帮助。

电子商务网站功能设计并非越复杂越好，使用的技术并非越先进越好，而是要从实用性出发，能够支持企业商务战略的实施，并能帮助客户在购买决策过程中发挥作用。网站的实用性和所提供的客户支持功能是电子商务成功的关键。美国著名电子商务专家 Naveen Dothu 和 Boonghee Yoo（2002 年）开发了评估电子商务网站质量的体系，分为八个方面：美观设计，竞争价值，订单准确，公司品牌，安全性，订单处理速度，产品特色，产品质量保证。

对网上购物的顾客来讲,在更方便地满足他们需求的同时,还希望商家能够提供更个性化的服务,如按时供货,而且能够对他们的订单历史、货运信息、最新产品资讯等提供及时的信息服务。这些功能要求一个网站能够深度集成前台订单系统和后端的供应链和物流系统。

由此可以看出,在对电子商务网站进行功能设计的时候,必须从商家和消费者两个角度为出发点来进行分析。

(1) 从商家的角度分析如何设计电子商务网站的功能

决定如何设计网站功能的一个有效方法是首先检查商家的商业战略。比如,目前的两种主要商业模式:客户关系管理(CRM)和大规模定制(Mass Customization)。如果说商家追求的是客户关系的市场营销发展模式,网站就要能够尽可能支持这个模式。如果商家追求的是大规模定制的模式,那么网站必须具有收集数据的功能来支持这个模式。下面分别从所提到的两个商业战略来分析如何设计一个电子商务网站应备的功能。

① 客户关系管理模式要求商家从客户的观点出发来考虑如何能为客户提供更多、更好的价值,要求能够解决好客户可能遇到所有的问题,它贯穿商家必须具备的许多功能,包括销售管理、营销策划、具体实施、分销策略和售后服务。在电子商务的应用上其中最主要表现为三个方面,分别是销售自动化、客户服务自动化和市场营销自动化。

因此,从客户关系管理的商业模式考虑,一个电子商务网站的功能应该包括下面四个方面。

a. 销售自动化即网上销售。该功能可以帮助网上购买者购买到满意的商品。该功能的设计强调网页作为购买决策支持系统并能够帮助客户在购买商品的时候作出正确的决定。

b. 客户服务自动化。该功能对网上用户提供服务,特别是个性化的服务。

c. 市场营销数据收集、分析自动化。该功能集中在对客户信息的全面收集,这些数据的收集是商家制定市场营销决策和发展战略的基础。

d. 其他支持功能。网站不仅是商业交流的渠道,还是一些其他信息沟通的渠道。网站要能够具有整合这些渠道的功能。

② 大规模定制模式是指商家为消费者提供个性化的产品,价格又和传统大批量生产的产品相差不大。和客户关系管理相近,大规模定制同样强调对客户提供增值服务。不同的是,大规模定制集中在产品生产上对不同的客户根据需求提供不同的产品,其关键是通过降低固定资产来削减成本。

互联网使客户和商家更快地进行双向互动交流,网站因而能够使商家从每一个订单开始更好地了解客户的需求。然而,如何通过网站界面来了解客户需求,进行产品定制却是复杂的事情,这就要求网站设计时尽量考虑到客户需求,通过帮助客户进行购买需求和决策分析,同时让客户感到在网上定制自己所需要的产品很方便。

大规模定制的商业模式需要网站能够收集到大量的市场营销数据,包括网站使用的数据、客户支持数据等;同时对这些数据的分析又能够是实时进行的以便更好地应用在生产制造过程中,也就是所谓的 JIT(Just-In-Time)生产方式。比如,汽车工业的自动化生产过程中就需要实时知道供应链的各个方面情况,实施过程和需求趋势,这就要求网站可以提供实时数据,并进行实时市场营销分析,对卖、买双方提供供求分析,包括哪些网页被浏览过,具有什么价值,客户源来自哪里等问题。网站只有具备了这样的功能才能帮助企业实施并完成大规模定制的商业战略,即在降低生产成本的同时,更好地满足客户个性化的需求。

(2) 从客户的角度分析如何设计电子商务网站的功能

网站应该为客户的购买决策提供支持。传统的消费者购买决策过程包括五个阶段:问题识别,信息寻找,选择评估,购买决策和购买后的行为。一个有效益的电子商务网站要能够提供和消费者购买决策各个阶段相关的信息。

① 问题识别。问题识别阶段发生在消费者感知到他目前的状况和想要的状况存在差别时。它可以由外部的刺激所激发,比如,当闻到食物的香味时,本来不怎么饿,也会产生想吃的感觉。消费者一旦有了需求,就会尽量寻找信息来设法满足这个需求。

亚马逊网站的销售设计就是一个很好的例子。当一个用户寻找一本书的时候,他可以得到相似客户曾经购买过的其他书籍信息。如果客户寻找同样的书就是相似的客户,客户因而有着潜在的相似的购买需求。

② 信息寻找。信息收集帮助消费者认清各种竞争的品牌、产品及它们的特点。如果消费者认为产品不能很好地满足需求的话,他们在信息寻找过程中也不会花很多功夫。比如说,消费者仅仅从侧面渠道找些线索,而不是非常具体、细节的产品信息。信息收集的结果影响到消费者对可选择产品的特点、特性的认识,从而决定购买哪个产品。消费者会根据自己的经验、内部或外部信息来形成对产品的信任,或形成产品形象。所以,网站应该能够给用户提供不同产品更多的信息,介绍产品不同的特点,以帮助潜在客户能够得到正确的购买决定。

③ 选择评估。消费者得到的各种有关信息可能是重复的,甚至是互相矛盾的,因此还要进行分析、评估和选择,这是决策过程中的决定性环节。在消费者的评估选择过程中,网站设计时要注意下列事项。

a. 产品性能是购买者所考虑的首要问题。

b. 不同消费者对产品的各种性能给予的重视程度不同,或评估标准不同。

c. 多数消费者的评选过程是将实际产品同自己理想中的产品相比较。

因此在这个购买决策过程中,网站要能够提供对客户购买决定的标准形成一个决定性的指导。

④ 购买决策。经过对可选择的对象进行评价后,消费者决定购买认为能够更好满足自己需求的产品。还有一些潜在因素影响消费者购买决定,如品牌选择、挑选卖家、购买量、购买时机、付款方式等。所以,网站要解决的问题是如何帮助客户在大量信息中,找出一个潜在的决定性的信息。

⑤ 购后行为。购买后的行为包括消费者满意或不满意的水平。商家总是尽量满足客户需求来巩固和客户的关系。所以,网站应该可以提供整个购买决策过程的信息,对客户购买行为进行数据收集、整理、分析并提供相应的售后服务。

电子商务过程中,能够更好地对消费者购买决策进行支持的就是——个性化。网络个性化关系到对特定用户进行网络内容的量身定制,本质上就是对用户提供特定的决策支持。个性化可以是客户自愿地提供相应的信息,也可以是在网上间接得到客户的相应信息。例如,亚马逊网站每周从网上收集到大约 500G bit 的流量数据,即使 10% 是有用的,客户的商业信息和档案就能得到及时更新,网站软件能够使用这些档案信息来修正相应的购买决策支持内容以便更适合客户的购买需求。

个性化对购买决策过程的每个阶段都是有效的。目前,个性化的应用主要集中在问题识别阶段。例如，通过同时分析相似客户群的兴趣来发现潜在客户的兴趣所在。事实上个性化可以扩展到信息收集、选择评估、购买决定和购后行为的应用上。

例如，在购买决策阶段，网站可以提醒客户潜在的问题或者他们愿意承受风险的能力，能够提高对消费者购买决策支持的可能性还有对任务和具体情况的分析。比如，购买机票时，考虑具体情况就很重要，如果客户是外出度假，他就希望买到最便宜的机票；如果是一个紧急的商务旅程，那么时间是最主要的因素。

个性化是目前电子商务软件开发的焦点。雅虎让用户自己设定个人首页。亚马逊网站可以向购买同一本书的客户推荐别人同时还购买了其他什么样的书籍。戴尔网站使用成熟的分析软件，通过不同渠道收集的数据来预测客户行为和偏好。一家网上销售自行车的网站使用相应的软件给相似的用户来提供建议，推荐符合个人口味的自行车。有研究表明，具有个性化服务的网站比没有此项功能的网站可以更有效地增加销售额。目前对商家来说最大的挑战是如何决定个性化的内容。

根据研究表明，引起客户关注的电子商务网站要具有：网上跟踪订单，比较购物，网上预览产品，站内搜索引擎，多媒体画面，页面清晰简洁等特点。有美国的电子商务研究机构称，有吸引力的网站可以使商家的销售提高 10%。所有这些电子商务网站功能设计的出发点就是以客户为中心来最大限度地满足客户的需求。

总体来说，一个电子商务网站的功能设计应该包括以下方面。
- 能很好操作、实现商家的商业模式。
- 能和客户建立长期、高效、个性化的关系来满足客户需求，获得客户信任。
- 与客户建立双向交流，商家和客户能更好了解对方，并在提供和寻找信息方面相互提供帮助与支持。
- 帮助特殊客户群进行信息交流，保持信息流畅。

5.2.2.2 电子商务网站功能设计步骤

网站功能设计的主要步骤如下。

(1) 分析明确业务对象

分析明确业务对象的主要内容包括如下。

① 了解网站的商务模式和业务流程。

② 根据网站的业务流程，分析流程中包含有哪些业务对象。在业务流程中执行的操作往往就是业务对象，业务流程中的单据也是业务对象。

③ 分析这些业务对象之间的关系，包括功能的关系以及数据的关系等。

分析明确业务对象的结果是得到网站的功能模块中包含哪些业务对象。

例如，在芬芳网上鲜花店建设项目中，可以从网站的商业流程中知道网站应该包含面向顾客的业务系统和面向花店的管理系统。其中面向顾客的业务系统包括顾客管理、销售流程、服务支持等业务；面向花店的管理系统包括商品管理、订单管理、配送管理、售后服务、销售统计等业务。

(2) 分析业务对象的功能

分析业务对象的功能就是根据业务对象的流程，分析业务对象中有哪些子功能，需要通过应用系统的哪些功能模块来实现。分析业务对象功能的结果是业务对象包含的功能名称和基本描述。

例如，在芬芳网上鲜花店建设项目中，分析网上销售业务的流程，我们可以知道，其中包含的功能有鲜花查询、自助设计、鲜花订购、网上支付、订单管理等功能。

（3）绘制功能模块结构图

功能模块结构图就是将系统的功能进行分解，按功能从属于关系表示的图表。根据上面的分析，我们可以把系统个各个功能模块化并根据功能模块之间的关系绘制功能模块结构图。

（4）编写功能模块说明

功能模块说明包括各个功能模块的功能描述、性能需求及数据描述等。

5.2.2.3 电子商务网站主要功能模块

不同类型的电子商务网站会有不同的功能需求，下面介绍几种常见类型的电子商务网站的主要功能模块。

（1）C2C网站的主要功能模块

C2C主要是面向个人消费者的小额交易，其本质是网上撮合成交，通过网上或者网下的方式进行交易。C2C网站可分为前台用户操作和后台系统管理两部分，前台面向网站的客户（包括买家和卖家），后台面向网站系统管理员，具体功能模块如下。

① 前台功能。

a. 客户注册和登录。供买家、卖家注册为C2C网站的普通用户，注册信息通常包括用户名、密码、Email、省份、城市。用户在拍卖、竞拍商品前必须先成功登录。

b. 卖家身份认证。供卖家如实填写详细个人资料，并连接到"认证中心"进行身份认证，以确保卖家提供的资料真实准确，在这之后才能进行后续的拍卖商品操作。卖家填写详细资料的内容通常包括姓名、身份证号码、联系地址、联系电话等。

c. 卖家拍卖商品。供卖家在网站上输入并发布拍卖商品信息，发布时必须填写的内容包括商品名称、数量、分类、拍卖天数、起拍价、保留价、竞价阶梯等。

d. 卖家注册商店。供有较多商品的卖家在C2C网站上注册商店以集中"摆放"拍卖。注册的内容包括商店名称、类别等。

e. 商店商品上/下架。供卖家成功注册商店后建立分类货架并将商品上架、下架。

f. 商品信息查询。供用户按分类或关键字查询符合要求的商品信息。

g. 买家竞拍商品。供买家对感兴趣的商品出价竞拍，对于拍卖商品，须填写竞拍数量和价格，对于一口价商品，只需填写购买数量。

h. 评价买家/卖家。供买家/卖价成功购交易后，对卖家/买家进行信用等级评价，作为日后买卖的参考因素。

② 后台功能需求。

a. 系统管理。供管理员对C2C网站上的拍卖商品分类及公告栏进行管理。

b. 商品管理。供管理员对网站用户买卖商品信息进行管理，包括对达到底价、未到底价、无人竞标商品信息进行管理。

c. 商店管理。供管理员对卖家注册的商店进行查看或注销等管理工作。

d. 用户管理。供管理员对买家和卖家的用户信息进行管理。

（2）B2C网站的主要功能模块

B2C网站可分为前台和后台两部分，前台面向客户购物，后台面向网店管理。

① 前台功能。

a. 客户注册和登录。供客户注册为网店会员以便登录网站购物，注册信息包括用户名、密码、真实姓名、联系电话、邮件地址和送货地址等内容。客户在下订单前必须先登录系统。

　　b. 商品信息查询。供客户在网上商店查询商品信息，客户可使用分类查询和关键字查询两种方式。

　　c. 购物车功能。供客户选定或修改要购买的商品及数量。

　　d. 订单功能。生成购物订单，供客户确认购物内容，提交订单并进入结算系统。客户提交订单后可在网上商店查询该订单的处理进程。

　　e. 结账功能。供客户选择具体的支付方式进行结算，支付方式通常包括货到付款、银行卡支付、电子钱包支付及邮局汇款等方式，对于网上支付方式应能连接到网上银行并完成支付流程。

　　② 后台功能需求。

　　a. 会员管理功能。供商店的系统管理员管理系统注册会员的信息。

　　b. 订单管理功能。供商店工作人员处理用户提交的购物订单，包括订单受理、发货审批、配送管理和退货处理等内容。

　　c. 销售统计功能。供商店工作人员以商品类别、商品名称、销售时间、销售金额等多种组合方式查询商店的销售情况，进行销售统计分析，并打印相应的统计报表。

　　d. 商店管理功能。供网店工作人员管理整个商店的销售商品信息，这些信息包括商品分类、商品名称、商品简介、商品价格等内容。

　　e. 用户管理功能。供商店的系统管理员管理工作人员账户及其操作权限。

　　(3) B2B 网站的主要功能模块

　　B2B 网站主要是为企业用户提供网上交易平台，其主要功能模块包括以下几个部分。

　　① 企业注册与登录。供企业注册成为 B2B 网站的会员以便登录网站进行相应的操作。会员可分为试用会员和正式会员两个级别，不同级别的会员有不同的功能，级别越高，功能越多，但注册和审核的条件也更严格。

　　② 企业信息管理。供注册企业发布、管理各类企业信息，主要包括下列几类。

　　a. 供求信息管理。供所有会员在 B2B 网站的供求信息栏目发布、修改、删除本企业的供求信息，以及查看他人对自己供求信息的留言。

　　b. 企业产品管理。供正式会员在 B2B 网站的产品信息栏目发布、修改、删除本企业的产品信息，把企业的产品展示给其他用户。

　　c. 企业新闻管理。供正式会员在 B2B 网站的新闻栏目发布、修改、删除本企业的新闻。

　　d. 市场调查管理。供正式会员在 B2B 网站添加、删除、修改本企业的网上调查表单，查看分析市场调查的结果。

　　e. 企业主页。供正式会员在 B2B 网站上发布企业的主页，自动将该企业的上述基本信息、产品信息、供求信息、新闻信息集成到该主页中，集中展示企业的形象。

　　③ 分类信息查询。分类展示 B2B 网站上的各类信息，供网上用户查询。

　　a. 企业信息展示。按照 B2B 网站的统一行业分类展示企业基本信息，提供企业黄页查询功能，也可以使用关键字查询相关企业信息，点击查询结果可直接链接到企业的主页。

　　b. 产品信息展示。按照 B2B 网站的统一行业分类展示企业发布的产品信息，包括产品名称、品牌、产地等，并提供对产品信息的分类搜索和关键字搜索。

　　c. 供求信息展示。按照 B2B 网站的统一行业分类展示企业发布的供求信息，并提供对供求信息的分类搜索和关键字搜索。

　　d. 企业新闻查询。提供对企业的新闻信息的查询，可以进行分类搜索和关键字搜索。

　④ 产品交易系统。供正式会员在 B2B 网站上和其他正式会员进行交易，包括以下功能。

　　a. 合同洽谈。供交易双方在网上对产品的价格、合同的条款进行洽谈。洽谈过程可以支持利用第三方认证中心进行数字加密、签名操作。

　　b. 合同签订。供交易双方正式签订合同，生成订单。签订过程可以支持利用第三方认证中心进行数字加密、签名操作。

　　c. 电子支付。供买方通过电子银行等网上支付平台支付货款。

　　d. 物流配送。供卖方通过物流公司对货物进行配送。

　⑤ 系统管理。供 B2B 网站管理员进行后台管理，包括以下功能。

　　a. 用户管理。管理注册企业的用户信息，对企业注册申请或不同等级用户的升级申请进行审批。

　　b. 供求信息管理。查询或者删除企业供求信息，并可以选定某些供求信息作为推荐信息显示在 B2B 网站的主页。

　　c. 推荐产品。选定某些企业产品作为推荐产品显示在 B2B 网站的主页。

　　d. 推荐企业。选定某些企业作为推荐企业显示在 B2B 网站的主页。

　　e. 新闻管理。查询或者删除企业新闻信息，并可以选定某些企业新闻作为推荐信息显示在 B2B 网站主页的新闻栏目。

（4）物流配送网站的主要功能模块

物流配送网站主要分为仓库信息系统、配送信息系统以及管理信息系统。

① 仓库信息系统。

　a. 入库作业基本功能。

　　• 入库通知。货物到达前，填写入库通知单，告之仓库货主信息、收货信息、货物明细等。

　　• 货物验收。货物到达后，仓库按照一定的程序和手续，对货物的数量和质量进行检查，填写验收单，记录验收信息如验收时间、货物数量等。

　　• 货位分配。货物验收完毕，填写入库单，为货物分配货位，在仓库内合理放置，记录货位分配的信息。

　　• 入库确认。货位分配完毕，确认入库资料，更新库存记录。

　b. 出库作业基本功能。

　　• 出库通知。货物出库前，根据货物出库的要求，填写出库通知单，选择出库的仓库、出库的时间以及货主信息、货物明细等。

　　• 备货。按出库通知单要求，填写备货单，记录出库备货货物信息如货位、数量、货物明细等。

　　• 出库确认。完成备货后，填写出库单，对出库货物信息进行登记，更新库存信息，生成发货单。

　c. 盘点作业基本功能。

　　• 盘点单录入。生成盘点单，记录盘点货物的信息、存放的货位、账面数量、实际数量。

　　• 盘点单审核。对盘点信息进行审核、确认，更新库存资料。

d. 转储作业基本功能。
- 转储单录入。生成转储单，记录货物信息、转出的仓库、存放的货位、转入的仓库。
- 转储单审核。对转储单进行审核，安排转入仓库存放的货位，更新库存资料。

e. 库存查询、统计基本功能。
- 按所需要求查询、统计库存货物的详细信息。

② 配送信息系统。

a. 配送计划基本功能。
- 配送单录入。根据客户的订单，填写配送单，记录发货城市、收货城市、配送时间、配送方式等。
- 配送线路设置。设置配送的线路，记录线路信息、运费等。

b. 车辆调度基本功能。
- 调度单录入。根据配送的货物，选择运输车辆，填写车辆调度单，记录车辆信息、配送单信息。
- 装配单录入。安排各车辆装载的货物，填写装配单，记录货物信息、车辆信息、车辆装载货物的明细等。

c. 运输任务管理基本功能。
- 任务单录入。安排车辆的驾驶员，填写任务单，记录车辆信息、驾驶员信息等。
- 运输单录入。生成运输单，设置车辆的行驶线路，记录车辆信息、行驶路线信息等。
- 发车确认。记录发车的时间、车辆信息等。
- 抵达确认。记录抵达沿途目的地的时间、车辆信息等。
- 返回确认。记录车辆返回的时间、车辆信息等。

③ 管理信息系统。

a. 仓库信息管理基本功能。
- 仓库信息管理。增加、删除、修改仓库的信息。
- 区域信息管理。增加、删除、修改区域的信息。
- 货位信息管理。增加、删除、修改货位的信息。

b. 车辆信息管理基本功能。
- 车队信息管理。增加、删除、修改车队的信息。
- 车辆信息管理。增加、删除、修改车辆的信息。
- 驾驶员信息管理。增加、删除、修改驾驶员的信息。

c. 货物信息管理基本功能。
- 货物种类信息管理。增加、删除、修改货物种类的信息。
- 货物信息管理。增加、删除、修改货物的信息。

d. 客户信息管理基本功能。
- 增加、删除、修改、查询系统客户的信息。

e. 人员信息管理基本功能。
- 增加、删除、修改物流配送中心操作人员的信息。

5.2.2.4 电子商务网站功能设计要注意的几个因素

电子商务不是简单地做一个网站和做点推广那么简单，有流量，有转化率，有稳定的持续增长的客户群，有效益了才算成功。所以，在电子商务网站功能设计中要注意下面几个因素。

（1）客户浏览路径

据权威网站分析统计，客户浏览网站每多一个步骤就要减少大概20％的流量，当一个浏览者进入一个网站时，当他想找某样商品时，3个动作能完成的，绝不能安排4个动作，所以电子商务网站的访问路径设计非常重要，人们都有逛商场或者进一个陌生飞机场的体验，当想找某一样商品或找入口、出口时，应该能体会到导航的重要性和楼梯、走廊、过道等设置的重要性，一个好的商场设计会让消费者开心而来，满意而归，其实电子商务网站也是一样的。所以在电子商务网站功能设计时要不断地切身体验，不断地改进不足，提高客户的浏览体验，这样才能留住客户，提高订单量。

（2）内容交叉

当一个客户浏览一个网页后，看完了自己想要的东西后，他可能会关闭窗口，离开网站，如果在每个页面都增加一些相关的信息，这样可以提高客户的"黏度"，例如相关商品（或者浏览该产品的用户还浏览的商品）、产品知识、销售排行、本周促销等。

（3）购买流程设计

很多企业在开始设计网站的时候会把网站想得很全，大而全小而全，想得很多，但是实际实施起来却不是那么回事，考虑得越多、越复杂，流程设计、会员注册信息等越多，客户会觉得越麻烦，结果就可能放弃购物，所以在做购买流程设计时，要把该减的东西都减掉，或者通过多步实现，第一步越简单越好，当注册完第一步填写完购物所必需的信息后就可以购物了，至于其他的信息，客户想补充就补充，不补充也不影响购物。再就是多些让消费者方便的购买方式，比如电话订购，QQ在线咨询购买，Email订购，客户轻松了，就自然会认可了，别人低价抢都抢不走。

（4）产品标题图片描述

产品标题要体现该产品的优点、重点，言简意赅，标题不能太长，图片要清晰，拍图片时多角度拍摄，然后选一张最好的，既要体现产品的优势，又要看得清，描述很重要，要把客户关心的、核心的信息按照从重到轻的顺序，自上而下排列，尽可能多地把产品信息、购买流程、支付、物流等信息显示出来。建议描述图文并茂，因为大多数人喜欢看图片，不喜欢看文字。

5.2.3 案例

芬芳网上鲜花店应用系统设计

（1）网站形象设计

作为鲜花营销公司，由于经营的产品主要是鲜花，因此在设计公司的形象时，应该突出美丽、优雅的特点，所以网站的主色调为黄、橙、粉红这三种最为大众接受的颜色。网站打出的广告语也应该给顾客以体贴、温馨的感觉。

① 网站的主色调为黄、橙、粉红这三种最为大众接受的颜色。

② 首页界面的风格要鲜明而有特色。网站必须具备一定的特色，主要应体现在网页界面设计和与用户进行信息交流、交互的方便性和快捷性上。

③ 首页上要有足够的导航链接。

④ 网站所要用到的图片资料应该足够清晰和精美，并充分考虑网页的传输速度。

⑤ 在网站内容上注重突出公司的产品和服务特色。

(2) 网站功能设计

网上花店网站功能分为前台系统与后台系统两部分。前台系统面向顾客，后台系统面向网站的管理者。

① 网站前台系统　网站前台系统是顾客使用的系统，通过前台系统，用户不仅能在网上订购鲜花，而且支持集中订购服务等多种业务。其付款方式支持国内在线支付、银行汇款、邮局汇款。

前台系统的功能模块结构如图5-7所示。

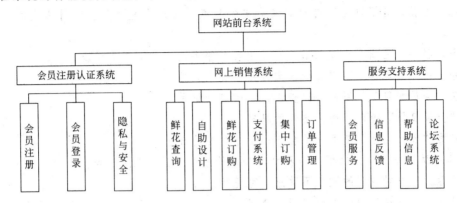

图 5-7　前台系统的功能模块结构

各个功能的详细说明如下。

a. 会员注册。网站会员的在线注册。

b. 会员登录。网站会员的在线登录和身份校验。

c. 安全和隐私。提示用户花店的隐私条款和安全条款。

d. 鲜花查询。鲜花查询系统是网站的主要功能，帮助客户方便快速地查找所需要的商品，包括下列功能。

- 一般查询。用户通过所提供的场合、语义、庆祝、花材、价格这几种不同的种类来查询鲜花。
- 高级查询。此查询的搜索条件有场合、节日、收货人情况、年龄、产品、价格这几种，每个条件的下拉菜单里还有各自不同的选项。查询的时候就是让用户对条件选项进行组合，设置关键字，系统将自动搜索出符合用户要求的商品。

e. 自助设计。自助设计是网站的特色功能，帮助客户个性化的设计或定制其花束，包括下列功能。

- 自助选花。用户可以自己挑选喜欢的花卉的种类和数量，以他希望的方式组成花束，按花束中各种花的单价和数量计算花束的价格。
- 贺词参照。贺词主要有以下几类：爱情贺词、节日贺词、慰问贺词、商业贺词、祝男女寿、贺迁居。用户可以为花束挑选合适的贺词，或者自写贺词。

f. 鲜花订购。当用户选定鲜花以后，可以通过这个功能来生成订单，并转入支付系统。

g. 支付系统。

- 支付。用户在订购鲜花以后，可以通过这个功能使用银行卡在线支付。
- 汇款。用户在订购鲜花以后，可以使用这个功能通过银行汇款支付。

h. 集中订购。对于用户在鲜花网单次订购金额在某个总额以上的批量订单，可使用本功能享受特别优惠和服务。用户可在集中订购专区中输入订单信息，花店会有专人及时与用户联系；订单确认后，根据用户的要求，及时快捷地完成该订单。

  i. 订单管理。

　●查询订单。用户可按订单编号、时间、收货人姓名等条件查询订单信息及该订单支付状态并可随时追踪查询该订单的配送状态。

　●取消订单。在一定条件下用户可以取消订单（比如未付款），但属于当日配送订单，无法在此取消。

　●支付货款。若用户在下订单后没有支付货款，可以在此支付。支付方式同"支付系统"。

  j. 会员服务。注册会员登录后，可使用会员服务，有以下几个功能。

　●可以在"会员信息"内查询或更改用户的个人信息。

　●在"会员账目"里用户可以查询以往的订购记录。

　●"会员日历"随时给用户准确的日期。

　●使用"节日提醒"使用户不会忘记十分重要的日子。

  k. 信息反馈系统。提供用户与网站间联系的通道，分为以下三类。

　●投诉。用户对我们的服务不满意，可进行投诉。

　●建议。用户对我们的工作有好的建议。

　●合作。用户要与我们商谈合作事宜。

  l. 网站的帮助信息系统。

　●导航系统。列出网站各栏目的链接以及简要说明。

　●常见问题。列出用户使用网站系统时的一些常见问题以及解答。

　●其他说明。包括联系方式、配送说明、商家加盟说明等。

  m. 论坛系统。设置鲜花知识、化妆、星座以及各种时尚资讯的版块，让用户发表自己的见解。

  ② 网站后台系统　网站后台系统为花店管理员提供商品管理、订单管理、配送管理、售后服务、信息统计等业务功能。后台系统的功能模块结构如图5-8所示。

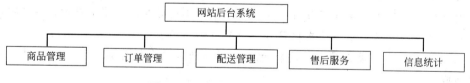

图 5-8　后台系统的功能模块结构

各个功能的说明如下。

  a. 商品管理。对网站内鲜花以及其他商品信息进行增加、删除和修改，可以制定价格策略，对不同商品和不同用户定义不同的折扣率。

  b. 订单管理。对用户的订单进行查询，修改订单的状态，如果订单出现缺货或者信息不明确等情况，要与用户进行联系。在配送完成后，可按需要把完成信息通过手机短信、电子邮件、QQ、MSN等方式通知用户。

对集中订购的订单，能突出显示以提醒注意，并由专人进行联系处理。

  c. 配送管理。根据订单的状态生成配送任务，安排配送人员，登记配送的情况。

d. 售后服务。对漏单、误单、花材不符、礼品退货、投诉等售后事件进行登记，按不同类别进行跟踪和处理。

　　e. 信息统计。对商品的销售、用户的情况等进行所需要的统计。

思考题

1. 目前电子商务网站的主要建站方式有哪几种？具体做法是怎样的？
2. 电子商务面临的安全威胁主要有哪些？
3. 网络安全方面可以采用哪些技术？
4. 服务器安全方面可以采用哪些技术？
5. 选择电子商务系统的服务器时应该考虑哪些方面因素？
6. 防火墙的类型主要有哪些？应如何选择？
7. 选择网络操作系统时要考虑的因素有哪些？
8. 目前比较流行的数据库主要有哪些？选择时要考虑的因素是什么？
9. 目前主要的 Web 服务器软件有哪些？分别适用于什么平台？
10. 选择防病毒软件要遵循哪些原则？
11. 请对"网上礼品店"网站进行硬件选型。
12. 请对"网上礼品店"网站进行软件选型。

第6章 电子商务项目实施方案

我们要对项目实施过程中的任务、人员、进度进行计划,就要制定项目实施方案。项目实施方案主要包括项目实施的任务、项目实施的人员组织以及项目实施的进度计划几个方面。

6.1 项目实施的任务

6.1.1 项目任务的分解

(1) 工作分解结构

一个项目一般是由一个项目组来完成的。项目计划有一个总体目标,但是在项目实施过程中在不同阶段、不同方面会有不同的目标和要求,所以一个项目其实包含了很多不同的任务。而一个项目组也有很多工作人员,项目组完成项目的过程,其实就是项目组中不同人员分别完成项目中不同任务的过程。所以,要完成项目,首先要把项目进行分解,建立一个工作分解结构(Work Breakdown Structure,简称 WBS)。WBS 是为了将项目分解成可以管理和控制的工作单元,从而可以更为容易且准确地确定它们的进度、成本以及质量要求。说得通俗一点,WBS 就是将项目进行分解的一种方法。它使得项目目标从抽象的表述转化成了详细、明确且实在的工作内容。这些工作内容就变成了项目目标的具体体现。WBS 有 3 个主要目的。

① 制定 WBS 的过程中,更加深了对项目的认识和理解。
② 项目目标被分解成小颗粒度的、可被执行的任务,消除了项目的神秘感。
③ 为后续管理活动计划和控制的基础。

项目的工作分解结构确定下来后,将作为很多后续工作的基础。
① 项目的时间资源被具体分配到 WBS 的工作单元上。
② 项目的资源投入和成本计划都被分配到 WBS 的工作单元上。
③ 项目的范围变更必须基于 WBS 进行。

(2) 工作分解结构的表示形式

工作分解结构可以由树形的层次结构图或者行首缩进的工作分解结构表来表示。在实际应用中,表格形式的 WBS 应用比较普遍,特别是在项目管理软件中。

① 树形结构图 图 6-1 是一个软件开发项目的简单工作分解结构图,如果我们把图倒过来看,它的形状就像一棵树,所以叫树形结构图。图中树根(××软件开发)代表整个大的项目。从树根上长出 5 个小分支,说明整个项目可以分解为 5 个小项目,分别是"确定需求"、"设计"、"开发"、"测试"以及"安装"。另外每个分支上还有叶子,说明了每个小项目还要分为不同的任务。这样一个大的、复杂的项目就能分解为不同的任务,在项目进程中,我们就能为不同的任务安排合适的人员和进度。

在图 6-1 中,除了树根(××软件开发)外,每个子项目或任务都有一个序号,这些序

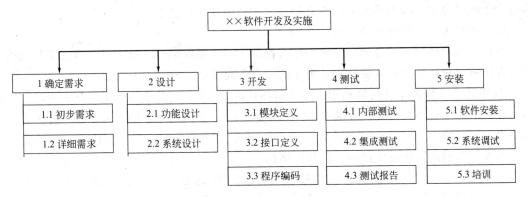

图 6-1 树形结构图

号的命名是有要求的。对于从树根中分解出来的子项目,如"确定需求"、"设计"、"开发"等,处于图中的第一层次,给它们定义的序号是"1"、"2"…"5"。而从子项目分解出来的任务,如"初步需求"、"详细需求"是从"确定需求"这个项目中分解出来的,它们的序号就是"1.1"、"1.2"。序号用小数点隔开,说明该任务处于第 2 层次。小数点前是子项目的序号"1",小数点后的序号说明它们是子项目中不同的任务。同理,在"设计"子项目中,"功能设计"、"系统设计"这两个任务的序号就是"2.1"、"2.2"。

这个图是一个简单的软件开发项目图,真正的软件开发项目中的任务比这个图要复杂。图中项目层次为 3 层,其他项目的层次可能多于 3 层或者少于 3 层,具体由项目的复杂程度而定。在该项目中每个分支的层次都为两层,在其他项目中,不同分支的层次不一定相同。

② 工作分解结构表　工作分解结构的另一种表示形式是工作分解结构表。上述软件开发项目的工作分解结构用工作分解结构表表示,见表 6-1,表中每行是一个子项目或者任务,

表 6-1　工作分解结构表

××软件开发
1 确定需求
1.1 初步需求
1.2 详细需求
2 设计
2.1 功能设计
2.2 系统设计
3 开发
3.1 模块定义
3.2 接口定义
3.3 程序编码
4 测试
4.1 内部测试
4.2 集成测试
4.3 测试报告
5 安装
5.1 软件安装
5.2 系统调试
5.3 培训

从每个子项目分解出来的任务采用行首缩进方式列举在子项目下。

(3) 项目工作结构分解的方法

如何对每个项目进行分解？分解到什么程度才符合要求呢？一般来说，进行项目结构分解的方法有 3 种，这 3 种方法分别是类比法、自上而下法、自下而上法。

① 类比法　顾名思义就是利用一个类似项目的 WBS 作为构建本项目 WBS 的起点。很多专业领域的项目都有约定俗成的 WBS 模板供参考。一个组织也可以从自己过去积累的项目中提炼和归纳出一个项目的通用 WBS 来作为今后项目的标准。例如要建立一个网站，那么可以参考别的网站建设项目的工作分解结构。

② 自上而下法　该方法被认为是最常规的创建 WBS 的方法。它从项目最大的单位开始，逐步将它们分解成下一级的多个子项。这个过程就是不断增加级数，细化工作任务。一般对于经验丰富的项目经理和项目组来说，由于他们具备广泛的技术知识和整体的视角，这种方法是最好的。

③ 自下而上法　此方法则要让项目组人员一开始就尽可能地确定项目有关的各项具体任务，然后再将各项具体任务进行整合，并归总到一个整体活动或 WBS 的上一级内容当中。

(4) 项目工作结构分解的原则

创建一个好的项目工作分解结构，需要遵循以下一些基本原则。

① 一个工作任务只能出现在工作分解结构的一个地方。

② 一个工作分解结构的工作内容是其下一级各项工作的总和。

③ 工作分解结构中每一项工作只由一个人负责，即使这项工作由多个人完成。

④ 工作分解结构必须与工作任务的实际执行过程相一致。

⑤ 项目组成员必须参与制定工作分解结构，以确保一致性和全员参与。

⑥ 对每一个工作分解结构项都必须予以说明，以确保准确理解该项包括的和不包括的工作范围。

⑦ 在根据范围说明书对项目工作内容进行控制的同时，还必须让工作分解结构有一定的灵活性，以适应无法避免的变更需要。

(5) 一个网站建设项目工作结构分解的实例

案例：芬芳网上鲜花店网站建设项目工作分解结构。

我们对这个网站建设项目用自上而下法进行工作结构分解。

步骤一：建立 0 层，也就是以整个项目作为分解的基础。对单个项目来说这并没有什么特别意义，但是对于大型项目来说，其中的子项目这样做便于项目分解结构的合并操作。如图 6-2 所示。

网上花店建设

图 6-2　建立 0 层

步骤二：建立项目的子项目列表，如图 6-3 所示。

步骤三：对每个子项目进行分解，得到细分的任务。这一过程可以循环做下去，直到适当的颗粒度为止，如图 6-4 所示。

步骤四：为每个子项目及任务编制序号，生成工作分解结构表。

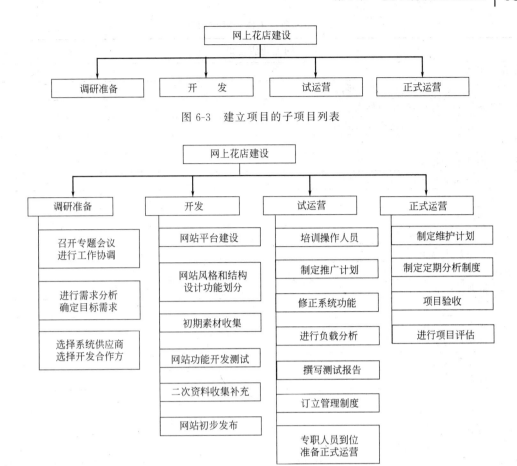

图 6-3 建立项目的子项目列表

图 6-4 分解每个子项目

上述项目工作分解结构表如表 6-2。

6.1.2 项目任务的约束条件和依赖关系

（1）任务之间的关系

一个项目的各个任务之间并不是孤立存在的，而是有着某种依赖关系。这里所说的依赖关系一般都是指时间顺序上的关系。依赖关系有两种情形：强制性依赖关系（Mandatory dependencies）和自由依赖关系（Discretionary dependencies）。

强制性依赖关系是指两个任务之间所固有的依赖关系，它们之间通常存在某种实际的约束条件，例如很多产品开发项目中，设计任务完成后才能开始产品的实现任务。所以，强制性依赖关系也被称为硬逻辑关系。

自由依赖关系是指任务之间的关系是可以自由处理的，并不存在某种一定的约束。但是可能由于下列原因人为地设定了某种依赖关系：

① 由于资源的限制，无法并行操作而只能串行操作，随意指定一种执行顺序；

② 某些情况下，存在一个某种"最佳实践"的任务顺序。

由于自由依赖关系并不是一种内在的、固有的关系，所以在某些情况下会被调整。举个生活中的简单例子，早起清晨刷牙的 3 个动作——挤牙膏、漱口杯装水、刷牙就属于自由依赖关系。

表 6-2　项目工作分解结构表

网上花店建设
1 调研准备
1.1 召开专题会议，进行工作协调
1.2 进行需求分析，确定目标需求
1.3 选择系统供应商，选择开发合作方
2 开发
2.1 网站平台建设
2.2 网站风格和结构设计，功能划分
2.3 初期素材收集
2.4 网站功能开发
2.5 二次资料收集补充
2.6 网站初步发布
3 试运营
3.1 培训操作人员
3.2 制定推广计划
3.3 修正系统功能
3.4 进行负载分析
3.5 撰写测试报告
3.6 订立管理制度
3.7 专职员工到位，准备正式运营
4 正式运营
4.1 制定维护计划
4.2 制定定期分析制度
4.3 项目验收
4.4 进行项目评估

（2）任务关系的类型

确定任务之间的关系最终是描述任务的先后关系，是指任务在时间上的逻辑顺序。先后关系决定任务在项目进度中的位置。在确定任务之间的关系时可以将任务分为两种类型。

① 前导任务。前导任务是在另一个任务之前必须出现的任务，例如如果要去电影院看电影，买电影票就是看电影的前导任务。

② 后续任务。后续任务是在前导任务之后必须出现的任务，例如同样在看电影的过程中，检票任务就是买票任务的后续任务。

任务之间的先后关系，可以用图 6-5 来说明。

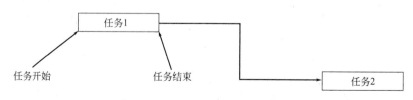

图 6-5　任务之间的先后关系

图中表示了用箭头线连接的两个任务 1 和 2。箭头所指向的"任务 2"依赖于箭头线尾部连接的任务 1。而任务以图框来表示，图框的前端表示"任务开始"，图框后端表示"任务结束"。箭头连接任务图框的部位反映了两个任务是在"任务的开始"还是"任务的结束"之间存在依赖关系。就是说，任务 2 的"开始"或"结束"需要依赖于任务 1 的"开始"或"结束"。

任务之间的这种依赖关系有四种类型。

① 结束后才开始。这个关系又称为"完成—开始"关系，是指任务 A 结束后，任务 B 才能开始，任务之间关系如图 6-6 所示。

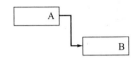

图 6-6 "结束后才开始"的关系

在图中，从任务 A 的结束处引出一条箭头线指向任务 B 的开始。这是一类最普遍的任务关系类型，项目中的大多数任务之间都具有这种关系。但是要特别注意这种关系所属的依赖条件，有的是强制性依赖，有的却是自由性依赖。如果是前者，往往意味着某种产品的生产过程具有工艺上的要求，违背了这个条件会对质量产生影响。另外并没有要求后续活动一定要在前导活动完成后马上开始，可以有一定的滞后时间，但是绝不能在前导活动完成之前开始。

举个例子来说明：泡茶的时候，我们要先把水烧开，然后泡茶。在这里，"把水烧开"就是任务 A，"泡茶"就是任务 B，"泡茶"必须要等到"水烧开"结束以后才能开始，这两个任务之间是"结束后才开始"的关系。

② 开始后才开始。这个关系又称为"开始—开始"关系，是指任务 A 开始后，任务 B 才能开始，任务之间的关系如图 6-7 所示。

图 6-7 "开始后才开始"的关系

在图中，从任务 A 的开始引出一条箭头线指向任务 B 的开始。这个关系经常表示某种并行但具有一定依赖关系的任务。这里面并没有要求后续活动一定要在前导活动开始后必须马上开始，但是至少不能在前导活动开始前开始。

举个例子来说明：学生做广播体操，广播操的音乐响起来后，学生开始做操。在这里，"播放广播操音乐"是任务 A，"学生做操"是任务 B，"学生做操"必须等到"播放广播操音乐"开始后才能开始。这两个任务之间是"开始后才开始"的关系。

③ 结束后才结束。这个关系又称为"完成—完成"关系，是指任务 A 结束后，任务 B 才能结束，任务之间的关系如图 6-8 所示。

图 6-8 "结束后才结束"的关系

在图中，从任务 A 的结束引出一条箭头线指向任务 B 的结束。这个关系经常表示某种并行,但其产出物具有一定依赖关系的活动。这里面同样没有要求后续活动一定要在前导活动完成后必须马上完成,但至少不能比前导活动更早地完成。

举个例子来说明:去餐馆吃饭,边上菜边吃饭,一般等菜上完,才吃完饭。在这里"上菜"是任务 A,"吃饭"是任务 B。"吃饭"必须等"上菜"结束后才结束。这两个任务之间是"结束后才结束"的关系。

④ 开始后才结束。这个关系又称为"开始—完成"关系,是指任务 A 开始后,任务 B 才能结束,任务之间的关系如图 6-9 所示。

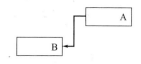

图 6-9 "开始后才结束"的关系

在图中,从任务 A 的开始引出一条箭头线指向任务 B 的结束。这是一种最特殊的活动逻辑先后关系,即一个活动的结束依赖于另一个活动的开始。同样,一个活动开始后不意味着另外一个活动马上结束,但至少说明它不能在另一个活动开始前结束。

举个例子来说明:运动员上场比赛,之前要做准备运动,比赛开始,准备运动就不做了。在这里,"比赛"是任务 A,"做准备运动"是任务 B。"做准备运动"必须等到"比赛"的开始才结束。这两个任务之间是"开始后才结束"的关系。

(3) 超前和滞后

在任务的先后关系中还可以加入超前(Lead)和滞后(Lag)来进行更精确的描述。

所谓超前,是逻辑关系中允许提前后续活动的限定词。例如,在一个有 10 天超前时间的"结束后才开始"关系中,后续活动在前导活动完成前 10 天就能开始。

所谓滞后,是逻辑关系中指示推迟后续任务的限定词。例如,在一个有 10 天延迟时间的"结束后才开始"关系中,后续活动只能在前导活动完成后 10 天才能开始。

可以认为,超前是重叠的时间,滞后是拖后或等待的时间。

6.1.3 网络图的绘制

(1) 网络图的作用

一个项目是由许多相互联系的任务组成的,任务之间有不同的先后关系,对任务进行排序后,就可以生成项目网络图。项目网络图以图形的方式表示出项目活动之间的逻辑关系,其作用有:

① 能展示项目活动并表明活动之间的逻辑关系;
② 表明项目任务将以何种顺序继续;
③ 在进行历时估计时,表明项目将需要多长时间;
④ 在改变某种活动历时时,表明项目历时将如何变化。

(2) 网络图的绘制

项目网络图的绘制方法有两种:箭线图法(Arrow Diagramming Method),又被称为双代号网络图(AOA);前导图法(Precedence Diagramming Method),又被称为单代号网络图(AON)。两者之间的差别在于活动是表示在"节点"上还是"连接线"上。

① 箭线图法(双代号网络图) 在这种形式的网络图中,每一项任务都用一条带箭头的

直线来表示，箭尾表示任务的开始，箭头表示任务的结束，任务的名称写在直线的上方，如图 6-10 所示。

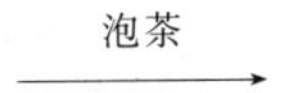

图 6-10　箭线图法（一）

任务之间用一些节点（用圆圈表示）连接起来，这些节点称为"事件"。如图 6-11 所示。

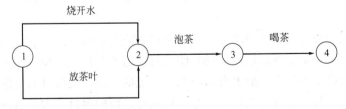

图 6-11　箭线图法（二）

一个节点既表示前一个任务的结束，同时也表示后一个任务的开始。节点的持续时间为零。箭尾的节点也叫开始节点，箭头节点也叫结束节点。网络图的第一个节点叫起点节点，它意味着一项工程或任务的开始。最后一个节点叫终点节点，它意味着一项工程或任务的完成。其他节点叫中间节点。在箭线图中，任务可以用某箭线前后两个节点的号码来代表。例如图 6-11 中"泡茶"任务，就可以用①②任务来代表。

处于一个任务开始（箭尾）的事件称为该任务的紧前事件（Predecessor Event），处于一个任务结束（箭头）的事件称为该任务的紧后事件（Successor Event）。在图 6-11 中，对于"喝茶"任务来说，它的紧前事件是"2"，它的紧后事件是"3"。

绘制箭线图的时候要注意以下几点：

a. 项目一般只有一个起点节点和一个终点节点；
b. 按照任务的逻辑关系绘制；
c. 箭线应该保持自左向右的方向；
d. 不能出现循环回路；
e. 不能出现双箭头或者没有箭头的连线；
f. 不能出现没有箭头节点或者没有箭尾节点的箭线；
g. 不能在箭线上引入或引出箭线。

在箭线图中，只能表示"完成—开始"关系。每个任务必须用唯一的紧前事件和唯一的紧后事件描述，紧前事件编号要小于紧后事件编号，每一个事件必须有唯一的事件号。

图 6-12　箭线图法（三）

上面说过，箭线图中，任务必须用前后两个事件的序号来代表，那么图 6-12 的箭线图中，可以用"事件 2—3"来表示"泡茶"，用"事件 3—4"来表示"喝茶"，但"事件 1—2"表示什么呢？是代表"烧开水"，还是代表"放茶叶"呢？在箭线图中，为解决这个问题，引入了虚任务的概念。虚任务指既不消耗时间，又不消耗资源的活动。它表示以虚箭头指向的事件必须在虚箭尾连接的事件之后才能进行。引入虚任务后,可以把上面的箭线图改写成图 6-13 所示形式。

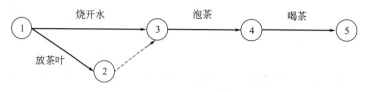

图 6-13　箭线图法(四)

图 6-13 中"事件 2—3"就是一个虚任务,这个虚任务既不消耗时间也不消耗资源,但解决了箭线图中事件的逻辑矛盾问题。引入虚任务后,图中"放茶叶"任务就可以表示为"事件 1—2","烧开水"任务就可以表示为"事件 1—3"。

② 前导图法(单代号网络图)　这种形式的网络图中,每一项任务都用一个方框(节点)表示,方框的左端表示任务的开始,方框的右端表示任务的结束,任务的名称写在方框里,每个方框有一个序号。如图 6-14。

| 1 泡茶 |

图 6-14　任务

方框之间用箭线表示任务之间的先后关系,如图 6-15 所示。上面说过,任务之间有 4 种关系,前导图中都可以包括,比起箭线图只能包括"完成—开始"关系,前导图的应用更为广泛。

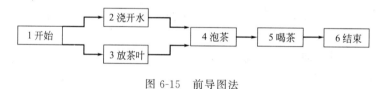

图 6-15　前导图法

在图中可以看到有些任务必须依次完成,比如必须泡完茶才能喝茶;有些任务可以同时进行,比如烧开水和放茶叶。

6.2　项目实施人员组织

人员组织是人力资源管理的重要环节,也是能否顺利完成任务的重要保障,随着项目规模的日益扩大、项目复杂度不断增高、项目团队规模的不断扩大、项目相关利益者的冲突不断增加、降低项目成本的压力不断上升等一系列情况的出现,使项目人员组织的重要性日益显现。无论是企业项目、政府性项目,还是非赢利性组织的项目,人员组织对项目活动的重要性也更加明显,项目的人员组织是得到需要分配到项目中工作的人力资源,是项目人力资源管理的重要组成部分。

6.2.1　项目人员组织的要素

项目人员组织应包括项目人员配制管理计划、人员组织说明两个方面。

(1) 人员配制管理计划

人员配制管理计划包括项目人员管理计划和项目人员配置要求两方面。

① 项目人员管理计划　人员管理计划是根据项目的具体情况和要求制定的。人员管理计划说明项目人员在何时，以何种方式加入和离开项目小组。人员管理计划可能是正式的，也可能是非正式的，可能是十分详细的，也可能是框架概括型的，要依项目的需要而定。

② 项目人员配置的要求　人员配置的要求界定了项目实施过程中在什么样的时间范围内，对什么样的个人和团体，要求具备什么样的概念技能、技术技能和人际技能。

技术技能是执行一项特定的任务所必需的那些能力；人际技能是指与人共事、激励或指导组织中各类员工的能力；概念技能是指一种洞察既定环境复杂程度的能力和减少这种复杂性的能力。不同层次的人员，对三种技能有不同要求：一般，高层管理者，最重要的是概念技能；基层管理者最重要的是技术技能；三个层次的管理者都需要人际技能。

(2) 人员组织说明

当项目管理小组进行人员分配时，它必须考虑可能利用的人员的素质。主要以考虑以下几点：

① 工作经验　哪些个人或团队以前从事过类似的或相关的工作，他们的工作业绩如何。

② 个人兴趣　哪些个人或团体对从事这个项目感兴趣。

③ 个性　哪些个人或团体对于以团队合作的方式工作感兴趣。

④ 人员利用　能否在必要的时间内得到项目最需要的个人或团体。

6.2.2 项目人员组织的过程

首先要针对项目的要求定义相关的角色，并根据角色规定其任务与职责，赋予相应的数据操作权限；其次将有关人员进行分组；然后，建立用户/用户组与角色之间的直接联系。

在项目执行前，要根据任务的性质、承担任务的部门等对项目进行任务分解，把任务分成不同的层次，如子项目、子任务等，形成项目的工作分解结构，并建立项目任务之间的树状层次关联及其之间的约束关系，画出网络图。

项目分解完成后，整个项目的执行过程就可以划分为若干各阶段，每个阶段都要完成一定的工作任务，并达到一定的目标。项目任务的各个阶段都有两种状态：工作状态和归档状态。工作状态是指某工作阶段的工作任务还没有完成；归档状态是指当工作完成后项目阶段的状态由工作状态变为归档状态，并把这个阶段所产生和处理的产品数据进行归档。应该注意的是，在划分项目的各个阶段时，要设定每个阶段结束所必须达到的标准，用以明确项目所处的阶段和控制项目在产品生命周期中状态的转变。

项目的任务是通过工作流程来完成的。项目的每个阶段对应于流程中的节点。每个节点的任务也是通过工作流程来完成的。项目负责人通过定义流程，把经过分解的项目任务分配到流程中的各个节点，把项目用户组成员分配到每个节点，从而把项目任务具体落实到每个项目用户组成员。

上述芬芳网上鲜花店建设项目的人员组织根据其工作分解结构可以组织成表 6-3。

表 6-3　芬芳网上鲜花店建设项目的人员组织

任务名称		负责人员
1 调研准备		
	1.1 召开专题会议,进行工作协调	总经理
	1.2 进行需求分析,确定目标需求	电子商务师、助理电子商务师
	1.3 选择系统供应商,选择开发合作方	电子商务师
2 开发		
	2.1 网站平台建设	
	2.2 网站风格和结构设计,功能划分	电子商务师、开发方人员
	2.3 初期素材收集	电子商务员
	2.4 网站功能开发	助理电子商务师、开发方人员
	2.5 二次资料收集补充	电子商务员
	2.6 网站初步发布及测试	电子商务师、助理电子商务师、开发方人员
3 试运营		
	3.1 培训操作人员	助理电子商务师
	3.2 制定推广计划	电子商务师
	3.3 修正系统功能	助理电子商务师、开发方人员
	3.4 进行负载分析	助理电子商务师
	3.5 撰写测试报告	电子商务师、开发方人员
	3.6 订立管理制度	总经理
	3.7 专职员工到位,准备正式运营	总经理
4 正式运营		
	4.1 制定维护计划	电子商务师
	4.2 制定定期分析制度	电子商务师
	4.3 项目验收	总经理、电子商务师、开发方人员
	4.4 进行项目评估	总经理、电子商务师

6.3　项目实施进度计划

6.3.1　项目进度计划制定的方法

　　项目进度计划是根据项目实施任务定义的项目工作排序,各项目工作延续时间和所需资源,来确定项目开始和完成时间,安排项目的时间进度。安排进度计划的目的是为了控制时间和节约时间,基本进度计划要说明哪些工作必须于何时完成和完成每一任务所需要的时间。

　　常用的制定项目计划的方法有以下几种。

　　(1) 关键日期表

　　这是最简单的一种进度计划表,它只列出项目的一些关键任务和进行的日期。在项目计划中,通过关注这些关键任务,可以使项目管理者能够随时监控项目进度,及时发现问题,并迅速进行处理。

一个项目的关键日期表见表 6-4。

表 6-4　一个项目的关键日期表

任务名称	任务计划日期
任务 1	8 月 8 日
任务 2	8 月 9 日
任务 3	8 月 24 日

（2）甘特图（Gantt chart）

甘特图又叫横道图，它是在第一次世界大战时期发明的，以亨利·L·甘特先生的名字命名一个完整地用条形图表示进度的标志系统。它基本是一种线条图，横轴表示时间，纵轴表示任务（活动），线条表示在整个期间上计划和实际的活动完成情况。它直观地表明项目各项任务的开始时间、先后顺序、持续时间、结束时间、总工期等情况。项目管理者由此可以非常便利地弄清每一项任务的实施情况，并可评估任务是提前还是滞后，或者是正常进行。除此之外，甘特图还有简单、醒目和便于编制等特点。甘特图可以用于 WBS 的任何层次，时间单位可以从年到月，甚至到日。

一个项目典型的甘特图如图 6-16 所示。

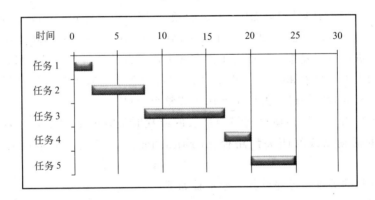

图 6-16　一个项目典型的甘特图

项目的时间从左到右表示在图的上方，项目的任务从上到下列在图的左边。时间框里的线条表示计划的活动顺序，以及每项活动持续的时间。

甘特图的优点：

① 图形化概要，通用技术，易于理解；

② 中小型项目一般不超过 30 项活动；

③ 有专业软件支持，无需担心复杂计算和分析。

甘特图的局限：

① 甘特图事实上仅仅部分地反映了项目管理的三重约束（时间、成本和范围），因为它主要关注项目的进程管理；

② 尽管能够通过项目管理软件描绘出项目活动的内在关系，但是如果关系过多，纷繁芜杂的线图必将增加甘特图的阅读难度。

甘特图可以用手工绘制，也可以使用 Project 2003 等各种工具软件来绘制。绘制甘特图一般步骤如下。

① 明确项目的各项任务，包括任务名称、顺序、开始时间、工期、任务类型（依赖/决定性）和依赖于哪一项任务。

② 创建甘特图草图，将所有的任务按照开始时间、工期标注到甘特图上。

③ 确定项目活动依赖关系及时序进度。使用草图，并且按照任务的类型将任务联系起来，并且安排顺序。此步骤将保证在未来计划有所调整的情况下，各项活动仍然能够按照正确的时序进行，也就是确保所有依赖性活动能并且只能在决定性活动完成之后按计划展开。

在安排任务的时候要注意避免关键路径过长。因为关键路径是由贯穿项目始终的关键任务所决定的，它既表示了项目的最长耗时，也表示了完成项目的最短可能时间。要注意的是，关键路径会由于单项任务进度的提前或延期而发生变化。同时要注意不要滥用项目资源，对于进度计划中的不可预知事件要安排适当的富裕时间（Slack Time）。但是，富裕时间不适用于关键任务，因为作为关键路径的一部分，它们的时序进度对整个项目至关重要。

④ 计算单项活动任务的完成时间。

⑤ 确定任务的执行人员及适时按需要调整完成时间。

⑥ 计算整个项目的完成时间。

(3) 关键路径法（Critical Path Method，CPM）

关键路径法是一种日程安排方法，由雷明顿-兰德公司（Remington-Rand）的 JE. 克里（JE. Kelly）和杜邦公司的 MR. 沃尔克（MR. Walker）在 1957 年提出，用于对化工工厂的维护项目进行日程安排。它适用于许多庞大而复杂的科研和工程项目，这些项目常常需要运用大量的人力、物力和财力，使用 CPM 可以合理而有效地对这些项目进行组织，在有限资源下以最短的时间和最低的成本费用完成整个项目。

对于一个项目而言，只有项目网络中最长的或耗时最多的活动完成之后，项目才能结束，这条最长的活动路线就叫关键路径（Critical Path），组成关键路径的活动称为关键活动。

怎样寻找项目的关键路径呢？其一般步骤如下。

① 将项目中的各项活动视为有一个时间属性的结点，从项目起点到终点进行排列。

② 用有方向的线段标出各结点的紧前活动和紧后活动的关系，使之成为一个有方向的网络图。

③ 用正推法计算出各个任务最早开始时间（ES）和最早结束时间（EF）。

正推法的步骤如下。

a. 从左面第一个任务的最早开始时间（ES）开始，用下面公式计算每项任务的最早开始时间（ES）和最早结束时间（EF）。

b. 对所有任务：$EF(i)=ES(i)+D(i)$。

c. 当任务 i 只有一个紧前任务 $i-1$ 时：$ES(i)=EF(i-1)$。

d. 当任务 i 有多个紧前任务时：$ES(i)=\max\{EF(i-j)\}(j=1,2,3\cdots)$。

其中，$ES(i)$ 为任务 i 的最早开始时间；$EF(i)$ 为任务 i 的最早完成时间；$D(i)$ 为任务 i 的持续时间。

④ 逆推法计算出各个任务的最晚开始时间（LS）和最晚结束时间（LF）。

逆推法的步骤如下。

a. 从右面最后一个任务的最晚完成时间（LF）开始，用下面公式计算每项任务的最晚开始时间（ES）和最晚完成时间（EF）。

b. 对所有任务：$LS(i)=LF(i)-D(i)$

c. 当任务 i 只有一个紧后任务 $i-1$ 时：$LF(i)=LS(i+1)$

d. 当任务 i 有多个紧后任务时：$LF(i)=\min\{LF(i+j)\}(j=1,2,3\cdots)$

其中，$LS(i)$ 为任务 i 的最晚开始时间，$LF(i)$ 为任务 i 的最晚完成时间

⑤ 用下面公式计算出各个活动的时差（TF）

$$TF(i)=LF(i)-EF(i)=LS(i)-ES(i)$$

⑥ 找出所有时差为零的活动所组成的路线，即为关键路径。

例如图 6-17 中是一个项目的网络图。

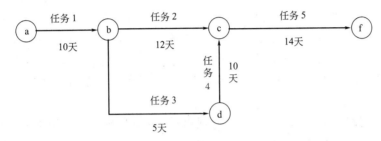

图 6-17　一个项目的网络图

a. 利用正推法，各个任务的 ES 和 EF 分别是

$ES(1)=0$，$EF(1)=10$

$ES(2)=10$，$EF(2)=22$

$ES(3)=10$，$EF(3)=15$

$ES(4)=15$，$EF(4)=25$

$ES(5)=\max\{EF(2),EF(4)\}=25$，$EF(5)=39$

b. 利用逆推法，各个任务的 LS 和 LF 分别是

$LF(5)=39$，$LS(5)=25$

$LF(4)=25$，$LS(4)=15$

$LF(3)=15$，$LS(3)=10$

$LF(2)=25$，$LS(2)=13$

$LF(1)=\min\{LS(2),LS(3)\}=10$，$LS(1)=0$

c. 计算各个任务的时差（TF）得到 TF（1）、TF（3）、TF（4）、TF（5）的时差为 0，则这项任务为关键任务，他们组成的路径为项目的关键路径，整个项目的总工期为 $10+5+10+14=39$（天）。

关键路径具有以下特点。

a. 关键路径上的任务持续时间决定了项目的工期，关键路径上所有任务的持续时间总和就是项目的工期。

b. 关键路径上的任何一个任务都是关键任务，其中任何一个任务的延迟都会导致整个项目完工时间的延迟。

c. 关键路径上的耗时是可以完工的最短时间量，若缩短关键路径的总耗时，会缩短项目工期；反之，则会延长整个项目的总工期。但是如果缩短非关键路径上的各个活动所需要的时间，也不至于影响工程的完工时间。

d. 关键路径上任务是总时差最小的任务，改变其中某个任务的耗时，可能使关键路径发生变化。

e. 可以存在多条关键路径，它们各自的时间总量肯定相等，即可完工的总工期。

关键路径是相对的，也可以是变化的。在采取一定的技术组织措施之后，关键路径有可能变为非关键路径，而非关键路径也有可能变为关键路径。

(4) 计划评审技术 (Program Evaluation and Review Technique，PERT)

PERT 最早是 1958 年美国海军特种计划局在研制舰载"北极星"导弹时提出来的。它的基本原理是将工程项目作为一个系统，把组成这一系统的各项作业按其先后顺序和相互关系，运用网络形式统一筹划，区别轻重缓急进行组织和协调，以期有效地利用人力、物力、财力，用最少的时间完成整个系统的预定目标，从而取得良好的经济效益。它能协调整个计划的各道工序，合理安排人力、物力、时间、资金，加速计划的完成。在现代项目计划的编制和分析手段上，PERT 被广泛的使用，是现代化管理的重要手段和方法。

PERT 与关键路径法两种方法的基本原理相同，主要区别只是对作业时间的估计方法不同。关键路径法以经验数据来确定任务的时间，着重于成本控制，而计划评审法主要用于缺少实际经验的工程项目，常用统计方法确定作业时间，着重于时间控制。

在 PERT 中，假设各项任务的时间服从 β 分布，近似地用三时估计法估算出三个时间值，即最短持续时间（也称乐观估计时间）、最长持续时间（也称悲观估计时间）和最可能持续时间（也称正常估计时间），再加权平均算出一个期望值作为任务的持续时间。PERT 方法最大的优点是可以对项目在某个时间内完成的概率进行估算。比如某个项目在 100 天内完成的概率是 98%，在 90 天内完成的概率是 90%，这样的估算结果对项目进度控制是很有帮助的。

利用 PERT 方法计算项目预计完成时间的步骤如下。

① 找出项目的关键路径并对关键路径上的各个任务进行最短、最长和最可能持续时间估计。

② 计算每个任务的平均持续时间，公式如下

$$t_i = \frac{a_i + 4c_i + b_i}{6}$$

式中　t_i——i 任务的平均持续时间；
　　　a_i——i 任务的最短持续时间；
　　　b_i——i 任务的最长持续时间；
　　　c_i——i 任务的正常持续时间。

③ 计算每个任务的方差，公式如下

$$\sigma_i^2 = \left(\frac{b_i - a_i}{6}\right)^2$$

式中　a_i——i 任务最短持续时间；

b_i——i 任务最长持续时间；

σ_i^2——i 任务的方差。

④ 计算项目的预计完成时间，它是关键路径上各个任务平均持续时间的和。

⑤ 计算项目的方差，它是关键路径上各个任务方差的和。

⑥ 计算项目标准差，即项目方差的平方根。

⑦ 根据项目的预计完成时间和项目标准差，计算项目在不同时间内完成的概率。

例如图 6-18 是某项目的关键路径以及关键路径上各个任务的三种时间估算。

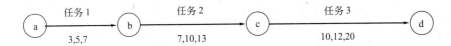

图 6-18　某项目的关键路径以及关键路径上各个任务的三种时间估算

计算各个任务的平均持续时间和方差见表 6-5。

表 6-5　各个任务的平均持续时间和方差

任务名称	平均持续时间（天）	方　　差
任务 1	$t_1=(3+5\times 4+7)/6=5$	$\sigma_1^2=[(7-3)/6]^2\approx 0.444$
任务 2	$t_2=(7+10\times 4+13)/6=10$	$\sigma_2^2=[(13-7)/6]^2=1$
任务 3	$t_3=(10+12\times 4+20)/6=13$	$\sigma_1^2=[(20-10)/6]^2\approx 2.778$

项目预计完成时间就是关键路径上各个任务平均持续时间之和：$5+10+13=28$（天）

项目总方差就是关键路径上各个任务方差之和：总方差$=0.444+1+2.778=4.222$

项目标准差为总方差的平方根：标准差$=(4.222)^{1/2}\approx 2.05$

根据项目的预计完成时间和标准差就可以计算项目在不同时间内完成的概率。以项目预计完成时间为中心，绘制正态分布曲线，如图 6-19 所示。

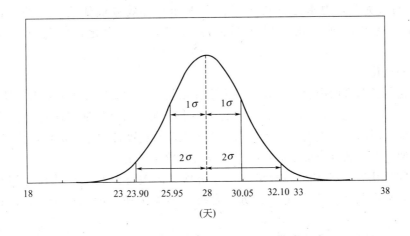

图 6-19　正态分布曲线

根据概率的正态分布可以知道，在$\pm\sigma$范围内（本项目是 25.95 天到 30.05 天之间）包含了总面积（发生概率）的 68%；在均值$\pm 2\sigma$范围内（本项目是 23.90 天到 32.10 天之间）

包含了总面积的 95%；在均值 ±3σ 范围内（本项目是 21.85 天到 34.15 天之间）包含了总面积的 99%。这个项目在 30.05 天前完成的概率是多少呢？根据图 6-19，项目在 30.05 天前完成的概率等于在 30.05 那个点画出的垂直线左边正态曲线下方所覆盖的面积。而我们知道 25.95 天到 30.05 天之间属于 ±σ 范围，曲线所覆盖的面积是 68%。由于正态曲线是对称分布的，28 天是项目的均值，这个时间之前曲线所覆盖的面积是 50%，28 到 30.05 之间所覆盖的面积是 68% 的一半，就是 34%。所以 30.05 之前曲线所覆盖的面积就是 50% + 34% = 84%。也就是说，这个项目在 30.05 天前完成的概率是 84%。

类似的，可以很容易地计算出项目在均值左右两边 ±σ、±2σ、±3σ 这几个特征点之前的完工概率。如果我们要知道任意一个时间之前完工的概率，可以查正态分布表，也可以利用在 EXCEL 中的公式 NORMDIST 来计算

NORMDIST (x, mean, standard_dev, cumulative)

其中，x，要计算的概率分布点；mean，中心值，也就是预计完成时间；standard_dev，项目标准差；cumulative，表明是计算累计概率分布还是概率密度，一般选择累计概率分布。

假设我们需要知道上面的项目在 31 天内完成的可能性，则

NORMDIST (31, 28, 2.05, TRUE) = 92.8%

根据 PERT 分析所得到的项目进度信息，不仅仅包含了项目的整体进度信息，也显示了完成的时间和可能性之间的关系。事实上，根据 PERT 分析所得到的整体进度仅仅具有 50% 的可能性。如果以此作为实施的控制基准，显然会产生较大的延误风险。所以一般取具有较高信心（例如 85% 以上）对应的项目完成时间作为最后的进度基准。如果考虑到计算的方便性，一般实际操作中可以取 84% 的可能性，也就是以预计完成时间 + 标准差的天数作为项目计划的整体进度。

6.3.2 项目进度计划制定的优化

编制出项目进度计划后，还必须依据各种主、客观条件，在满足工期要求的同时，合理安排时间与资源，力求达到资源消耗合理和经济效益最佳这一目的，这就是进度计划的优化。进度计划优化一般包括：时间（工期）优化、时间（工期）—成本优化。

（1）时间优化

时间优化包括两方面内容：一是项目进度计划的计算工期超过实际要求工期，所以必须对项目进度计划进行优化，使其计算工期满足要求工期，而且保证因此而增加的费用最少；二是项目进度计划的计算工期远小于要求工期，也应对进度计划进行优化，使其计算工期接近于要求工期，以达到节约费用的目的。一般前者最为常见。

进行时间优化时，必须绘制网络图，分析项目的关键路径。在计算工期超过要求工期的情况下，要分析关键路径上的任务，合理压缩关键任务的完成时间，以达到缩短工期的目的。

（2）时间（工期）—成本优化

时间（工期）—成本优化包含两个方面的内容：一是根据计划规定的期限，规划最低成本；二是在满足成本最低的要求下，寻求最佳工期。

缩短工期的单位时间成本可用如下公式计算

$$K=\frac{C_B-C_A}{T_A-T_B}$$

式中，C_A 为正常成本；C_B 为应急成本；T_A 为正常时间；T_B 为应急时间。

时间—成本优化的步骤是：

① 求关键路径；

② 对关键路径上的任务寻找最优化途径；

③ 对途径中 K 值小的任务进行优化。

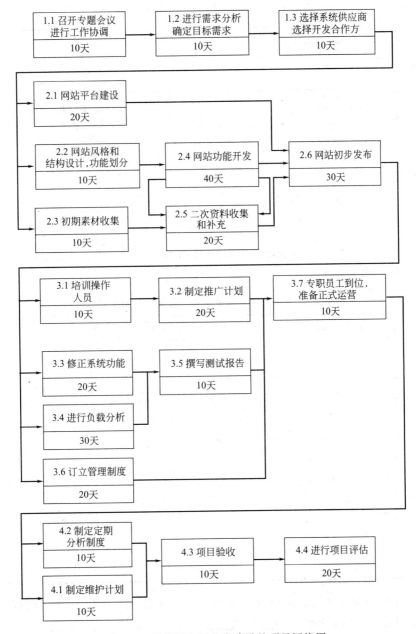

图 6-20　芬芳网上鲜花店建设的项目网络图

6.3.3 项目进度计划实例

在芬芳网上鲜花店建设的项目中，根据该项目的工作分解结构表，我们可以画出项目的网络图，如图 6-20 所示。

项目关键路径如图 6-21 所示。

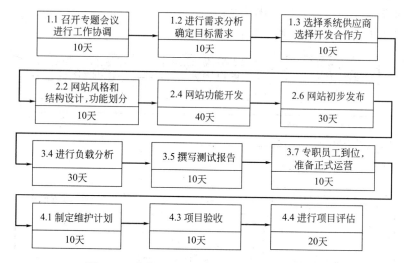

图 6-21 芬芳网上鲜花店建设的项目关键路径

项目预期工期是 200 天。如果使用 PERT 法对各个关键任务的最短、最可能、最长持续时间进行估计，得到表 6-6。

表 6-6 估计各个关键任务的最短、最可能、最长持续时间

任务序号	最短时间(天)	最可能时间(天)	最长时间(天)	平均时间(天)	方差
1.1	5	10	12	9.5	1.361
1.2	8	10	12	10	0.444
1.3	5	10	15	10	2.778
2.2	8	10	12	10	0.444
2.4	30	40	50	40	11.111
2.6	25	30	35	30	2.778
3.4	28	30	32	30	0.444
3.5	3	10	11	9	1.778
3.7	5	10	12	9.5	1.361
4.1	3	10	11	9	1.778
4.3	8	10	12	10	0.444
4.4	15	20	25	20	2.778

项目预计完成时间 197 天，项目总方差 27.449，项目标准差 5.24 天。根据正态分布曲线，则项目在 197+5.24=202.24 天前完成的概率是 84%，在 197+5.24×2=207.48 天前完成的概率是 97.5%。

在网络图的基础上绘制项目甘特图如图 6-22 所示。

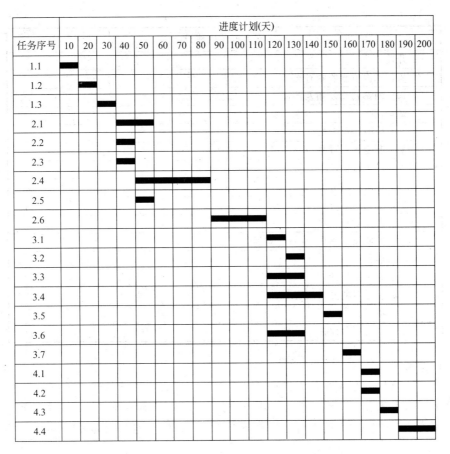

图 6-22 绘制项目甘特图

6.4 案例

芬芳网上鲜花店项目实施方案

(1) 网站实施任务

网站实施任务见表 6-7。

表 6-7 网站实施任务

网上鲜花店建设
1 调研准备
1.1 召开专题会议,进行工作协调
1.2 进行需求分析,确定目标需求
1.3 选择系统供应商,选择开发合作方
2 开发
2.1 网站平台建设
2.2 网站风格和结构设计,功能划分
2.3 初期素材收集
2.4 网站功能开发

续表

网上鲜花店建设
2 开发
2.5 二次资料收集补充
2.6 网站初步发布及测试
3 试运营
3.1 培训操作人员
3.2 制定推广计划
3.3 修正系统功能
3.4 进行负载分析
3.5 撰写测试报告
3.6 订立管理制度
3.7 专职员工到位,准备正式运营
4 正式运营
4.1 制定维护计划
4.2 制定定期分析制度
4.3 项目验收
4.4 进行项目评估

(2) 网站实施的组织

为实施网站项目,芬芳鲜花店拟成立电子商务项目组,由总经理兼任组长,组员包括电子商务师1人(副组长,负责项目组日常工作)、助理电子商务师1人以及电子商务员1人,运营阶段以该项目组为班底成立网站运营部。项目实施人员组织见表6-8。

表6-8　项目实施人员组织

任务名称		负责人员
1 调研准备		
	1.1 召开专题会议,进行工作协调	总经理
	1.2 进行需求分析,确定目标需求	电子商务师、助理电子商务师
	1.3 选择系统供应商,选择开发合作方	电子商务师
2 开发		
	2.1 网站平台建设	
	2.2 网站风格和结构设计,功能划分	电子商务师、开发方人员
	2.3 初期素材收集	电子商务员
	2.4 网站功能开发	助理电子商务师、开发方人员
	2.5 二次资料收集补充	电子商务员
	2.6 网站初步发布及测试	电子商务师、助理电子商务师、开发方人员
3 试运营		
	3.1 培训操作人员	助理电子商务师
	3.2 制定推广计划	电子商务师
	3.3 修正系统功能	助理电子商务师、开发方人员
	3.4 进行负载分析	助理电子商务师
	3.5 撰写测试报告	电子商务师、开发方人员
	3.6 订立管理制度	总经理
	3.7 专职员工到位,准备正式运营	总经理

续表

任务名称		负责人员
4 正式运营		
	4.1 制定维护计划	电子商务师
	4.2 制定定期分析制度	电子商务师
	4.3 项目验收	总经理、电子商务师、开发方人员
	4.4 进行项目评估	总经理、电子商务师

(3) 网站实施进度计划

项目任务的网络图如图 6-23 所示。

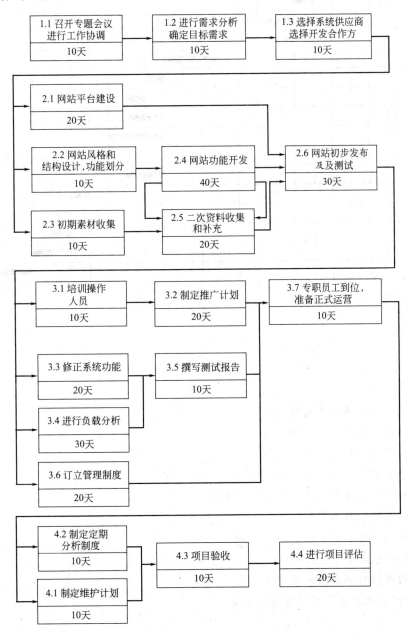

图 6-23 项目任务的网络图

项目进度计划如图 6-24 所示。

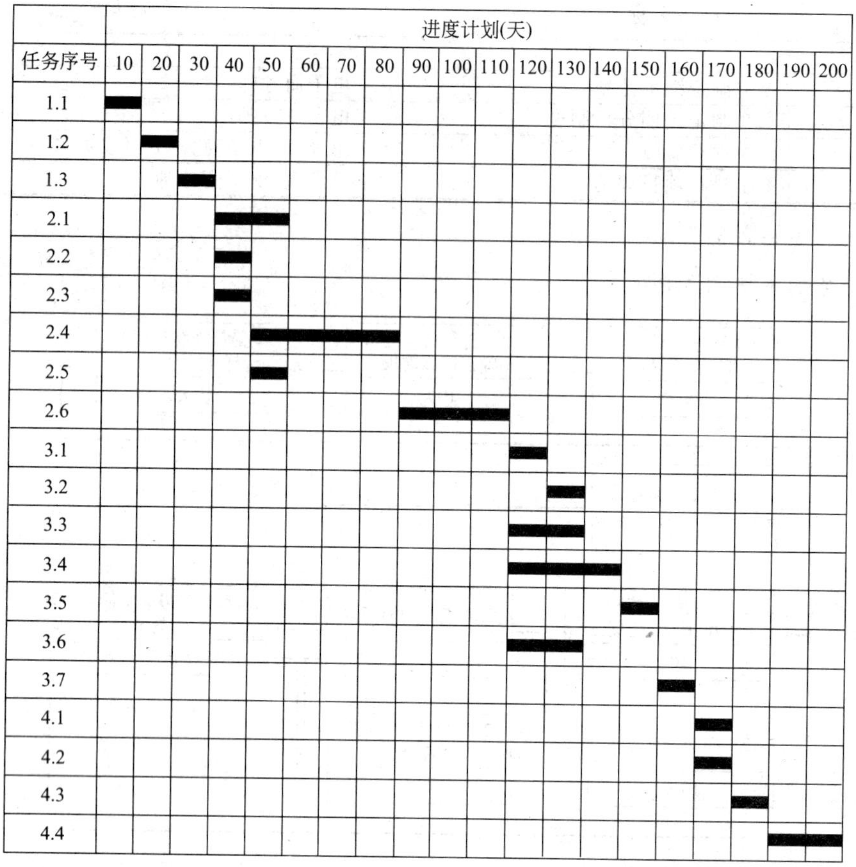

图 6-24　项目进度计划

思考题

1. 工作分解结构的表示形式有哪些？
2. 项目工作结构分解的方法有哪几种？
3. 自上而下的工作结构分解有哪些步骤？
4. 网络图的绘制有哪几种方法？绘制的步骤是怎样的？
5. 任务之间的依赖关系有哪几种类型？分别举例说明。
6. 项目人员组织的过程如何？
7. 关键路径有哪些特点？如何寻找项目的关键路径？
8. PERT 方法中方差与项目完成的概率关系是怎样的？
9. 缩短工期的单位时间成本怎样计算？
10. 请制定"网上礼品店"的项目实施方案。

第 7 章 电子商务项目运营管理计划

电子商务项目在完成系统实施,投入运行之后,就进入了系统运营阶段。为了使电子商务系统正常运行,达到预期目标,制定好运营管理计划是必不可少的一项工作。项目运营管理计划是指项目建成投入运营后需要哪些措施来确保电子商务系统的正常运行,包括系统管理计划、组织管理计划和安全管理计划等几个方面的内容。对于电子商务网站来说,制定网站推广计划是电子商务项目运营管理计划不可缺少的组成部分。

7.1 电子商务系统管理计划

7.1.1 系统管理计划的概念

与一般的信息系统相比,电子商务系统的运行过程更为复杂,既包含商务活动的内容,也包含信息技术的内容。所以它的系统管理需要包含商务和技术两个方面。电子商务系统管理计划包括硬件管理、软件管理、数据管理和信息管理等方面内容,如图 7-1 所示。完善的系统管理计划是电子商务系统顺畅运行的基础。

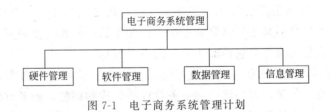

图 7-1 电子商务系统管理计划

7.1.2 系统管理计划的内容

(1) 硬件管理

硬件管理主要包括对服务器及外设的日常维护和管理,如果电子商务网站采用自建机房的形式,则还包括机房的网络设备、网络线路等的维护和管理。

硬件系统的管理主要有以下几种类型的任务

① 建立企业计算机设施、设备配置档案,一般包括设备型号、生产厂家、配置参数、安装时间、安装地点、IP 地址等,发生变化时及时更新。

② 定期的设备保养性维护。主要是对设备进行例行的检查和保养,周期可以是一个星期或者一个月等。

③ 突发的故障维修。当设备出现突发性故障的时候,由专职的维修人员或者请设备生产的厂家来排除故障,这种维修活动所花的时间不能太长,以免影响系统的正常运行。

硬件系统的管理应该由专职人员来负责,通常有两种方式。

① 企业自己维护方式。在企业配备了专业的计算机应用维护人员时，硬件的管理维护可由专职的硬件管理维护人员来负责。

② 外包管理维护方式。与服务商签订管理维护（修）合同，把硬件的日常保养、故障维修承包出去，这样，不单可以节省人力，同时也会使得硬件的管理维护更加规范、更加专业。

为了提高硬件系统的可靠性，还可以采用双机备份形式，当一组设备出现故障时，立即启用另一组设备投入运行，这样可以尽量少地影响系统的运营。

(2) 软件管理

软件管理主要包括系统软件管理和业务软件管理。

① 系统软件管理　系统软件一般主要包括操作系统 Unix 或 WindowsNT，数据库 Oracle 或 Sybase 等，开发工具 ASP、Java 语言，防病毒软件等。对这些软件的管理工作主要如下。

a. 对于操作系统，一般需要进行以下的系统管理与维护工作。

- 定期清理日志文件、临时文件。
- 定期整理文件系统。
- 监测服务器上的活动状态和用户注册数。
- 处理运行中的死机情况等。

b. 对于大型数据库，一般都提供了监控数据库的工具，可监控数据库上的用户注册数、系统负载以及整理数据库等。

c. 版本控制。为了保持各客户机上的版本一致，应设置一台安装服务器，当远程客户机应用软件需要更新时，就可以从网络上进行远程安装。但是，远程安装应选择网络负载较低时进行，特别是安装大型应用软件，最好在晚上进行，以免影响网络的日常工作。

d. 更新软件。尽管在很多情况下，把补丁放到系统之前先进行测试之类的问题可能极其重要，但安全补丁最终还是必须部署到系统上。如果长时间没有更新安全补丁，可能会导致使用的计算机很容易成为肆无忌惮的攻击者的下手目标。

② 业务软件管理　系统的业务处理过程是通过业务软件的运行而实现的，一旦业务软件发生问题或业务发生变化，就必然引起业务软件的修改和调整，业务软件管理的主要任务是对软件进行维护。在系统测试阶段已经对业务软件进行了大量的测试和修改工作，为什么还要在系统运行过程中进行软件维护呢？其原因有以下几个方面。

首先从系统测试的原理来看，系统测试不能无穷无尽地进行，并且整个测试过程并不能够把程序中的所有错误都检查出来，在系统运行过程中仍会发现软件方面的错误，因此必须对其进行维护。

其次由于业务系统是服务于各项管理活动的，而管理活动要随着客观环境和管理需求的变化而变化，因此必然要求业务软件也要随之而变化，以满足这种不断变化的需求。

最后，由于硬件是不断发展的，相应的软件要不断地更新，为了延长应用系统寿命，保证系统质量，必须对业务软件进行维护。

业务软件管理主要包括下面几个方面。

a. 纠错性管理。纠错性管理是改正业务软件在测试阶段未发现的而在运营中出现的错误。由于系统测试不可能发现软件存在的所有错误，因此在系统投入运行后频繁的实际应用过程中，就有可能暴露出软件内隐藏的错误，诊断和修正软件中遗留的错误，就是纠错性管理。纠错性管理是在系统运行中发生异常或故障时进行的，这种错误往往是遇到了从未用过的输入数据组合或是在与其他部分接口处产生的,因此只是在某些特定的情况下发生。

b. 完善性管理。完善性管理是为了扩充功能和改善性能而对业务软件进行修改。在软件的使用过程中,往往要求扩充原有系统的功能,提高其性能,如增加数据输出的图形方式,增加联机在线帮助功能、调整用户界面等,尽管这些要求在原软件开发的需求规格说明书中并没有,但要求在原有软件基础上进一步改善和提高,并且随着对软件的使用和熟悉,这种要求可能不断提出。为了满足这些要求就要进行完善性管理。

③ 适应性管理。适应性管理是为适应外界条件的变化而进行的修改。一方面计算机科学技术迅速发展,硬件的更新周期越来越短,新的操作系统和原来操作系统的新版本不断推出,外部设备和其他系统部件经常有所增加和修改,这就必然要求业务软件能够适应新的软硬件环境,以提高系统的性能和运行效率;另一方面,电子商务系统的使用寿命在延长,超过了最初开发这个系统时应用环境的寿命,即应用对象也在不断发生变化,机构的调整、管理体制的改变、数据与信息需求的变更等都将导致软件不能适应新的应用环境,如代码改变、数据结构变化、数据格式以及输入输出方式的变化、数据存储介质的变化等,这些都将直接影响系统的正常工作。因此有必要对软件进行调整,使之适应业务的变化,以满足发展的要求。例如网站运营过程中,业务规模、用户访问数量增加,要求计算机设备档次提升,操作系统或数据库系统版本升级等,这些情况下,业务软件都可能需要进行相应的调整,以适应系统环境的变化。

(3) 数据管理

数据管理是指对系统的文件、数据库的阶段性维护。主要包括下列几个方面。

① 定期对系统数据进行备份,主要是系统的交易数据、日志等,备份周期可以按一天、一周或者一个月进行不同形式的备份,包括全备份、增量备份和差分备份等。

a. 全备份。全备份就是对整个服务器系统进行备份,这种备份方式的特点就是备份的数据最全面、最完整,当发生数据丢失的灾难时,只要用灾难发生前一天的备份磁带就可以恢复全部的数据。但是全备份数据量非常大,备份时间比较长,通常只是在备份的最开始一两天采用。

b. 增量备份。增量备份指每次备份的数据只是相当于上一次备份后增加的和修改过的数据,这种备份的优点是没有重复的备份数据,节省磁带空间,又缩短了备份时间。增量备份的缺点在于当发生灾难时,恢复数据比较麻烦。这种备份方式适用于进行了完全备份后的后续备份。

c. 差分备份。差分备份就是每次备份的数据是相对于上一次全备份(注意不是上一次备份)之后新增加的和修改过的数据。与增量备份相比,差分备份虽有部分重复的备份数据,但灾难恢复更加方便。这种备份方式也适用于进行了完全备份后的后续备份。

② 系统数据损坏时,要用备份数据进行恢复,采用哪个备份数据进行恢复要根据数据损坏的程度来选择。

数据管理要有专门的数据管理员来负责。

(4) 信息管理

信息管理包括对电子商务系统运行过程中涉及的各类信息的管理。如电子商务网站信息管理可包括电子商务网站前台内容管理、网站交互信息管理、网站更新管理、网站后台数据管理等内容。

① 网站前台内容管理　即对网站前台系统显示的内容进行管理,包括网页内容的修改

和更新，添加新的内容、删除过期的信息等。因为网站前台系统是直接面对用户的，所以它的内容是否正确和有效，直接影响网站的运行。

② 网站交互信息管理　网站的交互信息包括留言本、公告板、用户反馈信息、用户提问等，要定期对这些信息进行维护，对用户提出的问题要及时回应。

③ 网站更新管理　网站发布后，在运营过程中经营的项目、环境、方向都会有变化，网站的内容也应该进行更新，例如完善内容、更换风格等。

④ 网站后台数据管理　网站后台数据主要包括日常交易数据，例如客户信息、订单信息、新闻信息等，以及一些管理数据。网站运营过程中要有专人定期对这些数据进行处理。

7.1.3 案例

芬芳网上鲜花店系统管理计划

（1）硬件管理

芬芳网上鲜花店采用主机托管方式构建，硬件管理采用外包管理维护方式，与托管商签订维护合同，明确职责，由托管机房进行维护。

（2）软件管理

① 系统软件管理

a. 系统管理员定期清理日志文件、临时文件。

b. 系统管理员定期整理文件系统。

c. 系统管理员监测服务器上的活动状态和用户注册数。

d. 系统管理员定期将最新的软件补丁安装到服务器上。

② 业务软件管理　电子商务员把应用系统使用情况和用户反馈意见报告给电子商务师，电子商务师根据系统运行情况定期提出整改或升级方案。

（3）数据管理

① 系统管理员每天对网站系统数据库进行增量备份，每周对数据库进行完全备份。

② 若系统出现死机、损坏等情况使数据丢失，用最近的数据备份进行恢复。

（4）信息管理

① 电子商务员每天整理当天的订单数据，进行销售统计。

② 电子商务员每天对网站的留言本、公告板等交互信息进行处理。

③ 助理电子商务师负责定期更新网站后台的数据，如商品信息、新闻信息等。

7.2 电子商务组织管理计划

7.2.1 组织管理计划的概念

组织管理计划是指企业业务转向电子商务后，应采用什么样的组织结构和岗位人员配置来与电子商务的运作方式相适应。电子商务组织管理计划是电子商务项目成功运营的保障。组织管理计划主要包括组织结构设计和岗位及人力资源配置等主要任务。

7.2.2 组织管理计划的内容

（1）组织结构设计

企业在建立组织结构时，必须遵循以下五个基本原则：
① 组织结构必须反映公司的目标和计划；
② 必须根据工作任务需要来设计组织结构；
③ 必须能保证决策指挥的统一；
④ 必须有利于全过程及全局的控制；
⑤ 必须考虑各种报告、汇报的方式、方法和制度。

根据以上原则，企业中可以分别以职能型、项目型和矩阵型三种形式来设计组织结构。

① 职能型组织　企业完全按照职能分工来划分部门，比如一个企业有系统维护部、市场部、物流部、客户服务部等，如图7-2所示。职能型组织是层次化的金字塔形的结构，高层管理者位于金字塔的顶部，中层和低层管理则沿着塔顶向下分布。

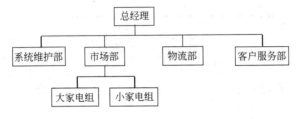

图 7-2　职能型组织结构

职能型组织结构具有以下优势。

a. 人员使用具有较高的灵活性，如果员工发生离职、休假等意外情况，部门经理可以从部门中选择适当的人员来顶替。

b. 每个员工可以在所属的部门中获得知识和技能的更新、分享，也可以在项目进行过程中获得技术支持。

c. 成员事业稳定性和连续性较高。

但是，职能型组织结构存在以下不足。

a. 技术复杂的项目通常需要多个部门的共同合作，但这种组织结构在跨部门之间的合作与交流方面存在一定困难。

b. 成员的工作局限于所属的部门和专业，各部门只关注本部门的利益，强调自身的重要性，缺乏全局考虑，会影响组织整体目标的实现。

c. 各部门主管人员只涉及部分职能，不利于高层管理人才的培养。

② 项目型组织　企业运作中，如果按照不同的电子商务项目组成不同的团队，由指定的项目经理来协调和管理项目的运作，这类型的组织就称为项目型组织。例如根据不同的电子商务项目，或者电子商务项目的不同阶段，组织不同的成员，形成不同的项目组。比如A项目组负责电子商务项目的开发，B项目组负责电子商务项目的运营。

这种组织模式的优点有：

a. 项目经理负责项目所有相关人员、资源的协调管理，可以最大限度地提高项目的运作效率；

b. 易于从项目角度对成员进行激励，团队精神可以得到充分发挥；

c. 从项目角度审视，组织结构清晰简单，易于评估管理。

项目型组织也存在一些缺点：

a. 同种职能的人员，因为属于不同项目，彼此间的交流、共享以及技术积累比较难开展；

　　b. 专业性人员利用率比较低；

　　c. 项目成员之间因为负责的任务不同，会出现忙闲不均的情况，不利于整体激励。

③ 矩阵型组织　　矩阵型组织是综合职能型和项目型特点的一种组织模式，成员既属于某个职能部门，同时也属于某个项目组，如图 7-3 所示。项目成员既需要对职能部门经理汇报，也需要对项目经理汇报，项目的人员管理由项目经理和职能部门经理互相协调完成。

矩阵型组织在一定程度上具有职能型和项目型两种组织模式的优点：

　　a. 项目经理和职能部门经理可以发挥各自优势。

　　b. 各种资源利用率最高，人员之间协调性好。

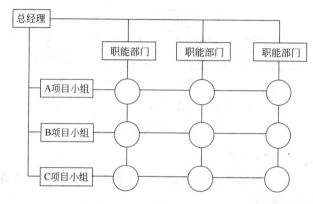

图 7-3　矩阵型组织结构

但矩阵型组织也有以下缺点：

　　a. 成员具有两个以上领导，容易造成责任不清或成员偷懒的情况。

　　b. 项目组之间容易引起对需要共享的稀有资源的争夺，不利于企业整体利益。

以上每一种组织结构形式都有其优点、缺点和适用条件，没有一种万能的、最好的组织结构形式。电子商务组织结构的设计必须根据企业的具体情况，经过认真分析和研究，服从其服务的整体组织的宗旨和目标，灵活选用一种或多种职能组织结构的模式。

一般来说，部门控制式的组织结构适用于项目规模小、专业面窄、以技术为重点的项目；如果一个组织经常有多个类似的、大型的、重要的、复杂的项目，应采用项目式的组织结构；如果一个组织经常有多个内容差别较大、技术复杂、要求利用多个职能部门资源时，比较适合选择矩阵型组织结构。

（2）岗位设置

一般来讲，电子商务企业需要设置以下岗位。

① 管理层岗位　　与其他商业机构类似，电子商务企业也需要有管理层来管理产品和服务的生产环节，以及使这些环节正常运转的人员。电子商务企业的管理层必须熟悉重要的电子商务模型。他们必须懂得如何通过技术来管理自己的供应链，与厂商交流，识别新的客户群以及提高内部的运转效率等。

② 营销和销售岗位　　销售是任何商业机构的生命源泉，电子商务企业也不例外。因为电子商务中的许多营销和销售活动都是通过 Internet 进行的，所以这两个岗位都需要比常人更加熟悉 Internet 及其技术。

在电子商务中，营销部门的雇员必须与网站设计人员密切配合，从而保证自己的网站能够正确代表公司的品牌和整体形象。他们要制定出广告策略，包括 Web 上的广告设计和广告安排等。另外，通过淘汰中间环节或添加中间环节的方式来发掘或识别新的客户群体也是他们的任务。

在电子商务中，销售部的雇员要发掘具体的销售途径来实现本机构的营销计划。他们的销售途径可能包括电子邮件、个人销售、许可性营销以及其他与潜在或现实客户交流的方式。

③ 客户服务岗位 在许多电子商务活动中，客户在购买产品或服务之前不会与公司的雇员发生任何个人接触。因此，如果客户对购买的商品不满意，他们首先会想到客户服务部门。客户服务部门的任务是处理客户的投诉或咨询，帮助他们解决问题，并在此过程中得到大量客户反馈信息，供企业的管理层根据客户的需求进行调整，以更好地满足客户的需要。

④ 信息管理岗位 主要负责商务网站上的新闻、广告、产品等信息的发布、管理工作。

⑤ 技术支持岗位 主要任务是负责各种软硬件、网络系统的技术支持和维护工作。

以上岗位的设置只是一个参考，并不是一成不变的，电子商务企业随着环境的改变和业务的发展岗位需要经常变化，可以根据需要进行不同的岗位设置。

（3）人力资源配置要求

电子商务项目所需要的人力资源具有以下特点。

① 人员需求多样化。电子商务项目团队与其他信息化项目不同，团队中除了技术人员，还需要具备市场营销、调研、服务等具有商务知识的专业人员，这样才能保证项目顺利实施。

② 人员构成需要合理的质量结构。在团队中需要各种层次的人员，如果团队中全部都是专业素质很高、经验很丰富的成员，会使很多事务性或者技术含量较低的工作没有成员有积极性去做，或者要支付很高的成本。相反，如果团队中成员质量结构适当，则项目中各种复杂程度不同的工作都有相应人员负责，可以保障项目顺利进行。因此，高质量的团队要求的是人员质量结构合理搭配，并不一定需要团队中每个人都有高素质。

③ 人员构成需要合理的数量结构。团队人员不应经常采用加班策略，所以对团队人员数量合理的配置使人员既不用加班加点，也不会出现冗余人员也是团队人员配置的重要方面。

④ 人员之间需要沟通管理。电子商务项目中需要商务人员和技术人员共同参与完成，如商务人员调研的信息，来自技术人员的数据分析支持。而两类人员的知识背景和工作要求存在比较大的差异，经常属于不同的部门或者小组，甚至处于不同的地理位置，所以成员彼此之间的沟通管理尤其重要。

7.2.3 案例

芬芳网上鲜花店组织管理计划

芬芳网上鲜花店的组织结构如图 7-4 所示。

电子商务经理由总经理兼任，网上鲜花店作为一个项目设置网站运营部、营销部和物流配送部等部门，负责网站的运作管理、营销以及物流配送，工作人员尽量从原来实体花店相应部门抽调，两头兼顾。各部门职责与人员安排见表 7-1。

图 7-4 芬芳网上鲜花店的组织结构

表 7-1 芬芳网上鲜花店各部门职责与人员安排

部门	部门职能	岗位	岗位职能	人数
		电子商务经理	负责整个网上鲜花店的运营管理	1
网站运营部	负责网站的管理	经理	负责网站运营部的运作管理	1
		助理电子商务师	负责网站应用系统管理、协助经理进行网站的运作管理	1
		电子商务员	负责网站应用系统的运行操作	1
		系统管理员	负责网站设备系统的维护和管理	1
营销部	负责货物的采购,网站销售策略的制定及广告宣传	经理	负责营销部的运作管理	1
		销售人员	负责网站的营销	1
物流配送部	负责网站订单货物的配送	经理	负责物流配送部的运作管理	1
		配送人员	负责物流配送业务的操作	3

7.3 电子商务安全管理计划

7.3.1 安全管理计划的概念

电子商务项目运营过程中,安全管理是至关重要的,因为电子商务系统包含有企业的商务活动信息和资金支付信息,所以直接影响企业的经济利益和日常的运作。电子商务安全管理计划就是制定如何对电子商务系统的安全进行管理,对系统内的信息进行保护,防范可能出现的入侵。电子商务安全管理计划是电子商务系统正常运行的必然要求,主要包括实体安全管理、运行安全管理以及人员安全管理等方面的内容。

7.3.2 安全管理计划的内容

(1) 实体安全管理

实体安全是指保护计算机设备、设施免遭各种事故或者事件的破坏。实体安全又分为设备安全和环境安全。

① 设备安全 设备安全是指提供对计算机系统设备的安全保护,包括设备的防盗、防毁、防电磁干扰、防止电磁信息泄漏、防止线路截取。

② 环境安全 环境安全提供对计算机信息系统所在场所的安全保护,主要包括防灾保护和区域保护。防灾保护提供例如受灾报警、受灾保护、受灾恢复等功能;区域保护提供对特定区域的保护和隔离。

(2) 运行安全管理

运行安全管理主要是指根据系统运行记录,跟踪系统状态变化,分析系统安全隐患,发现系统漏洞,防范外部入侵,改进系统的安全性能。主要内容如下。

① 系统安全管理　对系统的各种状态和变化进行跟踪和记录，发现系统的异常或者外部的入侵；监控和捕捉各种安全事件，实现对各种安全事故的定位。主要有以下的工作。

a. 对操作系统进行安全配置和管理。为了使系统安全地运行，首先有必要对操作系统进行安全配置和管理，参照所用服务器的类型，打开相关安全配置工具进行安全配置。

b. 漏洞扫描。漏洞扫描就是对重要的计算机信息系统进行检查，发现其中可被黑客利用的漏洞。目前，漏洞扫描从底层技术来划分可以分为基于网络的扫描和基于主机的扫描这两种类型。

基于网络的漏洞扫描器，就是通过网络来扫描远程计算机中的漏洞。比如，利用低版本的 DNS Bind 漏洞，攻击者能够获取 root 权限，侵入系统或者攻击者能够在远程计算机中执行恶意代码。使用基于网络的漏洞扫描工具，能够监测到这些低版本的 DNS Bind 是否在运行。一般来说，基于网络的漏洞扫描工具可以看作一种漏洞信息收集工具，它根据不同漏洞的特性，构造网络数据包，发给网络中的一个或多个目标服务器，以判断某个特定的漏洞是否存在。

基于主机的漏洞扫描器通常在目标系统上安装了一个代理（Agent）或者是服务（Services），以便能够访问所有的文件与进程，这也使基于主机的漏洞扫描器能够扫描更多的漏洞。

必须要保持漏洞数据库的更新，才能保证漏洞扫描工具能够真正发挥作用。另外，漏洞扫描工具，只是检测当时目标系统是否存在漏洞，当目标系统的配置、运行软件发生变换时，需要重新进行评估。

c. 安全审计。安全审计的作用即是审核、审查针对于信息系统的操作行为，并起到一定监督保障的作用。安全审计系统是信息系统中针对系统安全性的审计系统。安全审计系统兼具了事前防范、事中监控、事后取证的安全功能。

安全审计系统目前采用的技术多是以采集系统日志，或采集操作痕迹来实现审计功能。目前市场中的信息系统（如各操作系统 OS、应用系统 AS、大型数据库 DB 等）大多具有相应的日志功能，常规的安全系统，如防火墙、防病毒类产品也具有审计日志。安全审计系统作为独立的安全系统与这些系统的最大差异在于全面、关联、系统化地分析。

d. 监控系统、查找安全威胁和漏洞。要建立日常监控机制，发现可疑事件。可以针对可能的安全漏洞或者安全威胁采取相应措施。不但要注意网络监控，还注意完整性审查以及其他的本地系统安全监控技术。

② 病毒的安全防范管理　病毒在网络环境下具有更强的传染性，对电子商务项目的顺利进行和交易数据的妥善保存造成极大的威胁。从事电子商务的企业和个人都应当健全病毒的安全防范管理工作，排除病毒的骚扰。

a. 安装防病毒软件。应用于网络的防病毒软件有两种：一种是单机版防病毒产品；另一种是联机版防病毒产品。前者是以事后杀毒为原理的，当系统被病毒感染之后才能发挥这种软件的作用，适合于个人用户。后者属于事前的防范，其原理是在网络端口设置一个病毒过滤器，即事前在系统上安装一个防病毒的网络软件，它能够在病毒入侵到系统之前，将其挡在系统外边。

b. 定期清理病毒。许多病毒都有一个潜伏期。有时候，虽然计算机仍在运行，但实际上已经染上了病毒。定期清理病毒可以清除处于潜伏期的病毒，防止病毒的突然爆发，使计算机始终处于良好的工作状态。

c. 控制权限。可以将网络系统中易感染病毒的文件的属性、权限加以限制，对各终端用户，只给予他们只读权限，断绝病毒入侵的渠道，从而达到预防的目的。

（3）人员安全管理

人员安全指对不同信息进行分级，制定不同级别信息的访问权限，以及对系统管理及操作人员进行授权管理。主要内容如下。

① 保密管理　电子商务系统涉及企业的市场、交易、生产、财务等多方面的机密，其中的信息需要划分不同的安全级别进行保护。一般信息安全级别可划分为以下三级。

a. 秘密级。这部分信息可以在互联网上公开，供访问者浏览，但必须要有保护程序，防止外来的入侵和篡改，例如产品介绍、企业公告、公司简介等。

b. 机密级。这部分信息不在互联网上公开，只限于公司内部使用，例如公司日常管理信息、会议通知等。

c. 绝密级。这部分信息只限于公司高层人员或者特别授权人员使用，例如公司经营情况、产品销售情况、订单信息等。

② 人员管理　由于人员在很大程度上支配着市场经济下企业的命运，而计算机网络犯罪又具有智能性、连续性、高技术性的特点，因而，加强对电子商务人员的管理变得十分重要。对电子商务人员的管理可以按照下面的原则进行。

a. 双人负责原则。重要业务不要安排一个人单独管理，实行两人或多人相互制约的机制。

b. 任期有限原则。任何人不得长期担任与交易安全有关的职务。

c. 最小权限原则。明确规定只有网络管理员才可以进行物理访问，只有网络人员才可进行软件安装工作。

7.3.3　案例

芬芳网鲜上花店安全管理计划

① 系统管理员对操作系统进行安全配置和管理，关闭没有使用的服务。
② 系统管理员定期更新防病毒软件的病毒库。
③ 系统管理员定期进行漏洞扫描、日志检查。
④ 系统管理员对系统进行实时监控。
⑤ 制定用户权限分配方案。
⑥ 定期对员工进行安全制度、安全防范知识培训。

7.4　网站推广计划

7.4.1　网站推广计划的概念和内容

电子商务网站是企业的窗口，是企业与客户交流的渠道。企业要通过电子商务网站实现交易量的增加，首先要设法吸引客户造访。而为了增加客户的访问量，企业就必须对网站进行多渠道地推广。网站推广计划就是结合企业的实际情况制定推广措施，以确定在网上和网下采用哪些手段对网站进行宣传和推广。

网站推广计划应包含的主要内容如下。

① 制定网站推广的阶段性目标，例如制定网站在正式运营多长时间内实现每天独立访问的用户数量、与竞争者相比的相对排名、在主要搜索引擎的表现、网站被链接的数量、注册用户数量等。

② 制定在网站发布运营的不同阶段所采取的不同的网站推广方法。最好详细列出各个阶段的具体网站推广方法，例如登录搜索引擎的名称、网络广告的主要形式和媒体选择、需要投入的费用等。

③ 确定网站推广策略的控制和效果评价。例如阶段推广目标的控制、推广效果评价指标等。对网站推广计划的控制和评价是为了及时发现网络营销过程中的问题，保证网络营销活动的顺利进行。

7.4.2 网站推广的方法

网站推广的方法包括网上推广和网下推广两类。网上推广主要包括搜索引擎推广、电子邮件推广、交换网络广告等；网下推广主要包括印刷品广告、礼品广告、宣传活动等。

(1) 网上推广方法

① 搜索引擎推广 它是指网站发布者用一定的手段让搜索引擎收录自己的网站信息，以使用户通过搜索引擎查找信息时，能够查找到网站发布者的网页，从而达到网站推广的目的。搜索引擎是用户获取信息（包括产品/服务信息）最常用的途径，因而搜索引擎推广就成为网站推广最重要的方法。

目前搜索引擎推广主要有以下几种方法。

a. 购买关键字广告。网站发布者向搜索引擎购买关键字，当用户通过搜索引擎对关键字进行检索时，网站的信息就出现在搜索结果页面的专用位置。关键字广告通常按点击付费模式定价（CPC），它是搜索引擎推广最重要的一种方式。由于检索关键字与用户高度相关，从而使网站推广有较高的定位程度。百度推出的关键字竞价排名实际上也是关键字广告的一种形式，它按照付费最高者排名靠前的原则，对购买了同一关键字的网站进行显示顺序排名。

b. 网站设计优化。Google、百度等最常用的搜索引擎的检索结果是按照各搜索引擎预定的算法策略进行排序的，它与网站的质量密切相关。虽然无法控制，但可以针对搜索引擎的检索特点，在网页设计时尽量做到适合搜索引擎检索，从而获得搜索引擎收录并使排名靠前。

c. 搜索引擎分类目录注册。网站发布者主动将自己的网站注册到搜索引擎的分类目录，当用户通过搜索引擎分类目录查找信息时，就能够查找到网站发布者的网页。分类目录注册是最传统的网站推广手段，有免费和收费两种情况。目前国内外主要搜索引擎提供的注册服务都是收费的，但也有少数搜索引擎仍提供免费注册服务。随着互联网上网站数量的迅速膨胀和人们应用水平的提高，使用分类目录查找网站的用户逐渐减少，分类目录注册推广网站的效果也存在日益降低的趋势。

② 网上广告推广 网络广告是网站推广常用的手段之一，具有可选择网络媒体范围广、形式多样、适用性强、投放及时等优点。网络广告的常见形式包括BANNER广告、分类广告、赞助式广告等。使用网上广告方式最重要的是要选择效果较好的网站刊登广告。通常应选择和自己相关程度较高的网站刊登广告，才会有较佳的广告效果。

③ 资源合作推广 通过与别的站点交换超级链接实现推广。这也是一种常用的宣传网站的方法，主要有以下两种方式。

a. 加入广告交换网。广告交换是宣传网站的一种较为有效的方法。登录到广告交换网，填写一些主要的信息，如广告图片、网站网址等，之后它会要求将一段 HTML 代码加入到网站中，这样，广告条就可以在其他网站上出现；当然，企业网站上也出现别的网站的广告条，双方得益。

b. 与其他网站建立友情链接。它能将网民从互联网上别的地方引向你的站点，当然同样也能将你的用户引到别的站点去，因而要小心使用这种方法，通常从对象选择上，应选择具有互补性的站点交换链接。

④ 电子邮件推广　以电子邮件为主要的网站推广手段，常用的方法包括电子刊物、会员通讯、专业服务商的电子邮件广告等。电子邮件的发送费用非常低，许多网站都利用电子邮件来宣传站点。

基于用户许可的邮件推广与滥发邮件（Spam）不同，许可营销比传统的推广方式或未经许可的 Email 营销具有明显的优势，比如可以减少广告对用户的滋扰、增加潜在客户定位的准确度、增强与客户的关系、提高品牌忠诚度等。

⑤ 病毒性营销方法　病毒性营销方法并非传播病毒，而是利用用户之间的主动传播，让信息像病毒那样扩散，从而达到推广的目的。病毒性推广方法实质上是在为用户提供有价值的免费服务的同时，附加上一定的推广信息，常用的工具包括免费电子书、免费软件、免费 FLASH 作品、免费贺卡、免费邮箱、免费即时聊天工具等可以为用户获取信息、使用网络服务、娱乐等带来方便的工具和内容。如果应用得当，这种病毒性营销手段往往可以以极低的代价取得非常显著的效果。

⑥ 信息发布推广　将有关的网站推广信息发布在其他潜在用户可能访问的网站上，利用用户在这些网站获取信息的机会实现网站推广的目的，适用于这些信息发布的网站包括在线黄页、分类广告、论坛、博客网站、供求信息平台、行业网站等。信息发布是互联网发展早期常用的网站推广方法之一。随着网上信息量爆炸式的增长，这种依靠免费信息发布的方式所能发挥的作用日益降低，同时由于更多更加有效的网站推广方法的出现，信息发布在网站推广的常用方法中的重要程度也有明显的下降，因此依靠大量发送免费信息的方式已经没有太大价值，不过一些针对性、专业性的信息仍然可以引起人们极大的关注。

除了前面介绍的常用网站推广方法之外，还有许多专用性、临时性的网站推广方法，如有奖竞猜、在线优惠券、有奖调查、针对在线购物网站推广的比较购物和购物搜索引擎等，也可以产生很大的访问流量。

(2) 网下推广方法

① 电视（广播）广告　目前广播电视已走进千家万户，在国内广为普及，存在庞大的受众群体，而电视节目是包括文字、图形、视频和声音的多媒体媒介，因而凭借电视广告生动的画面和高收视率会获得较好的宣传效果。如果正在使用电视（广播）作广告，那么将网站地址加入广告之中是件轻而易举的事情，但收到的效果却异乎寻常。在此要注意的是广告应选择在目标用户集中观看（收听）的节目频道或时段播出。

② 印刷品广告　印刷品广告是指在报纸和杂志上购买的广告空间。在广告上增加网站地址是个很简单的过程。与电视广告一样，应选择目标用户关注较多的印刷品来刊登广告。

③ 户外广告　如果在本地拥有户外广告，那么应充分利用这一资源，将网站地址也加入其中。

④ 其他宣传方式　在包括名片、信封、信纸、手册等公司所有印刷品资料以及在作为广告

的衬衫、钢笔、公文包等赠品中印上企业的网站地址，也不失为简单易行的网站推销方法。

7.4.3 案例

芬芳网上鲜花店网站推广计划

（1）推广目标

在网站正式运营起一年内，要实现网站每天独立访问用户 500 人，用户注册量 5000 人，花店销售增长 10%。

（2）推广手段

推广手段主要分为网上推广和网下推广两类。

① 网上推广

a. 在百度和 Google 两个搜索引擎上购买关键字广告，为各网页设计有效的关键字。在新浪等 10 个搜索引擎上进行分类目录注册。

b. 向注册用户、实体花店的老客户发送电子邮件，介绍新到花卉、优惠折扣、时尚知识等。

c. 与礼品网站、生活知识网站、时尚网站交换网络广告。

d. 在特殊节假日举行优惠促销活动。

e. 结合公司促销活动，不定期发送在线优惠券。

f. 采用特许加盟和网站的大众联盟两种方式进行商家加盟推广。

② 网下推广

a. 通过贺卡、包装纸、宣传单张等进行网站的宣传。

b. 通过鲜花附送的礼品进行广告宣传。

c. 向实体花店的老客户推广网站。

（3）推广效果评价

对网站推广措施的效果进行跟踪，定期进行网站流量统计分析，必要时与专业网络顾问机构合作进行网络营销诊断，改进或者取消效果不佳的推广手段，在效果明显的推广策略方面加大投入比重。

思考题

1. 项目运营管理计划包括哪几个方面的工作？
2. 系统软件管理主要需进行哪些工作？业务软件管理主要包括哪几方面？
3. 数据备份的方式有哪几种？有什么区别？
4. 企业组织结构有哪几种类型？各有什么优缺点？
5. 电子商务企业需要设置的岗位有哪些？
6. 什么是电子商务安全管理计划？主要包括哪几方面内容？
7. 运行安全管理主要有哪些工作？
8. 为什么要进行网站推广？网站推广计划主要包含哪些内容？
9. 网站推广有哪些主要方法？
10. 请为"网上礼品店"制定运营管理计划。

第 8 章 电子商务项目预算

8.1 项目预算编制的概念

8.1.1 项目预算的特性

(1) 项目预算是一种分配资源的计划

项目预算是估计在预计时间内需要投入多少资源,可以让项目投入的资源具有事先确定性。项目预算的确定是通过一系列的研究及决策活动,判定出项目的各种活动的资源分配,并通过既定资源分配,确定项目中各个部分的关系和重要程度,以及对项目中各项活动的支持力度。如对环境、能源、运输、技术等资源和条件的支持力度。在确定预算的时候既要充分考虑实际需要,又要坚持节约的原则,使现有的资源能够充分发挥效力。

(2) 项目预算是一种项目成本控制机制

项目预算可以作为一种项目的比较标准来使用,是一种度量资源实际使用量和计划用量之间差异的基线标准。对于项目管理者来说,他的任务不只是完成预定的一个目标,而是必须使目标的完成具有效率。即尽可能在规定的时间内,在完成目标的前提下节省资源,这样才能获得最大的经济效益。所以,每个管理者必须谨慎地在安排好项目进度的同时控制资源的使用。

由于项目在进行预算时不可能完全预计到实际工作中所遇到的问题和可能变化的环境,所以项目预算发生一定的偏离总是不可避免的。对于这种偏离需要在项目进行中不断根据项目进度检查资源的使用情况,如果出现了对预算的偏离,就需要对相应偏离的模式进行考察,以制定应对的约束措施,同时研究相应的对策,以便更清楚地掌握项目进展和资源使用情况,将项目的实施与预算的偏差控制在最小的范围之内。

项目预算对于整个项目的预算和实施过程有着重要的作用,因为它决定了项目实施中资源的使用情况。如果没有项目预算管理,那么管理者就可能会忽视项目实施中的一些危险情况。例如,费用已经超出了项目进度所对应的预算,但并没有突破总预算,在这种情况下可能不会引起管理者的重视,而正是这些"突破"最后导致了项目出现严重问题,造成资金严重不足,以致项目被迫停工。在项目的实施中,应该不断收集和报告有关进度和费用的数据,以及对未来问题和相应费用的预计,使得管理者可以对预算进行控制,必要时对预算进行修正,严防项目在实施过程中某一阶段或某一部分的资源投入超出了预算。

8.1.2 项目预算编制的原则

项目预算是一项复杂的工作,在编制成本预算时应掌握以下一些原则。

(1) 项目预算要与项目目标相联系

项目目标包括项目质量目标、进度目标。项目成本与质量、进度之间关系密切，三者之间既统一又对立，所以，在进行项目预算确定项目成本控制目标时，必须同时考虑到项目质量目标和进度目标。项目质量目标要求越高，项目预算也越高；项目进度越快，项目预算也越高。因此，编制预算时，要与项目的质量计划、进度计划密切结合，保持平衡，防止顾此失彼，相互脱节。

(2) 项目预算要以项目需求为基础

项目需求是项目预算的基础。项目预算同项目需求直接相关，项目的每项预算都应该由项目的需求来确定，项目需求为项目预算提供了充足的细节信息。需求越细致，项目预算就越精确。如果以非常模糊的项目需求为基础进行预算，则预算不具有现实性，容易发生成本的超支。

(3) 项目预算要切实可行

编制项目预算，要根据有关的财经法律、方针政策，从项目的实际情况出发，充分挖掘企业内部潜力，使成本指标既积极可靠，又切实可行。项目管理部门应当正确选择设计方案，合理组织各生产环节，提高劳动生产率，改善材料供应状况，降低材料消耗，提高机械利用率，节约管理费用等。但要注意，不能为降低成本而偷工减料，忽视质量，片面增加劳动强度，忽视安全工作。

编制预算，要针对项目的具体特点，要有充分的依据，否则成本预算就要落空。编制项目预算过低，经过努力也难达到，实际作用很低，预算过高，便失去作为成本控制基准的意义。

(4) 项目预算应当有一定的弹性

项目在执行的过程中，可能会有预料之外的事情发生，包括国际、国内政治经济形势变化和自然灾害等，这些变化可能对预算的实现产生一定的影响。因此，编制项目预算，要留有充分的余地，使预算具有一定的适应条件变化的能力，即预算应具有一定的弹性。通常可以在整个项目预算中留出 10%～15% 的不可预见费，以应付项目进行过程中可能出现的意外情况。

8.2 项目预算编制的依据和方法

8.2.1 项目预算编制的依据

项目预算的依据主要有工作分解结构、资源价格、项目进度计划等。其中工作分解结构确定了要分配成本的项目组成部分。项目进度计划包括要分配成本的项目组成部分的计划开始和预期完成日期，项目进度直接影响分配到各个阶段的资源数量。

① 项目的工作结构分解是在项目范围界定和确认中生成的项目工作分解结构文件。在项目成本预算工作中，要依据这一文件，进一步分析和确定项目各项工作与活动在成本估算中的合理性，以及项目预算定额的分配。

② 资源价格。为了计算项目各个任务的费用，必须知道各种资源的单位价格，包括设备单价、人工费、设备使用费等。

③ 项目进度计划。项目进度计划是有关项目各项工作起始与终结时间的文件。它规定

了项目范围及必须完成的时间。项目进度计划的目的，是为了控制项目的时间和节约时间，项目进度计划规定了每一项任务所需要的时间和每项活动所需要的人数与资源。依据这一文件可以安排项目的资源与预算方面的工作。所以它也是项目预算编制的依据。

8.2.2 项目预算编制的方法

编制项目预算的基本方法有类比预算法、参数模型预算法、自上而下预算法和自下而上预算法。

(1) 类比预算法

类比预算法是使用以前的、相似的电子商务项目建设实际成本作为目前项目的建设成本预算的依据。这是一种专家判断法，这个方法相对其他方法比较节省，但不是很精确。当用以类比的项目与当前的项目在本质上很相似而不是表面相似的时候，这种方法是最可靠的方法。

(2) 参数模型预算法

参数模型预算法是在数学模型中应用工程特征以预计项目的成本。在建立参数模型的时候，首先要确定成本要素，也就是说一个项目由哪些要素决定其成本消耗，这个模型的取得是建立在数学分析的基础上，利用历史数据、利用分析方法得出一个相应的数学模型。如果建立模型所使用的历史信息是准确的，项目参数容易定量化，并且模型就项目大小来说是灵活的，那么这种情况下的参数模型是最可靠的。

(3) 自上而下预算法

自上而下的预算方法主要是依据上层、中层项目管理人员的管理经验和判断。这些经验和判断可能来自于历史上类似或相关项目的现实数据。首先由上层和中层管理人员对构成项目整体的子项目成本进行估计，并把这些估计的结果传递给低一层的管理人员。在此基础上由这一层的管理人员对组成项目和子项目的任务和子任务的成本进行估计，然后继续向下一层传递他们的成本估计，直到传递到最低一层。

这种预算方法的优点是总体预算往往比较准确，上中层管理人员的丰富经验往往使得他们能够比较准确地把握项目整体的资源需要，从而保证项目预算能够控制在比较准确的水平上。在一般情况下，同一类项目的需要往往是比较稳定的。而且，即使是看上去相差很大的项目，实际上也有很多方面是相似的，这使得有经验的管理者通常能做出比较准确的估计。这种方法的另一个优点是，由于在预算过程中总是将既定的预算在一系列任务之间进行分配，这就避免有些任务被过分重视而获得过多资源。

但是这种预算方法也存在不可避免的缺点。当上层的管理人员根据他们的经验进行成本估计并分解到下层时，可能会出现下层人员认为不足以完成相应任务的情况。而这时，下层人员并不一定会表达出自己真实的观点，并和上层管理者理智地讨论，得出更为合理的预算分配方案。在现实中，常常出现的情况是，由于下层人员很难提出与上层管理者不一致的看法，而只能沉默地等待上层管理者自行发现其中的问题而进行纠正，这样就会导致项目在实施过程中出现困难，甚至于失败。

(4) 自下而上预算法

自下而上的预算方法，是管理人员对所有工作的时间和需求进行仔细的调查，以尽可能精确地加以确定。首先预算是针对资源而进行的。不同的意见可以通过上下层管理人员之间的协商来解决。必要时，项目经理可以参与到讨论中来，以保证估算的准确程度。形成项目整体成本的直接估计，项目经理在此之上加以适当的间接成本，例如加上一定的管理费用、意外准备金以及最终项目预算要达到的利润目标等。

与自上而下的预算方法相比，自下而上的预算方法对任务档次的要求更高、更为准确，关键在于要保证把所涉及的所有工作任务都考虑到，为此，这种方法比自上而下的预算方法更为困难。例如，当进行估算的人员认为上层管理人员会以一定比例削减预算时，他们就会较高地估计自己的资源需求。而当他们这样干时，形成的总体预算结果自然会高估，结果使得高层管理人员认为需要加以削减，最终只有经过反复的测算才能使上下层管理人员达成一致。

自下而上预算的优点是，直接参与项目建设的人员与高层管理人员相比更为清楚项目涉及活动所需要的资源量。而且由于预算出自日后要参与实际工作的人员之手，所以可以避免引发上下层管理人员发生争执和不满情况的出现。

8.3 项目预算编制的步骤

项目预算有一个重要的功能，就是测量和监控项目的成本执行情况，通过按时段检查项目预算的使用情况，可以对整个项目的实施进行动态管理，并保证项目实施的有序进行。

8.3.1 项目预算总额的确定

在确定项目预算总额时可以将目标成本管理与项目成本过程控制管理相结合，即在项目成本管理中采用目标成本管理的方法设置目标成本，并以此作为成本预算。

目标成本的确定方法有按实计算法和定率估算法。

（1）按实计算法

按实计算法就是以项目的实际资源消耗分析测算为基础，根据所需资源的实际价格，详细计算各项任务和各项成本组成的目标成本。主要的成本组成如下。

① 人工费成本　主要包括与项目人员相关的成本开销，包括项目成员工薪和红利、外包合同人员和临时雇员薪金、加班工资等。

② 资产类成本　资产购置成本，主要指项目交付时所用到的有形资产，包括计算机硬件、软件、外部设备、网络设施、电信设备、安装工具等。

③ 管理费用　管理费用用于项目环境维护，确保项目完工所支出的成本，包括办公室供应、房屋（租金、设备）、支持服务等。

④ 项目特别费用　项目特别费用是指在项目实施以及完工过程中的成本支出，包括差旅费、餐费、会议费、印刷及复印等费用。

例如在芬芳网上花店建设项目中，可以根据项目各个组成部分所需要的费用来确定项目的预算总额。费用结构图如图8-1所示。

① 硬件设备的费用为表5-1中硬件选型的服务器费用23000元。

② 软件的费用包括操作系统、数据库软件、杀毒软件、防火墙软件的费用，见表5-2，总费用为25300元。

③ 功能开发的费用为应用系统外包开发的费用，费用预算为80000元。

④ 网站推广费用包括网上推广费用和网下推广费用，其中网上推广费用预算为15000元，网下推广费用预算为20000元。

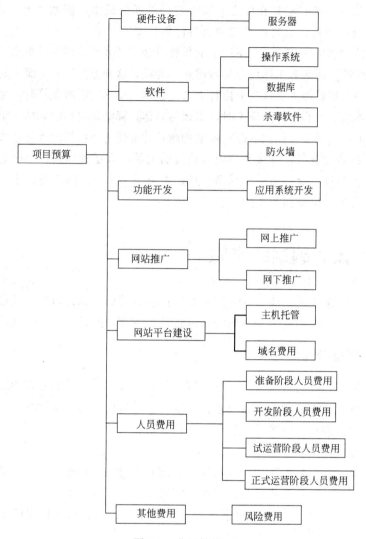

图 8-1 费用结构图

⑤ 网站平台建设费用包括主机托管费用和网站的国内、国际域名费用,其中主机托管费用为 7000 元,按年支付;域名费用为 600 元,也是按年支付。

⑥ 人员费用包括调研准备、开发、试运营、正式运营四个阶段的项目组人员费用:

调研准备阶段所需项目组人员为总经理、电子商务师、助理电子商务师,时间为 30 天,人员费用预算为 10000 元。

开发阶段所需项目组人员为电子商务师、助理电子商务师、电子商务员,时间为 80 天,人员预算费用为 28000 元。

试运营阶段所需项目组人员为电子商务师、助理电子商务师,时间为 50 天,人员费用预算为 12000 元。

正式运营阶段所需项目组人员为电子商务师,时间为 40 天,人员费用预算为 8000 元。

总人员费用预算为 58000 元。

⑦ 项目的其他费用主要是风险费用(按照以上费用的 7% 计算),风险费用的预算为 16000 元。

(2) 定率估算法

定率估算法先将工程项目分为若干个子项目，然后参照同类项目的历史数据，采用算术平均数法计算子项目成本降低率，然后算出子项目成本降低额，汇总后得出整个项目成本降低额、成本降低率。采用定率估算法的前提是必须事先较充分地掌握同类项目的成本数据。

在进行项目预算时，可以从以下几方面考虑降低项目成本。

① 加强项目管理，提高组织水平。正确选择项目实施方案，合理进行项目实施安排，做好人员和材料的调度和协作配合，加快项目进度，缩短工期。

② 加强技术管理，提高项目质量。采用技术革新措施，制定并贯彻降低成本的技术组织措施，提高经济效益，加强项目实施过程的技术质量检验制度，提高项目质量。

③ 加强劳动工资管理，提高劳动生产率。改善劳动组织，合理使用劳动力，减少窝工浪费，实行合理的工资和奖励制度，加强技术教育和培训工作，提高项目人员的业务水平，提高工作效率。

④ 加强设备管理，提高设备使用率。正确选配和合理使用设备，搞好设备的保养修理，提高设备的完好率、利用率和使用效率。

⑤ 加强费用管理，节约管理费用。精简管理机构，减少管理层次，压缩非关键人员，制定费用分项分部门的定额指标，有计划地控制各项费用开支。

8.3.2 项目预算的分解

项目预算总额确定后，可以在工作分解结构的基础上，自下而上或自上而下分解项目预算。根据项目的需要，可以按照不同的标准进行分解，通常可以按成本构成要素、项目构成的层次、项目进度计划或这几个标准的组合进行分解。基本分解方法是自上而下、将项目预算依次分解、归类，形成相互联系的分解结构。

(1) 按项目成本要素分解

按成本要素分解项目预算，即将总成本分解为直接费、间接费直至人工费、材料费、管理费等项内容。以工程项目为例，项目成本的分解如图 8-2 所示。

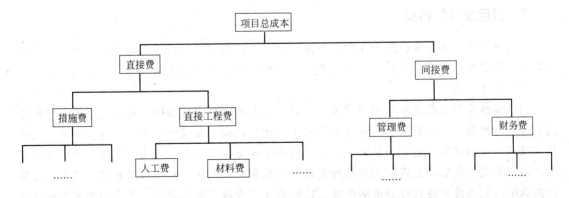

图 8-2 项目成本的分解（一）

(2) 按项目组成分解

按项目组成分解成本，即将总成本分解到项目的各个组成部分，如子项、任务或工作单元，如图 8-3 所示。

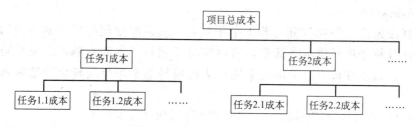

图 8-3 项目成本的分解（二）

（3）按项目进度计划分解

根据项目进度计划要求，将项目成本按时间分解到各年、季度、月、旬或周，以便将资金的应用和资金的筹集配合起来，同时尽可能减少资金占用和利息支出。

编制按时间进度的预算，通常可利用控制项目进度的网络图进一步扩充得到。即在建立网络图时，一方面确定完成各项活动所需花费的时间，另一方面同时确定完成这一活动的合适的预算。在实践中，将工程项目分解为既能方便地表示时间，又能方便地表示成本支出预算的活动是不容易的。通常如果项目分解程度对时间控制合适，则对成本支出预算可能分配过细，以至于不可能对每项活动确定其成本支出预算，反之亦然。因此，编制网络计划时应在充分考虑进度控制对项目划分要求的同时，还要考虑确定成本支出预算对项目划分的要求，做到二者兼顾。

（4）综合分解

综合分解是同时按照几种标准进行组合分解，以便于项目的成本管理。

以上三种编制成本预算的方法并不是相互独立的。在实践中，往往是将这几种方法结合起来使用，从而达到扬长避短的效果。例如，将按子项目分解项目总成本与按成本要素分解项目总成本两种方法相结合，横向按子项目分解，纵向按成本要素分解，或相反。这种分解方法有助于检查各单项工程和单位工程费用构成是否完整，有无重复计算或缺项；同时还有助于检查各项具体的成本支出的对象是否明确或落实，并且可以从数字上校核分解的结果有无错误。或者还可将按子项目分解项目总成本目标与按时间分解项目总成本目标结合起来，一般是纵向按子项目分解，横向按时间分解。

8.3.3 项目预算的调整

项目预算的调整是对已经编制的预算进行调整，以使预算既先进又合理的过程，分为初步调整、综合调整和提案调整。这种调整往往需要反复多次才能完成。

（1）初步调整

初步调整主要是指在预算编制出来以后，为了保证预算更加准确，对一些可能不够准确的地方进行再调查，并根据实际情况进行修正。初步调整主要是借助工作任务一览表、工作分析结构、项目进度计划等预算依据，在项目成本预算后对发现的某些工作任务的遗漏和不足，或者某些工作活动出现的偏差进行调整。预算调整都是从初步调整开始的。例如，在项目预算中，某些设备或软件的价格可能是依据前几年价格记录得到的，正常情况下变动可能不大，但有时价格由于某些情况出现较大的波动，比如技术的升级或者版本的升级等而影响预算的质量，所以预算后进行初步调整是非常重要的。

（2）综合调整

进行综合调整是因为项目总是处在变化当中，例如，开发一个电子商务项目，一个新的竞争对手出现，可能要调整项目的商业模式，从而要调整商务网站的功能。由于变化使项目所处环境发生了变化，而这种变化使得项目预算也会发生相应的变化，这就迫使对预算做出相应的综合调整。但是这种综合调整不像初步调整那样确定和明了，在这里依靠更多的是管理者的经验。

（3）提案调整

提案调整是当财务、技术人员编制的项目预算已经接近尾声，并认为合理可行时，就可以把它写进项目预算，提交审议。这是一个非常关键的阶段，需要说服项目经理、项目团队和主管单位，最后还要求得到客户的肯定，使多数人认为该预算是适当的和周密的。当然，提交的提案难免会遭到质疑和反对，此时要回到第一、第二步骤中继续进行调整，直到最后获得普遍赞同。

8.3.4 案例

芬芳网上鲜花店项目预算

根据项目软硬件选型以及项目实施方案，项目预算表见表 8-1。

表 8-1 项目预算表

序号			项目	费用（元）
硬件设备	1		服务器	23000
软件	2		操作系统软件	5000
	3		数据库软件	15000
	4		防病毒软件	300
	5		防火墙软件	5000
网站功能开发	6		应用系统开发费用	80000
网站推广	7		网上推广	15000
	8		网下推广	20000
网站平台建设	9		主机托管	7000
	10		国内域名/国际域名	600
人员费用	11		调研准备阶段	10000
	12		开发阶段	28000
	13		试运营阶段	12000
	14		正式运营阶段	8000
其他费用	15		风险费用	16000
合计				244900

8.4 项目成本控制

8.4.1 成本控制的概念

项目成本控制就是在项目实施过程中，把各种实际发生的成本与预算成本进行对比、检查，发现实际成本与预算成本的偏差，采取相应的纠正措施，尽量使项目实际发生的成本控制在预算范围内的管理工作。成本控制包括实际对于各种能够引起项目成本变化因素的控制、项目实施过程中的成本控制和项目实际成本变动的控制三个方面。

成本控制的基础是成本预算，成本控制就是要保证各项工作在它们各自的预算范围内进行。电子商务项目中成本管理不能脱离质量管理和进度管理独立存在，而要在成本、质量、进度三者之间作综合平衡。

8.4.2 成本控制的依据

（1）项目各项任务的成本预算

项目实施的过程中，通常以项目各项任务的成本预算作为对各项任务实际成本监控的标准。成本预算是进行成本控制的基础性文件。

（2）实施执行报告

实施执行报告通常包括了项目各个任务的所有费用支出，它是发现问题的最基本依据。

（3）费用线

费用线是按时间分段的费用预算计划，可以用来测量和监督项目成本的实际发生情况，并且能够很好地将成本与进度联系起来，是按时间对项目成本进行控制的重要依据。

（4）改变的请求

改变的请求是指项目的相关利益方提出的有关改变项目工作内容和成本的请求。改变可能是增加成本或者减少成本。改变的请求可能是口头的也可能是书面的，可能是直接的也可能是非直接的，可能是正式的也可能是非正式的。

8.4.3 成本控制的内容

成本控制要经常、及时地分析实际发生的成本，尽早发现成本差异，以便及时采取纠正措施。成本控制的主要内容如下。

① 监控项目各个任务成本执行的情况，确定实际成本与预算成本之间的偏差，查找产生偏差的原因。

② 确认所有发生的变化被准确地记录在费用线上，避免不正确的、不合适的或者无效的变更反映在费用线上。

③ 针对发生成本偏差的任务采取有效的纠正措施，必要时可以根据实际情况对费用线进行适当的调整和修改。

④ 进行成本控制的同时，还必须考虑与其他控制过程（范围控制、进度控制、质量控制等）相协调，避免因为单纯的控制成本而引起项目范围、进度和质量方面的问题，或者导致不可接受的项目风险。

8.4.4 成本控制的方法

项目成本控制的基本方法是规定项目各部门定期上报费用报告，再由项目管理者对其进行费用审核，以保证各种支出的合法性。然后再把已经发生的费用与预算相比较，分析其是否超支，若超支则要采取相应的措施弥补。

项目成本控制方法包括两类：一类是分析和预测项目影响要素的变动与项目成本发展变化趋势的项目成本控制方法；另一类是控制各种要素变动而实现项目成本管理目标的方法。主要方法如下。

（1）项目成本变更控制体系

项目成本变更主要包括3个步骤：提出成本变更请求、核准成本变更请求和变更项目成本预算。提出成本变更请求的可以是项目业主、项目管理者、项目经理等项目相关利益方。

项目成本变更请求提交给项目经理或者其他项目成本管理人员后,他们根据严格的项目成本变更控制流程,对这些变更进行评估,以确定变更所需的成本代价和时间代价,然后将变更请求的分析结果报告给项目业主,由业主最终判断是否接受这些代价,核准变更请求。变更请求被批准后,需要对相关任务的成本预算进行调整,同时对费用线进行相应的修改。要注意的是,成本变更控制体系及其变更的结果,应该与其他变更控制体系及其变更结果相协调。

(2) 项目实施度量

项目实施度量主要是帮助分析各种变化发生的原因。挣值分析法是一种最常用的实施度量方法,主要用于项目的成本管理。它比较计划工作量、实际挣得多少与实际花费成本,以决定成本和进度是否符合原定计划。

(3) 附加计划法

项目在实施中会遇到各种不确定因素,很少有项目能够完全准确地按照预定的计划执行。在这种情况下,可以采用附加计划的方法对项目可能遇到的各种意外事件进行合理地预测,并对项目成本作出新的估计和调整。

(4) 计算机软件工具法

项目实施过程中,可以借助相关的项目管理软件和电子表格软件来跟踪和检查实际成本和计划成本之间出现的偏差,并预测项目成本改变的影响和成本的发展趋势,以此作为采用纠正措施的依据,从而实现对项目成本的有效控制。

思考题

1. 编制项目预算时应该遵循哪些原则?
2. 项目预算编制的依据有哪些?
3. 项目预算编制的方法有哪几种?各有什么优缺点?
4. 项目预算编制的步骤是怎样的?
5. 按实计算法中主要的成本组成有哪些?举例说明。
6. 对项目预算的分解有哪几种方法?
7. 请对"班级举办圣诞晚会"编制预算。
8. 为什么要进行项目成本控制?
9. 成本控制的依据有哪些?方法有哪几种?
10. 请为"网上礼品店"编制项目预算。

第 9 章 电子商务项目评估

9.1 项目风险评估管理

9.1.1 项目风险

9.1.1.1 项目风险的概念

项目风险是指在项目实施过程中遇到的预算和进度等方面的问题以及这些问题对项目的影响。项目风险会影响项目计划的实现，如果项目风险变成现实，就有可能影响项目的进度，增加项目的成本，甚至使项目不能实现。

风险带有不确定性，但具有不确定性的事件不一定就是风险。因此，也可以如此定义项目风险：项目风险就是在项目活动或事件中消极的、项目管理人员不希望的后果发生的潜在可能性。

一般项目风险的风险因素主要有两类：一类是物质风险因素，俗称硬件风险因素；另一类是人为风险因素，人为风险因素是指与人们的心理和行为有关的一种无形因素，与项目相关的人员的素质有关，项目相关者的素质越高风险越小。在项目执行过程的不同阶段，风险因素会发生变化，因而项目风险也随之变化。

9.1.1.2 项目风险的特点

项目风险的特点主要如下。

（1）风险存在的客观性和普遍性

作为损失发生的不确定性，风险是不以人的意志为转移并超越人们主观意识的客观存在，而且在项目的全寿命周期内，风险是无处不在、无时没有的。这些说明为什么虽然人类一直希望认识和控制风险，但直到现在也只能在有限的空间和时间内改变风险存在和发生的条件，降低其发生的频率，减少损失程度，而不能也不可能完全消除风险。

（2）某一具体风险发生的偶然性和大量风险发生的必然性

任一具体风险的发生都是诸多风险因素和其他因素共同作用的结果，是一种随机现象。个别风险事故的发生是偶然的、杂乱无章的，但对大量风险事故资料的观察和统计分析，发现其呈现出明显的运动规律，这就使人们有可能用概率统计方法及其他现代风险分析方法去计算风险发生的概率和损失程度，同时也导致风险管理的迅猛发展。

（3）风险的可变性

这是指在项目实施的整个过程中，各种风险在质和量上是可以变化的。随着项目的进行，有些风险得到控制并消除，有些风险会发生并得到处理，同时在项目的每一阶段都可能产生新的风险。

（4）风险的多样性和多层次性

大型开发项目周期长、规模大、涉及范围广、风险因素数量多且种类繁杂致使其在全寿命周期内面临的风险多种多样。而且大量风险因素之间的内在关系错综复杂、各风险因素之间与外界交叉影响又使风险显示出多层次性。

9.1.1.3 项目风险的种类

在电子商务项目中遇到的风险可以分为以下几类。

(1) 技术、性能、质量风险

电子商务项目采用的技术与工具是项目风险的重要来源之一。一般说来，在电子商务项目中采用新技术或技术创新无疑是提高项目绩效的重要手段，但这样也会带来一些问题，许多新的技术未经证实或并未被充分掌握，会影响项目的成功。还有，当人们出于竞争的需要，就会提高项目产品性能、质量方面的要求，而不切实际的要求也是项目风险的来源。

(2) 项目管理风险

项目管理风险包括项目过程管理的方方面面，如项目计划的时间、资源分配（包括人员、设备和材料）、项目质量管理、项目管理技术（流程、规范和工具等）的采用以及外包商的管理等。

(3) 组织风险

组织风险中一个重要的风险就是项目决策时所确定的项目范围、时间与费用之间的矛盾。项目范围、时间与费用是项目的 3 个要素，它们之间相互制约。不合理的匹配必然导致项目执行的困难，从而产生风险。项目资源不足或资源冲突方面的风险同样不容忽视，如人员到岗时间、人员知识与技能不足等。组织中的文化氛围同样会导致一些风险的产生，如团队合作和人员激励不当导致人员离职等。

(4) 项目外部风险

项目外部风险主要是指项目的政治、经济环境的变化，包括与项目相关的规章或标准的变化，组织中雇佣关系的变化，如公司并购、自然灾害等。这类风险对项目的影响和项目性质的关系较大。在电子商务项目中，系统的安全性风险、网上支付与信用风险等更是在项目风险管理中要着重考虑的问题。

9.1.2 项目风险管理

9.1.2.1 项目风险管理的概念

项目风险管理是项目管理的重要内容。通过项目风险的识别、估测、评价，运用各种风险管理技术，对项目风险实施有效的控制和妥善处理风险所致损失的后果，期望以最小的项目成本实现最大的项目目标。在项目目标不变的情况下，项目风险降低意味着项目管理成本的减小，也即提高了订单项目管理的收益。项目风险管理的目标，不在于管理项目风险本身，而在于使项目成本最小化而目标最大化。

项目风险管理是指为了最好地达到项目的目标，识别、分配、应对项目生命周期内风险的科学与艺术。风险管理是一个经常被忽略的项目管理领域，却常常能够在通往项目最终成功的道路上占据着很重要的位置。通常一个电子商务项目是需要消耗大量的人力、物力才能完成的。如果忽略了风险的管理，最终导致项目的失败，那将是对资源的严重浪费。所以项目风险管理的重要性很大程度上就是避免资源的浪费。

9.1.2.2 项目风险管理的过程

风险管理的主要程序包括风险识别、风险分析、风险应对计划制定和风险监控，如图

9-1 所示。风险识别在项目的开始时就要进行，并在项目执行中不断进行。就是说，在项目的整个生命周期内，风险识别是一个连续的过程。

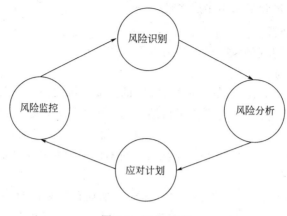

图 9-1 风险管理

（1）风险识别

风险识别是指运用一定的方法，判断在项目周期中已面临的和潜在的风险。识别风险可以通过感性认识和经验，更重要的是运用会计、统计、项目执行情况和风险记录进行分析、归纳和整理项目风险的识别过程。首先是对该项目人员和物资的构成与分布的全面分析和归类，然后对人和物资所面临的和潜在的风险进行识别和判断。风险识别的主要结果是已识别风险清单，包括原因、不确定的项目假设等。

项目管理过程中的风险识别主要回答以下问题：

① 有哪些风险应当考虑？

② 引起这些风险的主要因素是什么？

③ 这些风险所引起后果的严重程度如何？

进行风险识别的时候，可以使用下面的方法。

① 分解原则。就是将项目管理过程中复杂的难于理解的事物分解成比较简单的容易被认识的事物，将大系统分解成小系统，这也是人们在分析问题时常用的方法（如项目工作分解结构 WBS）。

② 故障树（FAULT TREES）法。就是利用图解的形式将大的风险分解成各种小的风险，或对各种引起风险的原因进行分解，这是风险识别的有利工具。该法是利用树状图将项目风险由粗到细，由大到小进行分层排列，这样容易找出所有的风险因素，关系明确。

③ 专家调查法。专家按照规定程序对有关问题进行调查的方法。这个方法主要包括两种：集思广议法和德尔菲法（Delphi）。其中后者是美国著名咨询机构兰德公司于 20 世纪 50 年代初发明的。它主要依靠专家的直观能力对风险进行识别，即通过调查意见逐步集中，直至在某种程度上达到一致，故又叫专家意见集中法。其基本步骤为：

a. 由项目风险管理人员提出风险问题调查方案，制定专家调查表；

b. 请若干专家阅读有关背景资料和项目方案设计资料，并回答有关问题，填写调查表；

c. 风险管理人员收集整理专家意见，并把汇总结果反馈给各位专家；

d. 请专家进行下一轮咨询填表，直至专家意见趋于集中。

④ SWOT 分析法。从项目内部的优势（Strength）、劣势（Weakness）、机会（Opportunity)、威胁（Threat）四个角度对项目进行审议，以扩大风险考虑的范围。

尽管目前有大量的风险识别方法可以利用，但风险识别理论仍然存在着一些问题，主要有三方面：

① 可靠性问题，即是否有严重的危险未被发现；

② 成本问题，即为了风险识别而进行的收集数据、调查研究或科学实验所消耗的费用是否有意义；

③ 偏差问题，即由于风险识别带有很大的主观性和不确定性，所获得的结果是否客观、准确。

电子商务项目中面临的风险主要如下。

① 技术风险。由于网络的开放性、共享性和动态性，使得任何人都可以自由地接入 Internet，导致以 Internet 为主要平台的电子商务的发展面临严峻的安全问题。其主要技术风险包括下列几种。

a. 网络安全风险。电子商务的主要业务过程是建立在互联网基础上的，许多信息要在网络中传送。网络安全或信息安全是实现电子商务的另一个风险因素，如果遭受电脑黑客的攻击，重要的企业信息甚至支付权限被窃取，其后果将是异常严重的。网络安全风险主要有网络服务器遭受到黑客或病毒的袭击，网络中的信息系统受到攻击后无法恢复正常运行；网络软件常被人篡改或破坏；网络中存储或传递的数据常被未经授权者篡改、增删、复制或使用等。

b. 数据存取风险。这是由于数据存取不当所造成的风险。这种风险主要来自于企业内部：一是未经授权的人员进入系统的数据库修改、删除数据；二是企业工作人员操作失误，受其错误数据的影响而带来的风险，其结果必然是使企业效益受到损失，或者是使顾客利益受到损失。

c. 网上支付风险。作为电子商务的一部分，支付手段也会有所变化，目前安全问题仍然是制约电子商务发展的瓶颈。许多企业仍然担心安全问题而不愿使用网上支付手段，支付问题是电子商务的风险因素之一。

② 经营风险。

a. 产品识别风险。由于网络的虚拟性，买方有可能索取或得到不真实的样品，在把一件立体的实物缩小许多变成平面画片的过程中，商品本身的一些基本信息会丢失，买方不能从网站的图片和文字描述中得到产品全面、准确的资料。这会给买方带来产品识别的风险，这种风险会延伸到产品的性能、质量等诸多方面。

b. 质量控制风险。电子商务中的卖方可能并不是产品的制造者，质量控制便成为风险因素之一。如果卖方选择了不当的外包方式，就有可能使买方承担这一风险。

c. 物权转移中的风险。电子商务需要建立远程作业方式，到底是先付款还是货到付款，也成为难以把握的问题点。物权转移过程中也会产生相应的风险管理问题。

d. 销售市场尚待开发风险。利用网络技术向传统商品市场传播经济情报这一服务形式尚未得到社会商界的普遍认同。首先进入市场者必须承担开发市场的投入。

e. 市场竞争风险。互联网的优越性已被社会所认识，大量实力雄厚的机构乃至上市公司纷纷投资于网络市场，业内竞争将激烈异常，同时，网络同传统媒体的竞争有可能使市场利润率降低。因此，竞争风险有可能会给公司带来致命的威胁。

③ 管理风险。

a. 组织和管理风险出现在项目的组织管理方面，主要包括下列几项。

• 仅由管理层或市场人员进行技术决策，导致计划进度缓慢，计划时间延长。

- 低效的项目组结构降低生产率。
- 管理层审查决策的周期比预期的时间长。
- 预算削减，打乱项目计划。
- 管理层做出了打击项目组织积极性的决定。
- 缺乏必要的规范，导致工作失误与重复工作。

b. 人员风险。人员风险出现在项目人员管理方面，主要包括下列几项。

- 作为先决条件的人员培训任务不能按时完成。
- 开发人员和管理层之间关系不佳，导致决策缓慢，影响全局。
- 缺乏激励措施，士气低下，降低了生产能力。
- 某些人员需要更多的时间适应还不熟悉的软件工具和环境。
- 项目后期加入新的开发操作人员，需进行培训并逐渐与现有成员沟通，从而使现有成员的工作效率降低。
- 由于项目组成员之间发生冲突，导致沟通不畅、设计欠佳和额外的重复工作。
- 没有找到项目急需的具有特定技能的人员。

（2）风险分析

风险分析是在风险识别的基础上，通过分析、比较和评估等各种方式，估计和预测风险发生的概率和损失幅度，确定各风险的重要性，对风险排序并评估其对项目可能造成的后果，是衡量风险概率和风险对项目目标影响程度的过程。风险分析使项目实施人员可以将主要精力集中于为数不多的主要风险上，从而使项目的整体风险得到有效的控制。

风险分析分为定性分析和定量分析。

① 风险的定性分析　风险定性分析包括评估已识别风险的可能性和概率，确定其数量和优先级。主要目的有：

a. 对项目各种风险进行比较和评价，确定它们的先后顺序；

b. 从整体出发弄清各风险事件之间确切的因果关系，以便制定出系统的风险管理计划；

c. 考虑各种不同风险之间相互转化的条件，研究如何才能化威胁为机会，同时也要注意机会在什么条件下会转化为威胁；

d. 为进一步量化已识别风险的发生概率和后果打下基础。

风险的定性分析可以通过挑选对风险事件熟悉的人员，采用召开会议或者进行访谈等方式对风险进行评估。参与的人员可以是项目团队成员，也可以是外部专业人士。参与者对每项风险事件的概率级别和风险影响级别进行评估。通过查询风险概率度量表（表9-1）以及风险对主要项目目标的影响值度量表（表9-2），可以把定性分析转化为一个定量的数值。然后根据概率和影响矩阵，对风险进行等级评定。在概率和影响矩阵（表9-3）中，深灰色区域为高风险，浅灰色区域为中等风险，中灰色区域为低风险。风险定性分析的结果是对已识别风险的概率和影响值列表与根据这个列表得出的风险等级列表和优先级清单。

② 风险定量分析　风险定量分析经常是在风险定性分析之后进行的，风险定量分析其实就是对项目的性质和时间，资金可用性的影响。风险定量分析是对风险定性分析的一种深入。

风险定量分析的主要目标有：

a. 确定能达到具体项目目标（进度、费用、质量）的可能性；

b. 量化地评估项目各自风险；

c. 通过量化评估风险的影响，判定最应关注的项目风险；

d. 确定关于费用、时间和工作范围的现实的、可达到的目标。

表 9-1 风险概率度量表

现象分析	风险概率范围	顺序计量分值
非常不可能发生	0~10%	1
发生可能性不大	11%~40%	2
预期可能发生	41%~60%	3
较有可能发生	61%~80%	4
极有可能发生	81%~100%	5

表 9-2 风险对主要项目目标影响值度量表

项目目标	影响值				
	很低 0.05	低 0.10	中等 0.20	高 0.40	很高 0.80
费用	费用增加不显著	费用增加小于10%	费用增加10%~20%	费用增加20%~40%	费用增加大于40%
进度	进度拖延不显著	进度拖延小于5%	进度拖延5%~10%	进度拖延10%~20%	进度拖延大于20%
范围	范围减小不显著	范围次要方面受到影响	范围主要方面受到影响	范围缩小到发起人无法接受	项目最终结果无法使用
质量	质量下降不显著	仅有要求极其严格的应用受到影响	质量下降需要发起人审批同意	质量下降到发起人不能接受的程度	项目最终结果无法使用

表 9-3 概率和影响矩阵

概率	威胁					机会				
0.90	0.05	0.09	0.18	0.36	0.72	0.72	0.36	0.18	0.09	0.05
0.70	0.04	0.07	0.14	0.28	0.56	0.56	0.28	0.14	0.07	0.04
0.50	0.03	0.05	0.10	0.20	0.40	0.40	0.20	0.10	0.05	0.03
0.30	0.02	0.03	0.06	0.12	0.24	0.24	0.12	0.06	0.03	0.02
0.10	0.01	0.01	0.02	0.04	0.08	0.08	0.04	0.02	0.01	0.01
—	0.05	0.10	0.20	0.40	0.80	0.80	0.40	0.20	0.10	0.05

风险定量分析采用的方法主要如下。

a. 访谈。用于收集项目干系人对项目风险概率和影响程度的估计，包括乐观、悲观的各种估计，得到一个取值范围，经常使用概率进行分析。

b. 敏感度分析。估算在其他风险维持正常水平时某一风险对项目目标的影响程度，帮助判定哪一个风险对项目影响最大。

c. 决策树。结构化的决策分析方法，结合分析某一决策路径的概率及其影响，可分析出何种决策有最好的收益。

d. 蒙特卡罗法模拟分析。指用系统的模型或表示法来分析系统的预期行为或绩效。它们其实都是一种把未来可能出现的风险实体化的方法。先把风险实现出来，然后再对其出现的影响数据进行分析。

风险分析的结果是一张"预测清单"。它应该能够给出项目管理过程中某一风险发生的概率及其后果的性质和概率，以及每个风险的期望值，并对风险进行排序。风险期望值是评价风险预期损失或机会的重要参数，它的计算公式为

风险期望值＝风险概率×风险影响值

（3）风险应对计划制定

风险经过识别和分析之后，要编制当风险出现时进行应对的计划，防患于未然。风险应对计划包括界定扩大机会的步骤，编制对项目的成功构成威胁或风险进行处理的计划。

风险应对的主要策略有避免、接受、转移和减轻。

① 风险避免　风险避免是指避免涉及或根除某一具体的威胁或风险，通常采用根除其原因的方法。在这种策略里，最重要的一点就是要找出其原因。所以前期对风险的分析工作很重要。当找到了原因，很多时候就可以避免某些具体风险事件的发生了。

② 风险接受　风险接受是指如果风险发生了，接受其带来的后果。因为风险是不可能百分百避免的，并且在某种情况下，它是必然会发生的。所以要做好接受其带来的后果的准备。风险接受分为消极的接受和积极的接受，对于高风险的事件可制定"退却计划"：风险准备基金、备用方案、改变工作范围。最常用的措施是风险储备：费用、资源、时间。风险储备的多少取决于风险的概率、影响和可接受的风险损失。

③ 风险转移　风险转移是指将风险的结果及其管理责任转移到第三方。正如上面所说，有时候风险是不可避免的，那么也可以将风险带来的不良结果，或者责任转移到其他地方。风险的影响和责任转嫁给第三方，并不消灭风险，通常要为第三方支付费用作为承担风险的报酬，采用合同形式，如保险、业绩奖罚条款等。

④ 风险减轻　风险减轻是指谋求减低风险发生的可能性和影响程度。主要方法是减少风险事件发生的概率来减轻风险事件的影响。很多时候，项目进行时，为了达到某些目的不得不进行某些事件，而这些事件可能带有风险。但是如果同时进行另外一些没有风险或者风险相对来说小的事件却可以得到同样的效果，那么就可以用没有风险或少风险的事件代替大风险的事件。从而就能减轻风险发生的概率或使项目受到风险影响的概率减低。

(4) 风险监控

风险监控就是在项目进行时，对实际出现风险进行监督和控制。经过了之前对风险的准备，在实际项目进行时必须进行监督和观察，尽量使项目进行的时候和计划相符。

风险监控的内容主要如下。

① 在整个项目过程中监督已识别风险和残留风险。
② 识别可能出现的新风险。
③ 执行风险应对计划。
④ 评估计划执行的有效性，评估的时候应该根据以下几个方面进行判断。
a. 风险应对措施是否按计划实施。
b. 风险应对措施是否有效，是否需要制定新的措施。
c. 项目假定条件是否依然成立。
d. 风险的状态是否在改变。
e. 是否出现了风险征兆。
f. 正确的项目章程和流程是否被遵从。
g. 是否有未识别的风险发生。

9.1.2.3　项目风险管理应注意的问题

在进行风险管理的过程中，应该注意以下几个问题。

(1) 风险管理过程的成本

与风险管理过程相关的成本会出现在资金或时间方面，但是机会成本可能更重要，而且机会成本在进行长期决策时发挥着重要作用。我们需要在固定的资源约束范围内工作，关键人员的时间会变得极其宝贵。风险管理过程涉及的所有人员（而不仅仅是风险管理过程的专业人员）每增加一个小时的边际成本，应该用花费这些时间完成其他工作所实现的最大价值来衡量。在项目运行的某一关键点上，所涉及人员的时间非常宝贵，可能是他们工资总成本的2倍、3倍甚至10倍，因此对这些人和时间的有效利用至关重要。风险管理过程本身即是一个高风险的项目。如果在基本执行过程中已经出现危机，此时试图增加风险管理过程的资源（包括对人员的更多支持，不只限于风险管理过程的专业人员）并非上策。

（2）风险管理的正式程度

正式性不仅是指要编制许多正式文件，它的关键内涵是结构。风险管理过程的效果很大程度上取决于它提出正确问题的能力，而正式性、规范化正是为了解决这个问题而提出来的。

（3）风险管理的组织

高级管理层的支持，对于发挥风险管理过程的作用非常重要。风险管理过程应该反映高级管理层的需求和关注。所有相关经理人员，尤其是项目经理需要在早期阶段介入，保证相关的风险管理过程纳入到项目管理过程中去。理想的情况是在这个阶段任命项目经理，让他能够积极参与到这些任务中，在更加详细的设计与计划阶段之前确立风险管理过程的概念并阐明其作用。更多人员参与到任务中很有好处，这些人员包括组织职能部门中的个人、主要客户、主要承包商或分包商、潜在的合作伙伴以及设计和引入风险管理过程的顾问。

9.1.3 案例

芬芳网上鲜花店项目风险评估

芬芳网上鲜花店建设项目实施过程中可能遇到的风险如下。

（1）技术风险

① 黑客攻击，或者病毒入侵会导致网站死机或者不能访问等，影响网上花店的运作。防范措施是加强病毒和入侵检测，设置好防火墙。

② 设备硬件损坏导致网站不能访问或者数据丢失等，使花店客户遭受损失。防范措施是做好数据备份以及硬件的备份。

③ 开发方出现问题使开发进度缓慢导致实施进度超出计划。防范措施一是多方比较慎重选择合作方；二是签订规范合理的书面合同，在出现纠纷时能通过法律途径保护自己的正当权益。

（2）经营风险

① 网站宣传推广效果不好，网站访问量少。防范措施是推广网站时应根据企业的自身情况选定合适的搜索引擎注册，并且隔一段时间观察排名情况，总结出哪些搜索引擎能带来实际效果。注意跟进，积累数据，为以后的业务开展积累经验，不断改进网站推广方式。还要注意结合网下的多种推广方式。

② 市场可能出现多家竞争对手，使竞争激烈，导致预期销售量减少。防范措施是加强对竞争对手的分析，及时调整策略。

③ 若项目运营得比较成功，客户量增大，客户订单增长迅速，花店接纳客户能力（快速供货能力）会受到考验。防范措施是加强与供应商的合作与联系，提高双方的反应能力，避免出现订单积压、供货链断裂的现象。

（3）管理风险

① 由于业务流程的改变，网上鲜花店人员对新的销售流程不熟悉导致花店运作出现混乱。防范措施是加强对花店人员的业务培训，主要是网上业务流程的培训。

② 由于目前企业计算机人才缺乏，对外包单位依赖较大，网站应用一旦出现问题只能等其解决。防范措施是加强员工的技术培训。主要在于两个方面：一是要求电子商务员熟悉网站各模块的操作；二是要求网络管理员熟悉网站系统的管理以及网站应用系统的程序。

③ 由于有网上与网下两种销售方式，其间的协调可能会出现问题。防范措施是统一协调制定网上与网下的营销方案，加强各部门对网上销售业务的培训，以及准备应急的方案。

项目的风险识别、分析与应对表见表9-4。

表9-4 项目的风险识别、分析与应对表

编号	风险事件	风险概率	风险影响描述	风险影响值	风险期望值	排序	级别	风险应对措施	风险负责人
1	黑客攻击,或者病毒入侵会导致网站死机或者不能访问等	70%	影响网上花店的运作	0.8	0.56	1	高	加强病毒和入侵检测,设置好防火墙	电子商务师
2	设备硬件损坏导致网站不能访问或者数据丢失等	50%	花店客户遭受损失	0.4	0.2	2	高	做好数据备份以及硬件备份	电子商务员
3	合作开发方出现问题使开发进度缓慢	30%	实施进度超出计划	0.4	0.12	3	中	多方比较慎重选择合作方；签订规范合理的书面合同	项目经理
4	网站宣传推广效果不好	30%	网站访问量少	0.2	0.06	4	中	注意跟进,积累数据,为以后的业务开展积累经验,不断改进网站推广方式	销售人员
5	市场可能出现多家竞争对手	10%	预期销售量减少	0.2	0.02	8	低	加强对竞争对手的分析,及时调整策略	项目经理
6	花店接纳客户能力不足	5%	订单积压、供货链断裂	0.4	0.02	9	低	加强与供应商的合作与联系,提高双方的反应能力	项目经理
7	网上花店人员对新的销售流程不熟悉	30%	花店运作出现混乱	0.2	0.06	5	中	加强对花店人员的业务培训,主要是网上业务流程的培训	电子商务师

续表

编号	风险事件	风险概率	风险影响描述	风险影响值	风险期望值	排序	级别	风险应对措施	风险负责人
8	对外包单位依赖较大，网站应用出现问题反应慢	20%	花店运作受影响	0.2	0.04	6	低	一是要求电子商务员熟悉网站各模块的操作，二是要求网络管理员熟悉网站系统的管理以及网站应用系统的程序	电子商务师
9	网上与网下两种销售方式，其间的协调可能会出现问题	20%	花店运作受影响	0.2	0.04	7	低	加强各部门对网上销售业务的培训，以及准备应急的方案	

9.2 项目运营评估

9.2.1 项目评估的概念

电子商务项目投入使用以后，就进入繁琐和复杂的运营阶段。运营一段时间后，要对其进行阶段评估，以评价电子商务系统是否运行稳定，是否安全，是否能有效吸引客户等，从而判别项目预期目标的实现程度。

(1) 电子商务项目评估的目的

① 确定该电子商务项目是否提供了预期的东西。

② 确定该电子商务项目在不断变化的环境中是否可行。

③ 重新评估最初的战略，从中吸取教训并改进以后的计划。

④ 尽快确认已失败的项目并找出失败原因，以免在以后的系统中犯同样的错误。

(2) 电子商务项目评估的特点

① 现实性。电子商务项目评估是以实际情况为基础，所依据的数据资料是现实发生的真实数据或根据实际情况重新预测的数据。它与项目前期的可行性研究不同，可行性研究是预测性的评价。

② 全面性。电子商务项目评估的范围很广，要对项目的准备、立项决策、设计施工、生产运营等方面进行全面、系统的分析。

③ 反馈性。项目可行性研究用于投资项目的决策，而电子商务项目实施效果评估的目的在于为有关部门反馈信息，为今后的项目管理提供借鉴，不断提高未来投资的决策水平。

④ 合作性。电子商务项目评估需要多方面的合作，由单独设立的后评价机构或上级决策机构组织主管部门会同计划、财政、审计、银行、设计、质量、司法等有关部门进行。项目后评价工作的顺利进行需要参与各方融洽合作。

9.2.2 项目评估的方法

对电子商务项目进行评估主要包括技术评价、运行状况评价、经济效益评价三个方面。

（1）技术评价

技术评价指标主要包括以下四个评价指标。

① 电子商务网站的设计评价　网站的设计是网站吸引用户的法宝。对网站设计的评价包括以下几方面：

a. 网站包含内容应该具有的广度和深度；

b. 客户获得信息应该充分、方便和及时；

c. 结构划分应该合理清晰，重点突出，层次合理；

d. 网页的视觉形象应该富有创意。

② 网站的可操作性评价　网站的操作简便、快速是网站吸引和留住用户的关键之一。尤其是第一次登录的访问者往往缺乏耐心，如果他们感到网站的操作不流畅或是等待时间过长，将会失去继续浏览和再次登录的兴趣。对网站的操作评价有以下几方面：

a. 网站是否能够快速进入；

b. 网站的操作是否简单方便；

c. 网站是否能够及时为客户提供有效的服务。

③ 技术应用评价　网站的设计过程中涉及很多技术问题。新技术的应用是否成功关系到网站是否能高效、低成本运行。评价分析内容有：

a. 网页设计中是否采用新技术以增强吸引力或者提供更多的服务内容；

b. 与用户的交互点设计得是否合理，数据检索的设置是否符合检索要求，数据项细分和组合是否恰到好处。

④ 网站的安全性评价　抵御黑客攻击、保证网站的安全运行是网站健康运行的必要条件。如果网站对安全问题不够重视，抵御黑客攻击能力差，将会蒙受巨大的经济和声誉损失。对网站安全性评价的内容有：

a. 客户购物时有关资金的数据是否安全；

b. 客户个人隐私是否得到保护。

（2）运行状况评价

运行状况评价主要有以下几个指标。

① 访问量　访问量是指某网站自发布以来累计接受访问的人数。网络经济是注意力经济，吸引用户的注意力是企业电子商务网站盈利的前提。

② 日均访问量　这是指一定时期内每日访问量的平均数。

③ 注册量　注册量是指在某网站进行注册的用户数量。一般而言，网站的注册量越大，表明该网站对用户的吸引力越大，但并不绝对。

④ 客户忠诚度　客户忠诚度是指在一定时段内相同的用户访问某网站的次数。

客户忠诚度=在一定时段内相同的用户访问某网站的次数和/该时段内访问该网站的用户数

⑤ 网站的实际访问量　网站的实际访问量=浏览次数和×页面点击数，该指标比访问量指标更综合地反映用户对网站的利用情况。

⑥ 日均访问客流量　它是指一定时期内每日访问量的平均数。

日均访问客流量＝一定时期内每日访问量之和/该时期所包含的天数

⑦ 日人均浏览时间　它是指访问某网站的人在一天内的平均浏览时间。该指标反映用户在网站逗留的时间，从另一角度反映网站的吸引力。

日人均浏览时间＝日总浏览时间/该日访问该网站的人数

(3) 经济效益评价

经济效益评价主要有以下几个指标。

① 电子商务销售率　这是表述商务网站网上销售的指标。

$$电子商务销售率 = \frac{电子商务销售额}{销售总额} \times 100\%$$

② 成本降低率　这是指对比一个会计年度，商务网站实施后比实施前相应的商务活动成本降低的比例。

$$成本降低率 = \frac{商务网站实施前的成本 - 商务网站实施后的成本}{商务网站实施前的成本} \times 100\%$$

③ 收益增长率　这是指对比一个会计年度，商务网站实施后比实施前相应的商务活动所创收入增长的比例。

$$收益增长率 = \frac{商务网站实施后的收入 - 商务网站实施前的收入}{商务网站实施前的收入} \times 100\%$$

④ 资金周转率提高率　指对比一个会计年度，商务网站实施后比实施前每年资金周转次数增长的比例。

⑤ 投资回报率　指在对应的一个会计年度内，商务网站总投入的收益率。

9.2.3　案例

芬芳网上鲜花店项目运营评估

网站投入运营后可以按以下指标来评估运营情况。

① 日均访问量　这是指一定时期内每日访问量的平均数。按项目预期，第一阶段要实现日均 500 人次的访问量。

② 注册量　这是指在某网站进行注册的客户数量。一般而言，网站的注册量越大，表明该网站对客户的吸引力越大。按项目预期，第一阶段注册量要达到 5000 人。

③ 客户忠诚度　这是指在一定时段内相同的客户访问某网站的次数。

$$客户忠诚度 = \frac{在一定时段内相同的客户访问某网站的次数和}{该时段内访问该网站的客户数}$$

网站的目标就是要提高客户的忠诚度，越高越好。

④ 电子商务销售率　这是表述商务网站网上销售的指标。

$$电子商务销售率 = \frac{电子商务销售额}{销售总额} \times 100\%$$

第一阶段预期目标是 10%。

⑤ 成本降低率（%）　这是指对比一个会计年度，商务网站实施后比实施前相应的商务活动成本降低的比例。

$$成本降低率 = \frac{商务网站实施前的成本 - 商务网站实施后的成本}{商务网站实施前的成本} \times 100\%$$

预期目标是 20%～30%。

⑥ 收益增长率（%） 这是指对比一个会计年度，商务网站实施后比实施前相应的商务活动所创收入增长的比例。

$$收益增长率 = \frac{商务网站实施后的收入 - 商务网站实施前的收入}{商务网站实施前的收入} \times 100\%$$

预期目标 20%～30%。

可以按上述指标对网站的运营进行评估，对出现的问题采取适当的策略和措施。

思考题

1. 什么是项目风险？项目风险有哪些特点？
2. 项目风险有哪几种类型？举例说明。
3. 风险管理的主要程序包括哪几个环节？
4. 电子商务项目中面临的风险主要有哪几类？举例说明。
5. 什么是风险分析？怎样进行风险分析？
6. 简述风险应对的主要策略。
7. 风险控制主要有哪些内容？
8. 为什么要对项目进行评估？
9. 对电子商务项目进行评估主要有哪些指标？
10. 请对"网上礼品店"进行项目评估。

附 录

芬芳网上鲜花店项目设计书

一、项目概述

① 项目名称：芬芳网上鲜花店项目规划设计方案。

② 项目背景：随着互联网技术的飞速发展，互联网已经走进了千家万户，然而中国鲜花业的营销方式仍然传统落后，独立分散。芬芳鲜花店为了突破时空限制，降低交易成本，节省客户订购、支付和配送的时间，方便客户购买，决定介入电子商务网上鲜花销售市场，以突破传统的销售方式，充分利用互联网，建立一个网上鲜花销售系统，利用互联网在线支付平台进行交易，实现网络营销与传统营销双通道同时运行的新型鲜花营销模式。

③ 项目目标：芬芳网上鲜花店的总体目标是成为珠三角地区有影响力的鲜花网上销售企业，这一目标将分为三个阶段实现。

④ 项目内容：网上花店采用现有的各种网络技术，构建一个具有鲜花、礼品等商品多级查询、选择、订购的网上销售系统，为客户提供方便、快捷、安全的网上购物环境。

⑤ 项目的投资规模和建设周期：项目建设预计投入 24.5 万元，用于平台搭建、软硬件资源的购买、技术支持及管理和人员的费用，项目建设周期约需要 6 个月。

⑥ 项目的收益：建设网上花店将取得以下几方面收益。

a. 网上销售带来的业务量的增加：预计从网站运营起一年内花店销售收入增长 10%，三年内销售收入增长 100%。

b. 网上销售带来的成本节约：预计鲜花销售成本可以减少 20%～30%。

c. 品牌增值带来的收益：网上花店的运作将扩大"芬芳"的知名度，提升"芬芳"品牌，最终使芬芳鲜花店成为珠三角地区有影响力的鲜花网上销售企业。

二、项目需求分析

1. 企业业务分析

（1）行业特点

芬芳鲜花店属于花卉经营行业，花卉业被誉为"朝阳产业"。近 10 多年来，世界花卉业以年平均 25% 的速度增长，远远超过世界经济发展的平均速度，鲜花的利润高、市场大，是世界上最具有活力的产业之一。中国花卉业起步于 20 世纪 80 年代初期，经过近 20 年的恢复和发展，取得了长足的进步。我国鲜花销售额 2003 年为 40.9063 亿人民币，2004 年达 105 亿，增长迅速。虽然鲜花业销售额迅速增长，但是电子商务在其中所占的份额还不到 10%，处在起步阶段。我国绝大多数鲜花销售公司还处于传统营销阶段，所以鲜花的网上销售蕴涵着巨大的商机。

（2）企业简介

芬芳鲜花店是一家鲜花零售店，主要销售各种鲜花、绿色植物和各种鲜花附属产品（如花篮、水晶土、养料、鲜花包装纸等），同时经营鲜花包装、快递等项目。现有员工10人，每天的鲜花销售额2000~2500元。芬芳鲜花店现有店面地处广州市天河区，这是一个办公大楼集中的区域，也是休闲娱乐和消费中心。该店开张五年来，采用传统的营销方式，以零售为主要销售渠道开展业务，经营平稳，业绩尚可，进货、销售和配送都已比较成熟，也积累了一批老客户。

（3）存在问题

① 鲜花零售利润可达50%~80%，十分可观。但是由于鲜花很容易枯萎，所以它的损耗率相当大，进回来1000枝花，最多只能卖出去200~300枝，卖不出去的只好作损耗处理扔掉。现在进货的数量和品种主要凭经验，难免会出现进货和销售之间的偏差。这使得鲜花的损耗高居不下，这是经营成本高的一个主要原因。

② 芬芳鲜花店地处天河办公区，在这几年的经营中赢得了一定的口碑，客户忠诚度也比较高。但是光顾花店的大多是附近的客源，距离远的客户由于选购不方便，加之"芬芳"的品牌知名度不高，难以吸引他们光临。芬芳花店也曾考虑过加开分店，并加强宣传，提升"芬芳"的品牌知名度，但计划投入较大，而且难以确定效果，实施的风险较高，因而一直没有付诸实施。这使得花店销售规模停滞不前，发展遇到瓶颈。

③ 芬芳鲜花店计划发展礼品、贺卡、饰品等配套业务，但由于店面面积有限，难以对多样货品进行展示。

④ 芬芳鲜花店还计划发展公司礼仪、生日派对等鲜花的集中订购，但相对于大南路鲜花一条街，花店的知名度不高，店面展示的鲜花品种和数量也有限，使得该类业务未能开展起来。

（4）企业的电子商务需求

为了解决上述问题，芬芳鲜花店希望突破传统的经销方式，建设芬芳网上鲜花店，实现网络营销与传统营销双通道同时运行的新型鲜花营销模式。开办网上花店的需求建议如下。

① 将现有的预估鲜花需求数量和品种，先进货后销售的流程，改为根据客户的订单按需进货，减少进货与销售之间的偏差，降低鲜花的损耗，降低经营成本。为此网站建设必须具备网上订购、网上支付和配送管理功能。

② 通过网络，使花店突破时空限制，客户无论地理距离的远近，都可以方便地访问网上花店订购鲜花，不再受到地域的限制，拓宽了客源范围，扩大了销售规模。为此项目实施必须考虑配送能力、配送方式、配送范围和时效等问题。

③ 通过网站，用图片、动画等手段，可以大量展示各种花卉品种及其搭配，还可以展示礼品、贺卡、饰品等其他配套商品，不会因店面面积而受限制，可以拓宽花店经营的种类和范围。为此网站建设需考虑带宽和客户响应速度等问题。

④ 可以通过网络广告等推广方式提高花店的知名度，并且无需扩充店面或加开分店投入，就能达到扩大经营规模和经营范围的效果，大大降低了实施风险。为此项目实施应将网站推广放在重要位置。

2. 市场分析

（1）企业的目标市场

芬芳网上鲜花店主要提供鲜花、礼品及相应的服务，目前的配送能力范围为广州市区。

为了全面了解鲜花需求人群的情况，我们对实体花店的客户进行了有奖问卷调查，结果显示鲜花店的目标市场中 20～40 岁的人群占 83％，大专以上教育程度的占 75％，具有上网习惯的占 89％，月收入在 3000～5000 元的占 90％，能接受网上支付方式的占 73％。因此，芬芳网上鲜花店现阶段的目标市场是主要集中在 20～40 岁的白领人群，网上花店的各种服务以满足他们的要求为主。

（2）目标市场的特点

根据问卷调查，芬芳网上鲜花店目标市场的特点可以概括如下。

① 年龄在 20～40 岁之间的白领人群，有一定的经济基础，经常上网，可以接受网上支付方式。

② 工作繁忙，闲暇时间少。

③ 追求浪漫时尚，讲究品位，消费观念比较开放，具有个性。

（3）目标市场的电子商务需求

以上分析说明目标市场不仅能够接受网上花店，而且还会主动去使用网上花店提供的服务。

① 年轻的白领阶层由于工作繁忙，他们需要最简便快捷的方式选购鲜花。如果通过电话订花，由于订货人与收货人通常是不同的，难以采用货到付款的方式，所以支付是个困难。而通过网上花店，客户在网站上选购花卉，在网上支付，节省了客户选购、支付和配送的时间，实现了足不出户便能送花，很好地满足了他们的要求。为此实现网上在线支付是关键环节。

② 由于他们消费观念比较开放，网上订购、网上支付等新的交易方式容易被他们接受，还能满足他们追求新鲜时尚的生活态度。

③ 他们追求浪漫时尚，对服务有个性化的需求，网站可以采取各种服务方式满足他们的需求。

3. 竞争对手分析

我喜欢花店也是一家中型鲜花销售公司，是芬芳花店的老竞争对手。它也位于天河区，与芬芳鲜花店相距不太远，花店产品种类、产品质量和硬件条件与我公司不相上下。该公司在 2 个月前开通了网上销售系统，知名度有所提高，客户数目增加，芬芳花店的一些客户也转到了他们那里。但是他们的网站主要存在以下问题：

① 网站的知名度还不算很高，没有下力气去推广；

② 网站只面对大批量的花束销售，没有面对零售市场；

③ 网站销售的流程比较复杂，不能做到在线支付。

以上情况均可作为芬芳鲜花店开发网站时的参考。

三、项目可行性分析

1. 技术可行性

芬芳网上鲜花店是一个中小型的电子商务网站，主要实现在线销售鲜花、礼品，具有商品多级检索、购物车、订单提交和查询、自助订花等功能，涉及数据库、动态网页、安全电子支付（SSL）、防火墙等多种技术，这些都是现阶段已经相当成熟可靠的技术，可以确保日后网站的性能和运行的可靠性。

技术支持方面，网站平台构建有多种现成的软硬件应用集成技术解决方案可供选择。网站应用系统开发方面,虽然实体花店没有太多的技术开发力量,但可以通过系统外包、主机托管等方式实现。

2. 经济可行性

建设芬芳网上鲜花店可以取得多方面的收益来源。

(1) 网上销售带来的业务量的增加

网上花店能够突破距离地域的限制,吸引广州市天河区以外的鲜花需求人群,为花店带来新的业务增长点。

(2) 网上销售带来的成本节约

通过网上销售,可以减少鲜花在门店存储的损耗,也可以减少鲜花流通成本。每枝花在网上销售的成本可以减少20%~30%,销售成本的节约也增加了花店的收益。

(3) 品牌增值带来的收益

网站提供的在线订购和个性化服务功能实现了实体花店不能做到的事情,更好地满足了客户的需求,对提升"芬芳"的形象,实现品牌增值将产生积极的作用。

(4) 加盟服务带来的收益

对于配送能力不能达到的广州市区以外的地区,"芬芳"计划采用加盟策略。在网站成功运营,有一定的品牌知名度以后,可以吸引其他鲜花店加盟,在带来服务收益的同时,与加盟店共同做大鲜花市场,实现共赢。

芬芳网上鲜花店的建设成本包括系统规划、软硬件系统购买、网站系统开发、网站推广、网站运营/维护等几部分费用。

芬芳花店的年收入在70万左右,网站开始阶段的投入适中,相比网站的收益,花店的投资还是值得的。

3. 实施可行性

从业务实施的角度分析,建设芬芳网上花店有以下几项有利条件。

① 网上花店预期效益明显,总经理高度关注并支持,对项目实施是一个非常有利的条件。

② "芬芳"有五年的实体花店运作经验,货源保障可靠,有成熟的配送流程和队伍,广州市区内能够按照客户要求按时配送,网上花店只要求在销售业务流程的接单和客户服务环节做一些变动,其他方面基本不变,不涉及供应商和内部人员的利益调整,业务流程整合难度不大。

③ 花店员工大多是30岁以下的年轻人,会上网及进行基本的电脑操作,经过短期培训即可掌握网上业务操作。

④ 网上花店的主要业务是在线销售鲜花、礼品,符合国家有关法律法规及行业规范要求。

四、项目总体规划

1. 网站目标定位

芬芳鲜花店的主要业务是销售鲜花、礼品,网上花店定位于年轻的白领人群,为他们提供方便、时尚的网上鲜花、礼品订购服务。

芬芳网上鲜花店的总体目标是成为珠三角地区有影响力的鲜花网上销售企业,实现这一目标可分为三个阶段:

① 第一阶段：从网站运营起一年内为推广期，利用多种宣传手段以及优惠措施，实现访问量 500 人次/天，用户注册量 5000 人，花店销售收入增长 10%。

② 第二阶段：推广期结束后两年内为发展期，主要目标是提升"芬芳"品牌知名度，发展和稳固本地市场，提高市场占有率，利用多种营销手段，实现花店销售收入增长 100%。

③ 第三阶段：发展期结束后的两年内为扩张期，主要目标是借助"芬芳"的品牌知名度，将业务扩展到广州以外的地区，利用品牌效应，邀请异地花店加盟，进行连锁经营，使网上销售规模迅速上升，最终使花店成为珠三角地区有影响力的网上鲜花销售企业。

2. 网站商务规划

（1）商务模式

芬芳网上鲜花店的商务对象以普通消费者为主，主要采用网上商店＋连锁经营的 B2C 电子商务模式。

（2）主要业务流程

芬芳网上鲜花店的业务流程如附图 1 所示，主要业务流程为：

① 顾客选择要购买的鲜花礼品，并可进行个性化的设计或定制；
② 顾客下订单；
③ 顾客支付货款；
④ 网站把订单通知物流部门；
⑤ 物流部门配送；
⑥ 通知顾客配送成功。

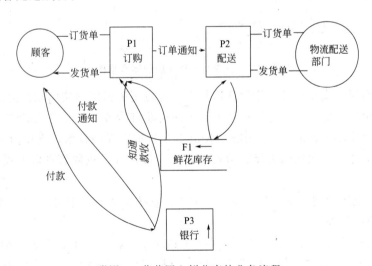

附图 1　芬芳网上鲜花店的业务流程

（3）盈利方式

芬芳网上鲜花店主要通过在线销售鲜花、礼品，可以争取更多的交易机会、扩大销售量，从而增加花店的收入。此外，根据客户的订单按需进货可大大降低鲜花的损耗，节约成本，提高花店的综合效益。

3. 网站技术规划

（1）系统体系结构

芬芳网上鲜花店的体系结构是一种基于互联网的多层结构，如附图 2 所示。

① 硬件网络层。包括服务器（应用服务器、数据库服务器）、路由器、交换机等硬件设备。由于网站初始规模不大，因而可以将应用服务器和数据库服务器部署在同一台物理服务器上。

② 操作系统层。部署 Unix/Linux、Windows NT/Server 之类的主流操作系统，考虑到花店的应用基础较弱，因而操作系统应选择稳定易用的产品。

③ 数据层。支持 Oracle、SQL Server 等关系型数据库管理系统。

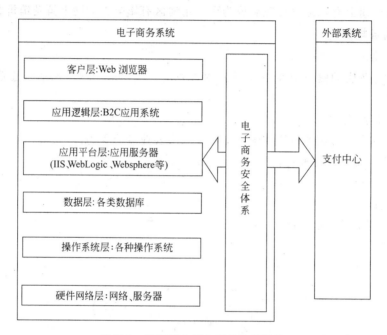

附图 2　芬芳网上鲜花店的体系结构

④ 应用平台层。支持各种应用服务器软件，为应用逻辑层的应用软件提供支持服务。
⑤ 应用逻辑层。针对"芬芳"在网上开展的鲜花订购业务而开发的 B2C 应用系统。
⑥ 客户层。采用 Html、Javascript、Xml 等先进的互联网技术，支持标准网页浏览器。
⑦ 网站安全体系。包括防火墙、数据加密、身份认证、权限管理和制度管理等各层次的安全措施。

此外，网上花店的网上支付功能将与外部支付系统建立 SSL 连接，以实现安全支付。

（2）技术路线选择

目前主要的技术路线有．net 技术路线（Windows 平台）和 J2EE 技术路线（Unix 平台以及 Linux 平台）。综合"芬芳"的发展战略、目标定位和技术实力，考虑到经济性和易用性，我们选用 Windows 平台的技术路线。

4. 网站域名规划

芬芳网上鲜花店的域名应该简单直观、容易记忆。由于花店的目标市场主要是国内客户，所以设计了三个拼音型和数字型的国内域名，包括 www.fenfang.com.cn、www.51flower.com.cn 和 www.51buyflower.com.cn。计划三个域名同时注册使用，将 DNS 指向同一台主机。

五、网站平台系统设计

1. 网站网络结构设计

芬芳网上鲜花店采用主机托管方式构建,其网络结构如附图 3 所示。

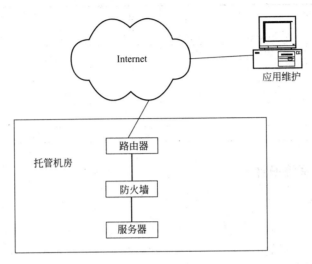

附图 3 芬芳网上鲜花店的网络结构

2. 网站安全设计

(1) 硬件网络级安全设计

依靠托管机房的网络安全措施,保护服务器安全。

(2) 软件级安全设计

① 在操作系统方面采用高强度密码,以及对核心数据采用加密措施保障系统安全。

② 在应用软件方面安装防病毒软件和防火墙软件,并且要求应用系统开发商提供完整的应用软件信息安全体系,从操作权限、功能权限、内容权限等方面进行系统的考虑。

3. 硬件选型方案

芬芳网上鲜花店硬件选型方案如附表 1 所示:

附表 1 芬芳网上鲜花店硬件选型方案

序号	名称	型号	单价(元)	数量	金额(元)	备注
1	服务器	戴尔 PowerEdge 1850(Xeon 3.0G) 1U 机架式	23000.00	1	23000.00	
	合计				23000.00	

4. 软件选型方案

① 操作系统:选用易维护性与通用性较好的 Windows2000 Server。

② 数据库系统:选用 Microsoft SQL Server 2000。

③ Web 服务器软件:选用 Microsoft Information Server。

④ 网站应用系统:网站应用系统采用外包形式开发,开发工具与外包方协商确定,建议使用 ASP 开发。

⑤ 防病毒软件：选用 Kill 的防病毒软件。
⑥ 服务器防火墙软件：选用 Kfw 傲盾防火墙服务器版。
⑦ 软件系统费用见附表2。

附表2 软件系统费用

序号	名称	单价(元)	数量	金额(元)	备注
1	MS Windows 2000 Server	5000.00	1	5000.00	操作系统
2	MS SQL Server 2000	15000.00	1	15000.00	数据库系统
3	Kill 1000-1999 User Pack (Kill-User-6X-1999)	300	1	300	防病毒软件
4	KFW 傲盾防火墙企业服务器版	5000	1	5000	防火墙软件
合计				25300.00	

六、网站应用系统设计

1. 网站形象设计

作为鲜花营销公司，由于经营的产品主要是鲜花，因此在设计公司的形象时，应该突出美丽、优雅的特点，所以网站的主色调为黄、橙、粉红这三种最为大众接受的颜色。网站打出的广告语也应该给顾客以体贴、温馨的感觉。

① 网站的主色调为黄、橙、粉红这三种最为大众接受的颜色。

② 首页界面的风格要鲜明而有特色。网站必须具备一定的特色，主要应体现在网页界面设计和与用户进行信息交流、交互的方便性和快捷性上。

③ 首页上要有足够的导航链接。

④ 网站所要用到的图片资料应该足够清晰和精美，并充分考虑网页的传输速度。

⑤ 在网站内容上注重突出公司的产品和服务特色。

2. 网站功能设计

网上花店网站功能分为前台系统与后台系统两部分。前台系统面向顾客，后台系统面向网站的管理者。

（1）网站前台系统

网站前台系统是顾客使用的系统，通过前台系统，用户不仅能在网上订购鲜花，而且支持集中订购服务等多种业务。其付款方式支持国内在线支付、银行汇款、邮局汇款。

前台系统的功能结构如附图4所示。

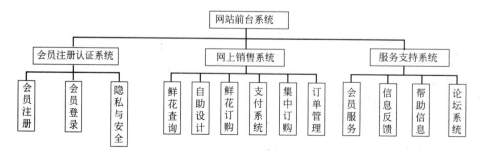

附图4 芬芳网上鲜花店前台系统功能结构

各个功能的详细说明如下。

① 会员注册。网站会员的在线注册。

② 会员登录。网站会员的在线登录和身份校验。

③ 安全和隐私。提示用户花店的隐私条款和安全条款。

④ 鲜花查询。鲜花查询系统是网站的主要功能,帮助客户方便快速地查找所需要的商品,包括下列功能。

a. 一般查询。用户通过我们所提供的场合、语义、庆祝、花材、价格这几种不同的种类来查询鲜花。

b. 高级查询。此查询的搜索条件有场合、节日、收货人情况、年龄、产品、价格这几种,每个条件的下拉菜单里还有各自不同的选项。查询的时候用户对条件选项进行组合,设置关键字,系统将自动搜索出符合用户要求的商品。

⑤ 自助设计。自助设计是网站的特色功能,帮助客户个性化的设计或定制其花束,包括下列功能。

a. 自助选花。用户可以自己挑选喜欢的花卉的种类和数量,以他希望的方式组成花束,按花束中各种花的单价和数量计算花束的价格。

b. 贺词参照。贺词主要有以下几类:爱情贺词、节日贺词、慰问贺词、商业贺词、祝男女寿、贺迁居。用户可以为花束挑选合适的贺词,或者自写贺词。

⑥ 鲜花订购。当用户选定鲜花以后,可以通过这个功能来生成订单,并转入支付系统。

⑦ 支付系统。

a. 支付:用户在订购鲜花以后,可以通过这个功能使用银行卡在线支付。

b. 汇款:用户在订购鲜花以后,可以使用这个功能通过银行汇款支付。

⑧ 集中订购。对于用户在我们的鲜花网单次订购金额在某个总额以上的批量订单,可使用本功能享受特别优惠和服务。用户可在集中订购专区中输入订单信息,花店会有专人及时与用户联系;订单确认后,根据用户的要求,及时快捷地完成该订单。

⑨ 订单管理。

a. 查询订单。用户可按订单编号、时间、收货人姓名等条件查询订单信息及该订单支付状态并可随时追踪查询该订单的配送状态。

b. 取消订单。在一定条件下用户可以取消订单(比如未付款),但属于当日配送订单,无法在此取消。

c. 支付货款。若用户在下订单后没有支付货款,可以在此支付。支付方式同"支付系统"。

⑩ 会员服务。注册会员登录后,可使用会员服务,有以下几个功能。

a. 可以在"会员信息"内查询或更改用户的个人信息。

b. 在"会员账目"里用户可以查询以往的订购记录。

c. "会员日历"随时给用户准确的日期。

d. 使用"节日提醒"使用户不会忘记十分重要的日子。

⑪ 信息反馈系统。提供用户与网站间联系的通道,分为以下三类。

a. 投诉:用户对我们的服务不满意,可进行投诉。

b. 建议:用户对我们的工作有好的建议。

c. 合作:用户要与我们商谈合作事宜。

⑫ 网站的帮助信息系统。

a. 导航系统：列出网站各栏目的链接以及简要说明。

b. 常见问题：列出用户使用网站系统时的一些常见问题以及解答。

c. 其他说明：包括联系方式、配送说明、商家加盟说明等。

⑬ 论坛系统。设置鲜花知识、化妆、星座以及各种时尚资讯的版块，让用户发表自己的见解。

（2）网站后台系统

网站后台系统为花店管理员提供商品管理、订单管理、配送管理、售后服务、信息统计等业务功能。后台系统的功能结构如附图5所示。

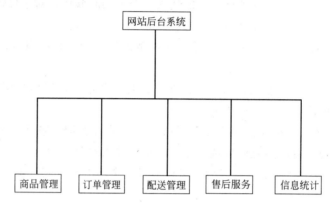

附图5　芬芳网上鲜花店后台系统功能结构

各个功能的说明如下。

① 商品管理。对网站内鲜花以及其他商品信息进行增加、删除和修改，可以制定价格策略，对不同商品和不同用户定义不同的折扣率。

② 订单管理。对用户的订单进行查询，修改订单的状态，如果订单出现缺货或者信息不明确等情况，要与用户进行联系。在配送完成后，可按需要把完成信息通过手机短信、电子邮件、QQ、MSN等方式通知用户。

对集中订购的订单，能突出显示以提醒注意，并由专人进行联系处理。

③ 配送管理。根据订单的状态生成配送任务，安排配送人员，登记配送的情况。

④ 售后服务。对漏单、误单、花材不符、礼品退货、投诉等售后事件进行登记，按不同类别进行跟踪和处理。

⑤ 信息统计。对商品的销售、用户的情况等进行所需要的统计。

七、项目实施方案

1. 网站实施任务

网站实施任务见附表3。

2. 网站实施的组织

为实施网站项目，芬芳鲜花店拟成立电子商务项目组，由总经理兼任组长，组员包括电子商务师1人（副组长，负责项目组日常工作）、助理电子商务师1人以及电子商务员1人，运营阶段以该项目组为班底成立网站运营部。项目实施人员组织见附表4。

附表3　网站实施任务

网上花店建设
1 调研准备
1.1 召开专题会议,进行工作协调
1.2 进行需求分析,确定目标需求
1.3 选择系统供应商,选择开发合作方
2 开发
2.1 网站平台建设
2.2 网站风格和结构设计,功能划分
2.3 初期素材收集
网上花店建设
2.4 网站功能开发
2.5 二次资料收集补充
2.6 网站初步发布及测试
3 试运营
3.1 培训操作人员
3.2 制定推广计划
3.3 修正系统功能
3.4 进行负载分析
3.5 撰写测试报告
3.6 订立管理制度
3.7 专职员工到位,准备正式运营
4 正式运营
4.1 制定维护计划
4.2 制定定期分析制度
4.3 项目验收
4.4 进行项目评估

附表4　项目实施人员组织表

	任务名称	负责人员
1 调研准备		
	1.1 召开专题会议,进行工作协调	总经理
	1.2 进行需求分析,确定目标需求	电子商务师、助理电子商务师
	1.3 选择系统供应商,选择开发合作方	电子商务师
2 开发		
	2.1 网站平台建设	
	2.2 网站风格和结构设计,功能划分	电子商务师、开发方人员
	2.3 初期素材收集	电子商务员
	2.4 网站功能开发	助理电子商务师、开发方人员
	2.5 二次资料收集补充	电子商务员
	2.6 网站初步发布及测试	电子商务师、助理电子商务师、开发方人员
3 试运营		
	3.1 培训操作人员	助理电子商务师
	3.2 制定推广计划	电子商务师
	3.3 修正系统功能	助理电子商务师、开发方人员
	3.4 进行负载分析	助理电子商务师
	3.5 撰写测试报告	电子商务师、开发方人员
	3.6 订立管理制度	总经理
	3.7 专职员工到位,准备正式运营	总经理
4 正式运营		
	4.1 制定维护计划	电子商务师
	4.2 制定定期分析制度	电子商务师
	4.3 项目验收	总经理、电子商务师、开发方人员
	4.4 进行项目评估	总经理、电子商务师

3. 网站实施进度计划

项目任务的网络图见附图6，项目进度计划见附图7。

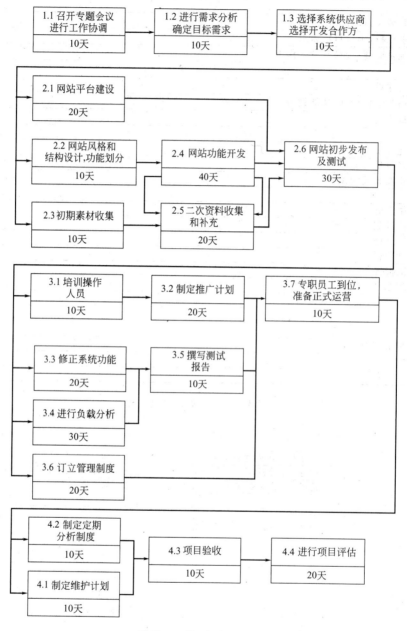

附图6 项目任务网络图

八、项目运营管理计划

1. 网站系统管理计划

（1）硬件管理

芬芳网上鲜花店采用主机托管方式构建，硬件管理采用外包管理维护方式，与托管商签订维护合同，明确职责，由托管机房进行维护。

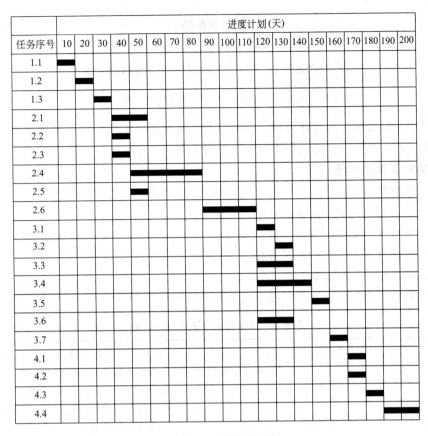

附图 7　项目进度计划

(2) 软件管理

① 系统软件管理

a. 系统管理员定期清理日志文件、临时文件。

b. 系统管理员定期整理文件系统。

c. 系统管理员监测服务器上的活动状态和用户注册数。

d. 系统管理员定期将最新的软件补丁安装到服务器上。

② 业务软件管理　电子商务员把应用系统使用情况和用户反馈意见报告给电子商务师，电子商务师根据系统运行情况定期提出整改或升级方案。

(3) 数据管理

① 系统管理员每天对网站系统数据库进行增量备份，每周对数据库进行完全备份。

② 若系统出现死机、损坏等情况使数据丢失，用最近的数据备份进行恢复。

(4) 信息管理

① 电子商务员每天整理当天的订单数据，进行销售统计。

② 电子商务员每天对网站的留言本、公告板等交互信息进行处理。

③ 助理电子商务师负责定期更新网站后台的数据，如商品信息、新闻信息等。

2. 网站组织管理计划

芬芳网上鲜花店的组织结构如附图 8 所示。

电子商务经理由总经理兼任，网上鲜花店作为一个项目设置网站运营部、营销部和物流

附图 8　芬芳网上鲜花店的组织结构

配送部等部门，负责网站的运作管理、营销以及物流配送，工作人员尽量从原来实体花店相应部门抽调，两头兼顾。各部门职责与人员安排见附表 5。

3. 网站安全管理计划

① 系统管理员对操作系统进行安全配置和管理，关闭没有使用的服务。
② 系统管理员定期更新防病毒软件的病毒库。
③ 系统管理员定期进行漏洞扫描、日志检查。
④ 系统管理员对系统进行实时监控。
⑤ 制定用户权限分配方案。
⑥ 定期对员工进行安全制度、安全防范知识培训。

附表 5　芬芳网上鲜花店岗位职能

部门	部门职能	岗位	岗位职能	人数
		电子商务经理	负责整个网上花店的运营管理	1
网站运营部	负责网站的管理	经理	负责网站运营部的运作管理	1
		助理电子商务师	负责网站应用系统管理、协助经理进行网站的运作管理	1
		电子商务员	负责网站应用系统的运行操作	1
		系统管理员	负责网站设备系统的维护和管理	1
营销部	负责货物的采购,网站销售策略的制定及广告宣传	经理	负责营销部的运作管理	1
		销售人员	负责网站的营销	1
物流配送部	负责网站订单货物的配送	经理	负责物流配送部的运作管理	1
		配送人员	负责物流配送业务的操作	3

4. 网站推广计划

（1）推广目标

在网站正式运营起一年内，要实现网站每天独立访问用户 500 人，用户注册量 5000 人，花店销售增长 10%。

（2）推广手段

推广手段主要分为网上推广和网下推广两类。

① 网上推广

a. 在百度和 Google 两个搜索引擎上购买关键字广告，为各网页设计有效的关键字。在新浪等 10 个搜索引擎上进行分类目录注册。

b. 向注册用户、实体花店的老客户发送电子邮件，介绍新的花卉、优惠折扣、时尚知识等。

c. 与礼品网站、生活知识网站、时尚网站交换网络广告。

d. 在特殊节假举行优惠促销活动。

e. 结合公司促销活动，不定期发送在线优惠券。

f. 采用特许加盟和网站的大众联盟两种方式进行商家加盟推广。
　② 网下推广
　　a. 通过贺卡、包装纸、宣传单张等进行网站的宣传。
　　b. 通过鲜花附送的礼品进行广告宣传。
　　c. 向实体花店的老客户推广网站。
　(3) 推广效果评价
　　对网站推广措施的效果进行跟踪，定期进行网站流量统计分析，必要时与专业网络顾问机构合作进行网络营销诊断，改进或者取消效果不佳的推广手段，在效果明显的推广策略方面加大投入比重。

九、项目预算

根据项目软硬件选型以及项目实施方案，项目预算见附表6。

附表6　项目预算表

序号		项目	费用(元)
硬件设备	1	服务器	23000
软件	2	操作系统软件	5000
	3	数据库软件	15000
	4	防病毒软件	300
	5	防火墙软件	5000
网站功能开发	6	应用系统开发费用	80000
网站推广	7	网上推广	15000
	8	网下推广	20000
网站平台建设	9	主机托管	7000
	10	国内域名/国际域名	600
人员费用	11	调研准备阶段	10000
	12	开发阶段	28000
	13	试运营阶段	12000
	14	正式运营阶段	8000
其他费用	15	风险费用	16000
合计			244900

十、项目评估

1. 项目风险评估

芬芳网上鲜花店建设项目实施过程中可能遇到的风险如下。

(1) 技术风险

① 黑客攻击，或者病毒入侵会导致网站死机或者不能访问等，影响网上花店的运作。防范措施是加强病毒和入侵检测，设置好防火墙。

② 设备硬件损坏导致网站不能访问或者数据丢失等，使花店客户遭受损失。防范措施是做好数据备份以及硬件的备份。

③ 开发方出现问题使开发进度缓慢导致实施进度超出计划。防范措施一是多方比较慎重选择合作方；二是签订规范合理的书面合同，在出现纠纷时能通过法律途径保护自己的正当权益。

(2) 经营风险

① 网站宣传推广效果不好，网站访问量少。防范措施是推广网站时应根据企业的自身情况选定合适的搜索引擎注册，并且隔一段时间观察排名情况，总结出哪些搜索引擎能带来实际效果。注意跟进，积累数据，为以后的业务开展积累经验，不断改进网站推广方式。还要注意结合网下的多种推广方式。

② 市场可能出现多家竞争对手，使竞争激烈，导致预期销售量减少。防范措施是加强对竞争对手的分析，及时调整策略。

③ 若项目运营得比较成功，客户量增大，客户订单增长迅速，花店接纳客户能力（快速供货能力）会受到考验。防范措施是加强与供应商的合作与联系，提高双方的反应能力，避免出现订单积压、供货链断裂的现象。

(3) 管理风险

① 由于业务流程的改变，网上花店人员对新的销售流程不熟悉导致花店运作出现混乱。防范措施是加强对花店人员的业务培训，主要是网上业务流程的培训。

② 由于目前企业计算机人才缺乏，对外包单位依赖较大，网站应用一旦出现问题只能等其解决。防范措施是加强员工的技术培训。主要在于两个方面：一是要求电子商务员熟悉网站各模块的操作；二是要求网络管理员熟悉网站系统的管理以及网站应用系统的程序。

③ 由于有网上与网下两种销售方式，其间的协调可能会出现问题。防范措施是统一协调制定网上与网下的营销方案，加强各部门对网上销售业务的培训，以及准备应急的方案。

项目的风险识别、分析和应对表见附表7。

2. 项目运营评估

网站投入运营后可以按以下指标来评估运营情况。

① 日均访问量　这是指一定时期内每日访问量的平均数。按项目预期，第一阶段要实现日均500人次的访问量。

② 注册量　这是指在某网站进行注册的客户数量。一般而言，网站的注册量越大，表明该网站对客户的吸引力越大。按项目预期，第一阶段注册量要达到5000人。

③ 客户忠诚度　这是指在一定时段内相同的客户访问某网站的次数。

$$客户忠诚度 = \frac{在一定时段内相同的客户访问某网站的次数和}{该时段内访问该网站的客户数}$$

网站的目标就是要提高客户的忠诚度，越高越好。

④ 电子商务销售率　这是表述商务网站网上销售的指标。

$$电子商务销售率 = \frac{电子商务销售额}{销售总额} \times 100\%$$

第一阶段预期目标是10%。

⑤ 成本降低率（%）　这是指对比一个会计年度，商务网站实施后比实施前相应的商务活动成本降低的比例。

$$成本降低率 = \frac{商务网站实施前的成本 - 商务网站实施后的成本}{商务网站实施前的成本} \times 100\%$$

预期目标是20%～30%。

附表7 项目的风险识别、分析和应对表

编号	风险事件	风险概率	风险影响描述	风险影响值	风险期望值	排序	级别	风险应对措施	风险负责人
1	黑客攻击,或者病毒入侵会导致网站死机或者不能访问等	70%	影响网上花店的运作	0.8	0.56	1	高	加强病毒和入侵检测,设置好防火墙	电子商务师
2	设备硬件损坏导致网站不能访问或者数据丢失等	50%	花店客户遭受损失	0.4	0.2	2	高	做好数据备份以及硬件的备份	电子商务员
3	合作开发方出现问题使开发进度缓慢	30%	实施进度超出计划	0.4	0.12	3	中	多方比较慎重选择合作方;签订规范合理的书面合同	项目经理
4	网站宣传推广效果不好	30%	网站访问量少	0.2	0.06	4	中	注意跟进,积累数据,为以后的业务开展积累经验,不断改进网站推广方式	销售人员
5	市场可能出现多家竞争对手	10%	预期销售量减少	0.2	0.02	8	低	加强对竞争对手的分析,及时调整策略	项目经理
编号	风险事件	风险概率	风险影响描述	风险影响值	风险期望值	排序	级别	风险应对措施	风险负责人
6	花店接纳客户能力不足	5%	订单积压、供货链断裂	0.4	0.02	9	低	加强与供应商的合作与联系,提高双方的反应能力	项目经理
7	网上花店人员对新的销售流程不熟悉	30%	花店运作出现混乱	0.2	0.06	5	中	加强对花店人员的业务培训,主要是网上业务流程的培训	电子商务师
8	对外包单位依赖较大,网站应用出现问题反应慢	20%	花店运作受影响	0.2	0.04	6	低	一是要求电子商务员熟悉网站各模块的操作,二是要求网络管理员熟悉网站系统的管理以及网站应用系统的程序	电子商务师
9	网上与网下两种销售方式,其间的协调可能会出现问题	20%	花店运作受影响	0.2	0.04	7	低	加强各部门对网上销售业务的培训,以及准备应急的方案	

⑥ 收益增长率（%） 这是指对比一个会计年度，商务网站实施后比实施前相应的商务活动所创收入增长的比例。

$$收益增长率 = \frac{商务网站实施后的收入 - 商务网站实施前的收入}{商务网站实施前的收入} \times 100\%$$

预期目标 20%～30%。

可以按上述指标对网站的运营进行评估，对出现的问题采取适当的策略和措施。

参 考 文 献

[1] 中国电子商务协会. 国际电子商务项目管理. 北京：人民邮电出版社，2004.
[2] 王树进. 电子商务项目运作. 南京：东南大学出版社，2003.
[3] 广东省职业技能鉴定指导中心组编. 电子商务师职业技能鉴定考试指南. 广州：广东经济出版社，2006.
[4] 左美云. 电子商务项目管理. 北京：中国人民大学出版社，2008.
[5] 文燕平. 电子商务项目管理. 北京：中国人民大学出版社，2006.
[6] 刘军，董宝田. 电子商务系统的分析与设计. 北京：高等教育出版社，2003.
[7] 骆正华. 电子商务系统规划与设计. 北京：清华大学出版社，2006.
[8] 孙宝文，王天梅. 电子商务系统建设与管理. 北京：高等教育出版社，2004.
[9] 孙慧. 项目成本管理. 北京：机械工业出版社，2005.
[10] http：//www.cnnic.com.cn/.
[11] http：//wiki.mbalib.com/.
[12] http：//www.winpmp.com/.